차의 역사

차의 역사

Liquid Jade: The Story of Tea from East to West

베아트리스 호헤네거 지음
조미라, 김라현 옮김

우물이 있는 집

차례

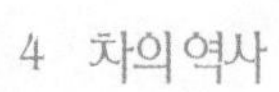

2부 서쪽으로

3부 신기한 것, 모호한 것, 잘못 알려진 것

4부 오늘날의 차: 사람과 땅

서문

처음에 나를 차茶라는 주제로 이끈 것은 아편이었다. 나는 이 두 상품이 악연을 맺게 만든 영국 식민지 무역의 어두운 측면을 조사하고 있었다. 이 연구를 하면서 영국에 차가 소개되기 이전부터 차라는 존재가 동아시아 문화에서 얼마나 중요했는지 알게 되었다. 차는 중국과 일본의 사상과 지혜, 세련된 감성으로의 가슴 두근거리는 신세계를 펼쳐주었다. 나는 이 두 고대 문화에서 차가 어떻게 동남아시아의 산악 지대와 정글에서 약탕으로 사용되었는지, 도가道家와 선가禪家에서 수행을 하는데 있어 어떻게 중심적인 역할을 수행하였는지, 오늘날까지도 전 세계에서 계속 찬미되고 모방되는 문학과 미술에 어떻게 영향을 주었는지 알게 되었다.

이 책의 1부에서는 초기의 차에 관련된 오래된 이야기나 문화적인 면을 전하려고 시도했다. 그러나 서유럽의 상인들이 동양의 해안에 도착한 이후에 차의 위치는 완전히 바뀌게 된다. 신성한 음료, 불노불사의 영약에서 일개 상품으로 전락했던 것이다. 역사적 사건을 연구하면 할수록 차와 관련된 이야기 이면에 숨겨져 있는 오래된 흉터처럼 숨어 있는 동·서양 문화의 충격적인 조우와 충돌의 역사성을 알게 되었다.

2부에서는 그런 이야기들을 다루었다. 그러나 역사적인 사건들에서 차에 관련된 개별적인 일화, 다양한 이야기와 설화가 만나는 것을 비롯해 차의 유럽으로의 전래, 다른 일용품들과의 뜻밖의 관계 같은 것도 소개한다. 차는 신세계에서는 전쟁의 도화선이 되기도 했으며, 대영 제국의 식민지 인도의 가장 주된 생산품이 되기도 했다. 차는 이렇게 역사 속에서 비극적인 사건의 중요한 열쇠가 되었다.

그런 만큼 차에 관련된 이야기에는 배신, 탐욕, 충돌, 모험 등이 담겨 있기도 했지만 때로는 로맨스와 유머 같은 것들도 들어있다. 이런 이야기들은 눈부시게 빛나는 아름다운 진주알과도 같았다. 역사라는 깊은 바닷속에서 캐낸 이야기들을 윤을 내고 꿰어서 흥미로운 이야기로 엮어냈다.

3부는 차에 관련된 잡다하지만 다양하면서도 유익한 정보가 있는 주제들을 모아보았다. 차나무라는 종의 발견이나 '차'라는 단어의 어원 같은 역사적으로 흥미있는 주제와, 어떻게 티백과 아이스티가 탄생하게 되었는지를 소개한다. 또 차의 형태, 물의 중요성, 카페인의 양 같은, 이 음료와 관련된 기본적이면서도 객관적인 정보를 제공하려고 노력했다. 그리고 하이티high tea 같은 오기誤記를 설명했고, 전문 직업으로서의 티 테이스터Tea taster 같은 차의 문화사에서 덜 알려진 영역을 소개하려 했다. 또 3부 끝에는 약으로 사용되었던 초기 시대를 되돌아보고 현대과학이 고대 중국이 알고 있던 차의 다양한 건강상의 효능에 얼마나 관심을 기울이고 있는지 탐색한다.

마지막 장인 4부에서는 책의 다른 부분들과 약간 성격을 달리했다. 앞의 장들이 역사적인 과거에 대한 이야기였다면 이 장에서는 오늘날 차 무역에 관련된 동시대적인 이슈와 환경에 대해서 언급했다. 이 장은 내가 처음부터 의도했던 것은 아니었다. 그러나 과거를 계속 연구하다 보니, 현대에 간과할 수 없는 중요한 의문들에 대해 내 스스로 답을 찾기 위해 책을 쓰게 되었다.

오늘날 차의 세계는 어떤 모습인가? 과거 식민지 정책에 의해 시작되어 오늘날의 무역 문제까지 이어지며, 사회적 불공정이 표면화되어 있는 지금, 이것을 타개하기 위한 실질적인 방법은 무엇이 있을까? 그리고 플랜테이션 다원에서 화학적인 농업에 의해 오염되고 있거나 죽어가는 흙과 땅의 상태는 또 어떠한가? 나는 이 문제에 대해 가능한 그리고 반드시 해야 하는 회답으로서 환경을 파괴하지 않으며, 자원을 계속적으로 이용할 수 있는 종의 유지와, 공정무역, 유기농업이라는 기본적인 방침을 탐색했다. 그리고 우리가 살고 있는 이 행성에서 이런 것들을 포기한다면 더 이상의 미래란 없다는 것을 설득하려 했다.

우리는 전 세계 인구의 6분의 1이 하루 1달러 이하로 살고 있으며, 바로 눈앞에서 생태계가 무너지고 있는 상황에 인류는 맞닥뜨려 있다. 이것은 나에게 있어서도 매우 중대한 일이지만, 대중의 더 많은 관심을 유도할 필요가 있다고 보았기 때문에 이 책을 쓰게 되었다.

1부

동방에서

신화와 전설의 베일 뒤로

영산 봉우리에는 기이한 것들이 다 모여 있다.

그곳에서 차나무가 자라서 산골짜기마다 가득하다.

풍요로운 대지의 자양분을 먹고 밤에 내리는 감로를 마신다.

때는 초가을 농사일 한가로울 때

짝지어 함께 길떠나 차를 따러 간다.

물은 민강의 맑게 흐르는 물을 뜨고

다기는 잘 골라서 동구요[1]에서 나온 것으로 고른다.

옛사람들이 마시던 대로 표주박으로 찻잔을 삼아[2]

첫 차를 만드니 가루는 가라앉고 잔거품은 떠올라

환하기가 흰 눈 같고 빛나기가 봄 햇살 같네.

두육杜毓 <천부荈賦>

차는 지구상에서 가장 많이 소비되고 있는 음료일 뿐만 아니라, 인

1 지금 절강성 온주 일대에 있던 진나라 때 가마.
2 당나라 중엽까지는 찻주전자를 사용하지 않고 찻잔에 차를 만들어서 마셨다.

류에게 있어 물을 제외하고는 가장 중요한 음료이자 가장 오래된 음료이기도 하다. 인류가 차를 언제부터 마시기 시작했는지 정확하게 알려져 있지 않으나 학자들은 역사 이전의 전설과 신화시대까지 거슬러 올라간다고 보고 있다.

고대 중국의 치료사들은 차가 대지의 어머니의 영혼과 정수를 담고 있다고 믿었다. 그들은 '영혼의 정수'를 담고 있다고 생각되는 여러 가지 약초와 광물을 실험했는데, 이것들이 건강과 장수에 도움이 될 것이라고 믿었기 때문이다. 이 식물과 광물이 영혼의 정수를 많이 담고 있기 때문에 '좋은 색'을 띠게 된다고 보았다. 예를 들어 옥의 비취색은 그 빛나는 녹색 때문에 아주 강한 효능이 있을 것으로 생각되어졌다. 치료사들은 상록수인 차나무의 이 향긋한 초록빛 때문에 관심을 갖게 되었을 수도 있으며, '비췻빛 거품'으로 알려지게 된 것 일지도 모른다.

신농神農은 중국의 신화속의 삼황三皇 중 두 번째 신으로 추앙받는다. 전설에 따르면 신농은 기원전 28세기에 어머니가 신룡神龍에게서 영감靈感을 얻어 태어났다고 한다. 신농은 황소의 뿔과 머리를 갖고 있고 몸은 사람이었다. 그는 태어난 지 사흘 만에 말했고 칠 일 후에 걸었다. 나무를 잘라 구부려서 쟁기와 보습 같은 농기구를 발명해서 한족에게 농경을 가르쳤고 염제炎帝라는 지위를 얻었다. 나아가 약초를 연구하고 많은 약초 처방을 만들었다. 신농의 배는 투명했고 위장이다 보여서 섭취한 음식물이 어떻게 되는지 알 수 있었다고 한다.[3] 그는 온갖 종류의 약초, 나뭇잎, 열매, 과일, 뿌리의 맛을 보고 그 효능을 관찰하고 독의 존재 여부나 각 식물의 유용성 여부를 관찰했다. 하루는 맛을 보다가 72번이나 중독되었는데 이때 신농은 차를 먹고 해독을 했다고 한다. 이런 까닭으로 신농은 중국 의학의 신으로 추앙 받고 있다. 또 모든 차에 관련된 책들은 최초의 차나무 발견자로서 신농의 이야기를 빠짐없이 다루고 있다.

신농이 처음 차나무를 발견하게 된 경위에 대한 재미있는 전설이 전해진다. 그가 중국 남부의 산맥 지대를 여행할 때였다. 늦은 오후 신농이 잠시 멈춰 휴식을 취하고 있을 때, 끓인 물이 안전하다고 신농이 가르친 대로, 하인들은 주전자에 물을 끓이고 있었다. 갑자기 언덕에서 불어온 바람에 근처 덤불에서 날아온 마른 잎들이 끓는 물에 떨어졌다. 호기심 많은 약초학자인 신농은 이 혼합물을 마셔보았는데 살짝 쓴맛이 느껴졌지만 원기가 회복되고 기분이 좋아지면서 기운이 넘치는 것이었다. 그는 이 나뭇잎에 영혼의 정수가 담겨 있다고 생각하여, 실험을 해보기 위해 집으로 가져왔다. 이렇게 하여 차는 인류의 역사 속으로 들어오게 되었고, 인류는 차라는 멋진 선물을 받게 되었다. 기원전 2732년의 일이었다.

이런 오래된 이야기에 정확한 연대가 남아 있는 게 신기하지만 이것은 사건에 역사성을 부여하기 위해 이야기와 연대를 끼워 맞추려고

3 스티븐스, 《중국 신화의 신들》, 37쪽. 신농의 인기에 대해 저자가 언급하길 산시성은 신농의 고향으로 그에 대한 일화가 최근까지도 마치 수십 년 전에 죽은 사람처럼 전해지고 있었다. 마치 서양에서 의사들이 플레밍이나 파스퇴르에 대해서 말하듯 한의사들은 '신농 치료법'이라고 말하곤 했다.

중국 남동부의 보히 산맥은 차가 자라는 지역으로 유명했다. 보히라는 단어는 중국어의 무이산맥武夷山脈의 무이가 보히로 와전된 것이다. 토마스 앨럼, 판화, 영국, 1840년경

하는 중국인의 오랜 습관의 결과일 뿐이다.

차의 시작은 기호음료가 아닌 치료약이었을 것으로 추측된다. 중국에서 가장 오래되었으며 가장 중요한 의학서인 〈신농본초경神農本草經〉에서도 차를 언급하고 있다. 이 책은 신농이 쓴 것으로 알려져 있고, 매우 이른 시기부터 차가 존재했다는 증거이기도 하다. 그러나 사실은 작자미상으로 훨씬 뒤인 후한(25~220) 시기에 쓰인 것이다. 차에 대한 부분 역시 3세기 정도 지난 후에 덧붙여진 것으로 보인다.

이런 역사적 모순이 있긴 하지만 〈신농본초경〉에는 차에 대한 흥미 있는 정보가 담겨 있다. "차는 술보다 좋은데, 절대 취하지 않게 하며, 사람이 어리석은 말을 하게 하지 않으며 맑은 정신에서 그것을 후

회하게 하지 않는다. 차는 물보다 낫다. 병을 전파시키지 않으며, 오염된 우물물 처럼 독성을 띠지 않는다.”[4] 같은 통찰력 있는 문구가 실려 있다.

프랑스의 민속 식물학자인 조르쥬 메테이유George Meteillie는 차에 관련된 가장 오래된 기록이 〈신농본초경〉이 아니라 동진(317~420)의 상거常璩가 지은 〈화양국지華陽國志〉라고 주장한다. 이 책의 “파지巴志” 편에 보면, 기원전 1066년 주나라 무왕이 은나라를 멸망시킨 뒤에 은나라의 유민으로부터 차를 조공 받은 기록이 있다. 그 밖의 기록들에서도 차를 마시기 시작한 시기가 기원 전후였음을 언급하고 있다. 그러나 고대 중국에서는 다양한 다른 언어들이 사용되었고, 한자 표기가 지역에 따라서 다르게 발음되기 때문에 오해는 피하기 어렵다. ‘차茶’라고 번역된 것이 실제로 전혀 다른 것을 의미할 수도 있기 때문이다.

전한의 학자이자 철학자인 양웅揚雄(기원전53~기원후18)은 최초로 언어 간의 차이를 관찰해서 사전인 〈방언方言〉을 저술했다. 그는 이 사전에서 차는 사천성과 운남성의 주민이 마신 것이라고 했다. 이 지역은 중국의 남부와 서부에 위치하며 한나라 때(기원전206~기원후220)에 차가 처음으로 야생에서 농경 작물로 전환된 곳이기도 하다. 그 뒤 차 농사는 중국의 다른 지역으로 전파되었다. 3, 4세기에는 차에 대한 신용할 만한 기록이 비교적 자주 나타난다.[5] 의학자인 화타華佗는 〈식론食論〉에서 차를 오랫동안 마시면 생각이 더 잘된다고 기록했으며,

4 유커스, <차에 대한 모든 것> 1:21
5 유커스, <차에 대한 모든 것> 1:3

유교 경전의 집대성인 〈이아爾雅〉에서도 차를 '잎을 끓여서 만드는 음료'라고 정의하고 있다. 명사들의 이야기를 모아서 만든 5세기의 책 〈세설신어世說新語〉에는 전한의 혜제惠帝가 차를 사랑해서 그의 친구들에게 자주 권하였지만 "그들은 그것이 너무 써서, 몸이 안 좋다는 핑계를 대고 정중히 사양했다"고 기록되어 있다. 5세기에 차는 약효가 있는 음료이자 일상품으로 거래되었다. 그러나 대부분 차를 끓여서 다른 재료들과 섞어서 탕처럼 마셨다.

이렇게 끽다喫茶는 중국에서 대중화되었으며, 오늘날처럼 차를 세계적으로 사랑받는 음료로 만든 곳 역시 중국이었다. 그러나 차나무가 어느 곳에서 맨 처음 기원했는지에 대해서는 여전히 의문으로 남아 있다. 오랫동안 중국이라고 알려져 있었지만 인도의 아삼이나 동남아시아의 다른 지역에서 차나무가 발견되면서 중국 기원론에 혼란이 빚어졌다. 중국 차나무는 잎이 작은 소엽종이지만 운남 등지에서 발견된 오래된 차나무들은 인도 아삼처럼 대엽종이다.

심지어 중국에마저 차나무가 인도에서 온 것이라는 전설이 남아 있기도 하다. 신농 전설에서 한참 후대인 후한 시대의 전설에는 서한의 감로甘露 연간(기원전53~49)에 감로사甘露寺의 승려이자 학자인 보혜선사普慧禪師 오리진吳理眞이 인도에 불교를 공부하러 갔다가 일곱 개의 차나무를 갖고 돌아와 사천성의 몽정산에 심었다고 한다. 이 이야기에 따르면 차의 기원은 인도가 된다.

실제로 인도 동북부의 원주민은 몇백 년 어쩌면 몇천 년 일지 모르는 세월에 걸쳐서 차에 익숙한 삶을 살았다. 후에 차의 역사에서 이 사실은 매우 중요하다. 이 지역에서는 차나무 잎을 음료가 아니라 음식으로 만들어서 오랫동안 먹어왔다. 오늘날까지도 기름, 소금, 마늘, 참깨와 함께 절이거나 물고기 또는 동물의 지방과 섞어서 먹고 있다.

정글에 거주하던 사냥꾼-채집자들이 농경문화의 시작과 함께 이웃한 중국 주민에게 차나무 씨앗과 관습을 퍼뜨렸을 수도 있다. 그러나 어떤 역사적 문서도 남아 있지 않기 때문에 이런 설명은 하나의 가능성일 뿐이다.

하여튼 윌리엄 유커스William Ukers는 1935년 그의 백과사전적 연구서 〈차에 대한 모든 것All about Tea〉에서 차나무는 수천 년 동안 중국과 동남아시아 국가들 간의 국경지역에 이미 존재했다고 적고 있다. 순수하게 식물학적 관점에서 볼 때도, 대자연의 초기 차 농장은 인도 북동부와 중국 남부(사천성, 운남성 지역), 라오스 북부, 미얀마(예전의 버마), 타이 등의 구릉 지역에서 발견된다. 인도 정글의 부족민 또는 중국의 약사 중 누가 먼저 원시적인 차 한 잔을 끓였는지 현대인은 알 수 없다. 그러나 재배 작물로서의 차는 중국에서 기원했다는 것, 그리고 음료로서 차의 역사는 적어도 이천 년 동안 지속되었다는 점은 분명하다.

생각으로 가득 찬 마음을 비우라.

가슴을 평화롭게 하라.
모든 현상들이 소란스러워졌다가 다시 조용해지는 것을
그저 지그시 바라보라.
우주에 있는 모든 사물들은
결국 존재의 근원으로 돌아가며,
그 돌아감은 평온하다.
존재의 근원을 알지 못할 때
그대는 혼란과 슬픔 속에 괴로워한다.
그대가 어디에서 왔는지 깨달을 때,
그대는 자연스레 친절해지며 분별심이 사라져
매사에 기뻐하게 되고, 할머니처럼 너그러워지며,
왕 같은 위엄을 얻게 된다.
현실의 놀라움과 아름다움을 즐기게 될 때,
그대 인생에 무슨 일이 벌어지든 이를 받아들이게 되고,
죽음이 찾아올 때도 반겨 맞이하게 된다.

노자老子 <도덕경道德經> 스티븐 미첼 번역

차는 처음 약으로 사용되었다. 그러나 고대 중국의 약초사와 치료사들은 차를 도가사상의 관점에서 보았다. 그들은 차를 단순한 치료약에서 신성한 음료이자 불로장생의 영약 같은 천상의 존재로 끌어올렸다.

도가道家는 중국이 혼란스러웠던 시기인 전국시대(기원전 480~221) 때 시작된 사상이다. 제후들은 2세기 이상 군대를 조직하고 새로운 무기를 만들고 이웃 국가들을 침입하여 서로 처절하게 싸웠으며 끊임없이 정치적, 군사적 영향력을 행사했다. 진나라가 최후에 다른 제후국들을 평정하고 기원전 221년 최초로 통일 중국을 만들었다.

도교 이념은 부분적으로 그 시대의 불안정하고 파괴적인 분위기에 대항하는 반동으로 발전되었다. 세상사에 환멸을 느낀 도道의 신봉자들은 신비주의와 개인의 영적 수행에서 피난처를 발견했다. 그들은 음양陰陽의 이치에 따라 살고 자연과 우주의 조화를 구하며, 삶의 흐름에 대항하기보다 그 흐름에 몸을 맡기는 무위無爲의 삶을 추구했다. 태초의 고요함과 만물의 조화로의 위대한 회귀는 수행과 깨달음을 통하여 달성되었다. 1906년 오카쿠라 텐신은 〈차의 책〉에서 일본 다도에서 이런 사상을 발견했고 이렇게 쓰고 있다. "다도는 가면을 쓴 도교이다."

불사不死의 영혼이라는 개념은 도교사상의 자연스런 연장선이다. 도교 연단술의 중심과제는 이 불사에 도달하는 것이었다. 그리고 도사들은 몸이 건강하지 않으면 영혼이 불사에 도달할 수 없다고 생각했으므로, 육체적으로 잘 사는 것well-being이 영성의 중심적 요소라고 믿었다. 건강을 위해서 정신과 육체, 영혼을 통합하는 고대 도교사상은 오늘날까지도 중국 의학의 주요한 기반을 이루고 있다.

최초의 치료사들이 차를 발견했을 때, 그들은 이 신비로운 식물이

<좌청송풍도坐聽松風圖> 종이에 수채, 중국, 명, 이사달李士達, 17세기, 대만 고궁박물관.

제공해 주는 다양한 은혜에 감탄했다. 그것은 그들의 정신을 맑게 각성시키고 상처를 치료했으며, 또 식량의 귀중한 대체물이었으며 물보

다 더 안전한 음료였다. 도가의 연단술사들은 육체의 생명력과 정신의 에너지에 관한 자신들의 연구에 대한 답을 발견했다고 믿었다. 이렇게 차는 영생을 위한 중요한 재료가 되었다.

도사들은 이렇게 차를 재배하게 되었고 최초의 차 농장주가 되었다. 그들은 도관 근처에 이 식물을 키우기 시작했다. 도관은 차나무가 자라기에 이상적인 고도에 세워지는 일이 많았다. 도사들은 다른 약초들과 같이 차를 키우고 찻잎을 모아서 근처 마을 주민들에게 치료약처럼 차를 조제해 줌으로써 의사의 치료를 받을 만한 여유가 없는 가난한 사람들을 치료했다. 당시 도교 사원들은 사회적, 문화적 중심지였고 서구의 성과 교회 주변에 마을이 생기는 것과 유사하게 사원을 중심으로 마을이 생겼다. 차는 점차 사원에서 일상적인 음료가 되었고 일반 주민들에게도 귀중한 식품의 지위를 얻었다. 이런 관점에서 도사들은 건강과 영성의 양면에서 차의 가치를 넓힌 최초의 사람들로 볼 수 있다.

도가의 아버지이자 〈도덕경〉의 저자로 알려진 노자도 이 세상을 떠나기 전에 손에 한 잔의 차를 들고 있었다고 한다. 늙은 노자는 자신의 지혜를 사람들이 알아주지 않자, 서쪽을 향해 떠나게 되었다. 그가 함곡관에 도착했을 때 제자인 윤희尹喜가 기다리고 있었다. 오랫동안 스승을 기다렸던 윤희는 한 잔의 차를 스승에게 대접하고, 그에게 잠시 머물러 가르침을 설해 달라고 청하는데, 이렇게 만들어진 것이

바로 〈도덕경〉이다.[6]

이 신성한 책이 가르쳐주는 심오한 성찰에 관해서는 말할 것도 없지만, 함곡관에서 윤희와 노자의 만남은, 일반적인 중국 가정에서 가장 깊은 우의가 깃든 가장 큰 환대가 무엇인지를 보여주고 있다. 바로 환영의 의미로 차 한 잔을 대접하는 것이다. 이것이야말로 지극히 단순하고 완벽한 도교의 수행인 것이다.

6 대부분의 역사학자들은 노자가 실제 인물이 아니라 전설적인 인물이었을 거라고 보고 있으며 <도덕경>을 쓴 사람들은 기원전 3세기경의 학자 그룹으로 추정한다.

다성茶聖 육우陸羽

차는 서양이 동양으로부터 받은
가장 오래된 은의의 기념품일는지도 모른다.

- 프랜시스 로스 카펜터, 육우의 <다경> 영국판 서문에서 [7]

차의 초기 역사는 도교와 긴밀하게 연결되어 있었다. 용개사龍盖寺라는 도교 사원은 차의 전설에 있어서 중심적인 곳이다. 이곳은 차의 성인으로 추앙받는 육우가 자란 곳이다.

733년 중국 중부에 위치한 호북성 서호西湖 물가에 한 아이가 버려졌다. 도교사원 용개사의 주지 지적선사智積禅師는 그날 강을 따라 걷다 갓 태어난 아이의 구슬픈 울음을 듣게 되었다.[8] 그는 소리를 따라가 작은 바구니에 있는 아이를 발견하고 사원으로 데려갔다. 지적선사는 소년을 입양해서 자신의 성姓인 육陸에, 도교의 경전인 〈주역〉에

7 카펜터, 육우의 <다경-기원과 의식> 서문.
8 존 블로펠드, <중국 다도>.

서 행운을 의미하는 점괘와 연결시켜 육우陸羽라는 이름을 지어주었다. 주어진 이름대로 행운이 따랐는지 훗날 그는 중국 전역에서 존경받는 인물이 되었다.

육우는 사원에서 자랐지만 도사가 될 생각은 없었다. 오히려 세속적인 지식에 목말라했고 배움에 대한 열의에 불타고 있었다. 지적선사는 육우가 영적인 일에 관심이 없다는 것을 눈치 챘는지, 아니면 겸손함을 가르치려는 의도였는지는 알 수 없지만, 그에게 소를 치는 일을 시켰다. 하지만, 이런 중노동도 육우의 세상에 대한 열망을 막을 수 없었다. 육우를 그린 일부 그림에는 그가 소 등에 앉아 서예 연습을 하고 있는 장면이 있다. 육우가 사원에서 하는 또 다른 소임은 차를 재배하고 가공해서 차를 달이는 일이었다. 그가 너무나도 능숙하게 이 일을 했기 때문에 지적선사는 육우가 준비한 차가 아니면 마시지 않았다고 한다.

육우가 자라면 자랄수록 사원에서의 삶이 답답하게 느껴졌고 결국 여행하는 수행자들과 함께 길을 나서게 되었다. 그는 오랜 방랑과 모험을 마치고 고향인 호북 동남에 있는 강남(현재의 절강성)에 정착했다. 거기서 그의 일생의 역작인 〈다경〉을 저술하였다.

당시 끽다는 문화적 정치적 엘리트층을 위한 사교행사는 물론 가정과 사원에서도 일상적인 습관으로 여겨졌다. 차는 중국 전역에서 재배되고 거래되었지만 차나무의 재배와 찻잎의 제조법, 다양한 쓰임과 다례에 관련된 지식은 지역마다 다르고 구전으로만 전해질 뿐이었다. 육우는 이것을 글로 정리했다. 그는 인내심을 가지고 이십 년에 걸쳐 차에 대해 알아야 할 모든 것에 관련된 정보를 모으고 분야별로 정리했다. 차에 대한 그의 순수한 열정에 의해 그가 움직인 것인지 아니면 일부의 추측대로 차 재배자나 상인들의 후원과 요구에 응한 것인지는 알 수 없다. 중요한 것은 760년경에 세상에 나온 〈다경〉은 차에 관련된 세계 최초의 권위 있는 포괄적인 연구서라는 것이다.[9] 이 책은 육우를 저명인사로 만들었고 부유한 자거나 가난한 자거나 모두 그를 존경했으며 중국 전역에 걸쳐 차의 문화적 중요성을 전례없이 상승시켰다.

3권 10장으로 된 〈다경〉은 차의 기원, 차 따는 법, 제다 과정, 다양한 차의 종류와 다기, 수질을 둘러싼 품수, 다양한 끽다 습관, 차에 관련된 일화를 상술하고, 권말에는 이 책을 네 폭이나 여섯 폭의 하얀 비단에 옮겨 적어서 방 한쪽에 걸어놓으라고 지시하고 있다. 그리고 앞에 기술한 9장의 내용을 그림으로 보충 설명하고 있다.[10]

〈다경〉에서 묘사하는 차와 다기에 관한 지식은 널리 전파되었고, 후대에 일본으로 전해져서 일본 다도에 스며들었다. 육우는 예부터 해오던 차를 국처럼 마시는 법을 경계했다. 탕처럼 차를 만들거나 다른 재료를 찻잎에 넣는 것을 권하지 않았다. 그가 살던 시기에는 일상적이었던 찻물에 소금을 더하는 법도 내켜하지 않았다. "파, 생강, 대

9 스티븐 D. 오영이 번역한 <다경>은 다경의 역사적 배경과 육우의 일대기를 포함하고 있으며 신화시대부터 당까지의 차를 소개하고 있다. 전기와 소개는 문화적 배경을 소개하려 하고 있으며 예술적, 문학적, 철학적, 역사적 고고학적 맥락에서 음료로서와 미학적 추구의 면에서 이른 시기의 차의 발전을 이해하게 돕는다. 아직 미출간 번역을 쓸 수 있게 허락해 준 스티븐 오영의 관대함과 우아한 해석에 큰 빚을 지고 있다.

10 카펜터, <다경>, 152쪽

宋・审安老人茶具图

<다구도찬茶具圖讚> 중국, 송, 심안노인審按老人, 1269년

추, 귤껍질, 산수유, 박하 등과 차를 섞어 오랫동안 끓이거나, 혹은 너무 오래 끓여 걸쭉하게 만들기도 하고, 차탕에 생긴 거품을 걷어내기도 하는데, 이것은 찻잎을 하수구에 버리는 것과 다름없을 뿐인데도 이런 관습이 계속되니 슬프도다"[11]라고 한탄했다.

당 시대(618~907)에는 차가 이미 널리 퍼져 있었으므로 정부는 차를 새로운 세원으로 발굴해 차에 세금을 메겼다.[12] 〈다경〉은 차의 용도를 확장하는 데에도 기여했다. 그때까지 주로 약용으로 사용되었던 차는 이제 사교를 위한 음료로, 그리고 문화적 표현의 도구이자 첨단 유행을 선도하는 기폭제가 되었다. 이것은 송대(960~1280)까지 지속되었다. 그러나 송대에는 전혀 다른 형태의 차가 만들어진다.

당의 차는 긴압차緊壓茶로 압력을 가해서 둥글거나(병차) 네모난(전차) 형태로 만들었다. 이런 긴압차 조각을 부스러뜨려서 물 주전자에 넣고 끓인 차를 다완에 부어 마셨다. 송대의 차 애호가들은 찻잎을 곱게 가루 내어 각각의 다완에 분말을 넣고 뜨거운 물을 부어 대나무 다선으로 휘저어 거품내어 마시는 것을 선호했다. 이 시대에 만들어진 말차, 다선茶筅, 다완茶盌은 후에 일본 다도茶の湯의 필수적인 요소가 되었다. 이렇게 차를 마시는 행위는 당과 송의 화려한 문화 속에서 회화나 문학 속에 자리 잡았을 뿐만 아니라 그 자체가 자연스럽게 하나의 예술 형식이 되어갔다.

시인들은 차의 신비로움에 대해서 헌사를 바쳤고, 궁전과 귀족의

11 오영, <다경>, 3권 6번째 단락
12 782년부터 시작된 이 세금은 전 세계에서 차에 매겨진 최초의 세금이었으며 세율은 10퍼센트였고 부가세였다.

저택에서는 다회를 비롯한 다양한 형태의 의식이 열렸다. 또 예술품으로서 다기의 감상이 다도회의 빠질 수 없는 요소가 되었다. 한편 일반 서민 취향의 차를 파는 노점이 골목 구석이나 시장에 나타났고, 여행자나 심부름꾼들은 그곳에 잠시 멈춰 차를 마시면서 쉬기도 했다. 차는 사람들의 생활 속에서 특별한 위치를 차지하게 되었으며 차와 관련된 일이 번성하게 된다.

〈다경〉은 도가와 유가 사상에 많은 영향을 받았다. "차가 인생 자체인 듯 차를 마셔라"라는 차의 예술성을 강조하는 도가적인 가치와, 의례의 조화를 강조하는 유교적 가치가 조화를 이루어 큰 성공을 거둔 것이었다.[13] 육우는 끽다의 의례화된 행위가 삶의 자각과 찬미 행위라고 믿었다. 그는 차를 마시는 순간을 일상의 다망함에서 벗어나 다시 자기 자신으로 돌아오는 기회이며, 차를 마시는 행위를 인생의 필수 요소인 아름다움과 평온을 만들어내는 수단으로 보았다. 이것은 군인, 농민, 상인, 왕 모두에게 해당되었다. 끽다는 세속적인 즐거움이면서 동시에 보다 높은 영역으로 가는 길이라고 생각하였다. 육우는 차를 통해 지적선사와 다시 재회하게 된다.

육우의 명성이 높아지자 어느 날 황제의 궁전으로 불려갔다. 황제는 용개사의 지적선사가 육우의 차를 즐길 수 없게 되자 차 마시기를 그만두었다는 이야기를 들었다. 황제는 육우의 차가 다른 어떤 차와도 비교할 수 없는 것인지 의심스러웠다. 그래서 그는 지적선사를 궁

13 카펜터는 이것을 <다경>의 서두에서 잘 설명하고 있다.

전으로 초대해 궁전에서 가장 차를 잘 만드는 궁녀가 만든 차 한 잔을 대접했다. 지적선사는 점잖게 한 모금 맛을 본 뒤 잔을 조용히 내려놓았다. 이제 황제는 다른 방에서 대기하던 육우에게 두 번째 차를 준비하라고 했다. 물론 그에게 이 차를 누구에게 대접할 것인지는 알려주지 않았다. 황제는 지적선사가 그 맛의 차이를 구분할 수 없을 거라고 확신했다. 그러나 지적선사는 경탄하며, "내 아들마저도 이보다 더 좋은 차를 만들 수 없을 것입니다!"라고 격찬했다.

황제는 놀라웠고, 스스로를 부끄러워하며 조심스러워졌다. 두 사람은 오랜만에 재회하는 기회를 만들어준 황제에게 감사했다.

만년의 육우는 은둔한 채로 몇 가지 책을 저술했다. 그중에는 차의 질을 결정하는 데 매우 중요한 요소인 물에 대한 것이 있었는데, 아쉽게도 지금은 전해지지 않는다. 그는 국가적 우상이 되어 804년 세상을 떠났다. 〈다경〉 하권에 기록된 일화 중에 차의 힘에 관한 우화가 하나 있다.

진晉의 원제元帝 무렵, 매일 장에 와서 차를 파는 노파가 있었다. 그녀의 가게에는 하루 종일 손님들이 붐볐고 노파는 계속 해서 찻주전자의 차를 가지고 그들의 잔을 채워주었다. 그런데 신기하게도 그녀가 아무리 많은 잔에 차를 따라도 찻주전자에는 항상 차가 가득 차 있었다. 노파는 하루의 장사를 마친 뒤에는 차를 팔아 번 돈을 길 가다 만나는 가난한 사람들에게 골고루 나눠주었다. 그러나 이것을 괴이하게 생각한 어떤 사람이 관가에 신고해 버렸고 노파는 감옥에 갇혔다. 그날 밤 노파는 차를 따르던 찻주전자를 타고 감옥의 창문으로 날아가버렸다.

〈다경〉이 출판된 지 약 1200년이 지났지만, 지금도 중국은 물론이고 전 세계에서 출판되고 있으며, 이 책은 제목처럼 진정한 차의 경전이라 할 수 있다.

일곱 잔의 차

차는 성질이 차가우므로

행실이 깨끗하고 덕망 있는 사람이

마시기에 가장 적합하다.

- 육우 <다경>

중국 차문화에서 새로운 시대를 열었던 당唐 시대의 대표적인 두 인물이 육우와 노동이다. 육우가 최초의 차 연대기 작가였다면, 약간 후대의 노동盧仝(775~835)[14]은 차를 노래한 시인이었다. 〈주필사맹간의기신다走筆謝孟諫議寄新茶〉또는 〈칠완다가七碗茶歌〉라고도 불리는 이 노동의 시는 육우의 〈다경〉과 함께 당의 차문화의 영광을 증명하고 있다. 이 시는 차 역사상 가장 많이 인용되는 문장이며, 오랜 세월 중국의 문인들은 이 시를 암송해 왔다.

〈칠완다가〉의 일곱 번째이자 마지막 차 한 잔에 관한 구절에 대해

14 중국 당나라 시대의 시인으로, 자字는 미상이며 호는 옥천자玉川子이다. 어린 시절부터 소실산에 은둔하며 세인과 교제하지 않았으나 한유韓愈로부터 그 시와 학문은 높이 평가받았다. 835년 11월 재상宰相 이훈李訓 일당이 환관 세력을 아주 없애 버리려다가 실패한 감로甘露의 변變때 연좌되어 살해되었다.

서는 아직도 의견이 분분하다. 시인은 일곱 번째 잔을 마셨을까, 아니면 마시지 않았을까? 영국 학자 존 블로펠드는 노동이 차를 마셨다고 번역했다. "일곱 번째 잔은 내가 마셔본 차 중 최고였고, 차를 마시자 겨드랑이에서 상쾌한 바람이 솔솔 일어난다"라고 해석한다.

그러나 중국 차문화 전문가이자 미술사가인 스티븐 D. 오영은 전혀 다르게 해석한다. 오영은 노동이 여섯 번째 잔을 마시고 여섯 번의 감동을 받아 팔에서 날개가 솟아 부드러운 바람을 타고 공중을 나는 느낌을 받게 된다고 설명한다. 오영은 이 시에 나타나는 날개 달린 사람이 하늘을 난다는 시적 이미지는 차를 마시는 것이 불멸성을 고취한다는 도가의 관념에서 나온 것이라고 설명한다. 서한 시대(기원전 206~8) 시와 미술작품에는 도교의 선인이 날개 달린 사람으로 표현되는 일이 많기 때문이다.

노동은 도가의 가르침에 따라 어려서부터 소실산에 은둔하여, 은둔자의 삶을 살았는데 차를 매우 사랑했다. 노동의 차에 대한 사랑은 그의 시 한 문장으로 표현된다. "불로불사에는 조금도 관심이 없고, 차 맛만을 마음에 둔다." 그러나 안타깝게도 노동은 예기치 않게 비극적인 최후를 맞이했다.[15] 노동이 살던 시기의 당은 환관의 횡포가 극심하던 때였다. 문종 황제의 충신과 환관 세력 사이의 격렬한 투쟁의 회오리에 휘말리게 된 노동은 왕래하던 재상인 왕애王涯의 집에 머물다 함께 참변을 당했다. 시인이자 차 애호가였던 노동은 참수당

15 블로펠드, <중국 다도>, 14쪽

<노동팽다도盧仝烹茶圖> 중국, 송, 전선錢選, 종이에 채색, 대만 고궁박물관

하여 그의 머리는 효수梟首되었다. 이 사건으로 이천 명의 문관과 육백 명의 군인이 살해되었다. 실제로 당은 환관 세력이 극심해지면서 쇠락하게 되었다.

주필走筆로 맹간의가 보내준 햇차에 사례하다.

……

첫째 잔은 목구멍과 입술을 윤기 나게 하고,

둘째 잔은 외로운 번민을 씻어 주고,

셋째 잔은 메마른 창자를 찾나니 생각나는 문자가 5천 권이나 되네.

넷째 잔은 가벼운 땀이 나와 평생의 시름이 모두 모공으로 흩어지네.

다섯째 잔은 기골肌骨이 맑아지고,

여섯째 잔은 선령仙靈과 통하였네.

일곱째 잔은 마시지도 않았는데 양 겨드랑이에서 맑은 바람이 솔솔 나네.

……

- 고월 용운 스님 번역

장갑을 낀 새벽의 소녀들

쓴 차가 단 차보다 많지만

차에는 이 모든 맛이 다 있다네.

누구를 위해 이것들이 단지 쓴지 모르지만

진주 빛 손끝이 망가질 때까지 찻잎을 딴다네.

- 중국의 찻잎 따는 노동자들의 노래 <봄의 정원에서 찻잎을 따는 노래> 중에서 1859년

시인이 차를 찬양하는 동안, 황제는 최고의 차를 즐겼다. 공물로 받쳐지는 차는, 중화의 지배자인 천자天子를 위해 특별히 제다하여 만들었다. 공물제도는 중국이 통일되기도 전인 전국시대(기원전 480~221)에 시작되었다. 공물은 경쟁 제후국 간에 외교적 선물로 보내졌다. 공물은 매년 그 지역의 최고의 특산물을 궁궐로 보내야만 했다. 게다가, 황제는 최고 등급의 비단, 최고의 말, 좋은 도자기와 최고의 차를 위해 이 제도를 더욱 강화시켰다. 당나라 때는 절강성 항주에서 공물로 차를 바쳤고 후대에는 복건성과 사천성에서 바쳐졌다. 오

리진이 인도에서 갖고 왔다는 일곱 그루의 차나무를 심었다는 전설을 가진 몽정산 인근에서도 차를 바쳤다.

황제가 마실 차는 이른 봄에만 딴 것이므로 차를 따는 기간이 아주 짧았다. 황제의 다원에서는 엄격하게 조목별로 분류된 수확과 생산 법칙이 정해져 있었으며 순결한 처녀들을 따로 뽑아서 청정한 최고급 차를 생산했다고 한다. 그녀들은 땀이 찻잎을 오염시키지 않게 하기 위해 장갑을 끼기도 했으며 심지어는 손톱을 특별한 길이로 길러야만 했다. 가장 어리고 섬세한 새순을 손으로 만지지 않고 손톱만으로 따기 위해서였다. 수확 이전 3주 동안 소녀들은 마늘과 양파 또는 향신료와 강한 향을 가진 생선 또는 일부 야채들을 일절 먹을 수 없었다. 그들의 체취가 찻잎의 섬세한 향을 손상시킬까 두려웠기 때문이다. 그녀들은 일하러 가기 전 반드시 목욕을 해야만 했다. 가장 귀한 공물차는 차 따는 어린 소녀가 차나무가 아침 이슬로 아직 젖어 있을 때인 새벽부터 일을 시작해서 해가 뜨기 전 짧은 시간동안 아직 촉촉하고 부드러운 새싹을 따서 만든 것이었다.

황실의 관리들은 차 가공 과정을 세세한 부분까지 감독할 책임이 있었다. 당과 송의 공물차는 아직 압축해서 만드는 차의 형태로 다양한 모양으로 만들어졌는데 납작한 빵, 공, 또는 벽돌 모양이 대부분이었다. 송의 공물차는 주로 정제유나 향신료 등의 향료를 혼합했다. 이때 특히 인기 있던 것은 용뇌龍腦라는 독특한 향료였다. 미술사가이자 중국 미술과 차문화 전문가인 스티븐 D. 오영은 독특한 이름을 가진

이 향료는 약간 매콤한 향이 나서 사람들이 좋아했다고 말했다. 용뇌는 보르네오 섬에서 수입되었던 장뇌 같은 것이었다. 이것은 일상용품이 아니었으나 송 대에는 차와 다른 음료에 섞는 향료로서 매우 인기가 있었다.

황제의 차궤가 농장에서 궁정 저장실로 운송 되는 동안 땅에 닿지 않게 하기 위해 특별한 운송 제도가 고안되었다. 때로는 차의 형태와 물맛의 최상의 궁합을 위해 특별한 우물에서 길어온 물을 배로 실어오기도 했다. 황제의 차 한 잔 뒤에는 이런 섬세하고도 복잡한 과정이 존재했다. 송의 학자 주밀周密은 〈계신잡식癸辛雜識〉에서 이런 복잡한 과정을 기록해서, 공물차가 얼마나 귀한 것이었는지 잘 보여주고 있다.

봄이 절정일 즈음 절강성의 운하 관리 기관은 북원에서 '검사를 위한 햇차'라고 이름 붙은 첫 번째 봉한 차를 공물로 보낸다. 차는 모두 작고 네모난 모양으로 만들어져 있다. 그것은 부드러운 노란 비단 주머니에 보관되었다. 노란 비단으로 안을 댄 넓고 푸른 대나무 잎에 싸여 있는 이 차를 관리는 금색 자물쇠가 달린 붉은 옻칠한 상자에 넣고 붉은 인장으로 봉한다. 이것을 부드러운 대나무와 비단으로 짜인 작은 가방에 담는다. 차는 참새의 혀와 닮은 형태의 가장 어린 새순으로 만든다. 보통 이 단차 하나를 만들기 위해서 찻잎 사십만 장이 필요하다. 그러나 이것은 겨우 맛을 보기 위한 차 몇 잔을 만들 수 있는 분량이다. 때때로, 외부에 거주하는 황족에게는 그들의 혈통에 따라서 하나 또는 두 개가 내려졌다. 이런 공물차의 하사는 총애의 상징으로 받아들여졌다.

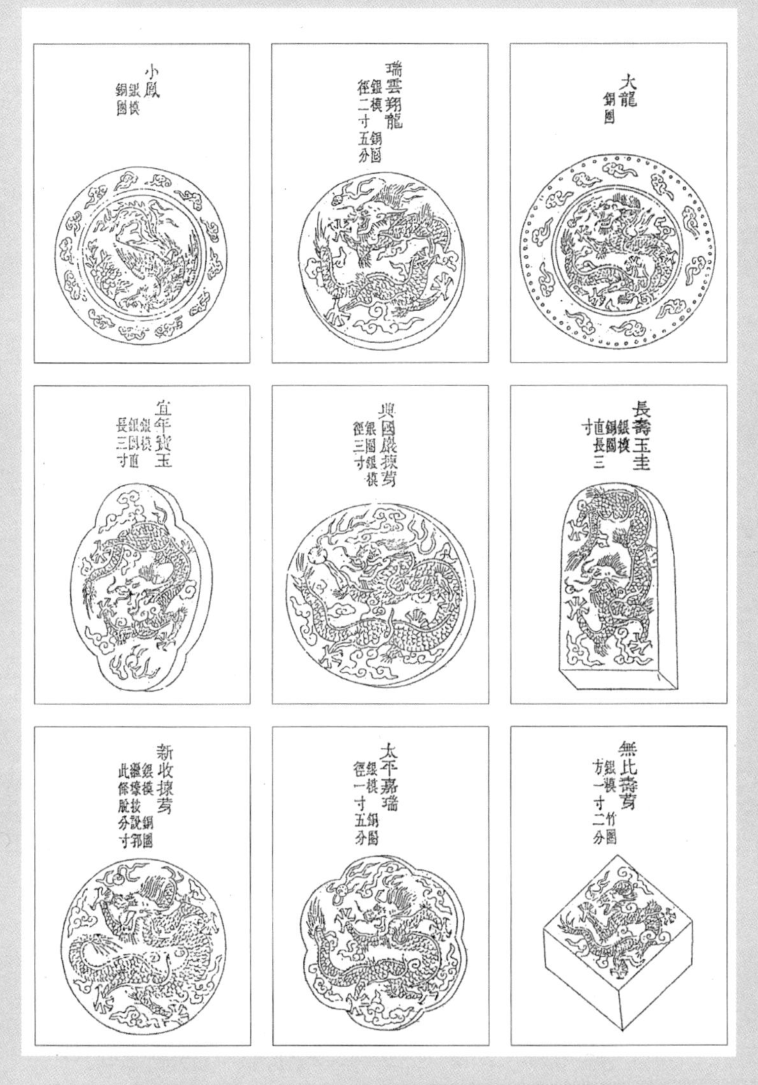

용봉단차龍鳳團茶문양. 용과 봉황의 화려한 문양을 넣어 송대 황실과 귀족들이 사용했다.

야생에서 자라는 키가 큰 차나무에서 따서 만든 귀한 차 역시 황제의 입으로 갈 운명이었다. 처녀가 아닌 원숭이들이 차를 따는 일을 하는 우화적인 연극이 있는데, 원숭이들만 기어 올라갈 수 있는 9미터에서 12미터 높이의 나무에서 원숭이들이 차를 따는 이야기이다. 원숭이들이 차나무에 자리를 차지하고 앉아 있으면 아래에서 사람들이 돌을 던진다. 원숭이들이 화가 나서 나뭇가지를 잘라서 사람들에게 던진다. 사람들은 그 나뭇가지들을 모아서 집으로 간다. 또 맛있는 음식으로 원숭이를 조련해서 찻잎을 따게 한다고 한다. 그 당시 원후차猿猴茶는 아주 귀한 차였다.

황제는 현실에서 멀리 떨어진 고귀한 존재였고 차 따는 일에 고용된 어린 소녀들의 숫자나 원숭이에 대해서도 물론 알 리 없었다. 궁중에서 어떻게 음료를 준비하는지 그 자세한 방법에 대해서도 크게 신경 쓸 필요도 없었다. 궁중에서 차를 준비하는 것은 궁녀들의 몫이었다. 궁녀들 사이에서는 이 일이 황제의 사랑을 얻기 위해 벌이는 일종의 경쟁과 질투의 원천이 되기도 했다. 황제는 공물제도 아래에서 농부들이 얼마나 가혹하게 시달리는지도 몰랐고 신경 쓰지도 않았다. 공물은 농부 입장에서 나쁜 가면을 쓴 또 다른 세금이나 마찬가지였다. 그 어떤 황제도 연중 계속해서 찻잎을 따는 수만 명의 어린 소녀들의 아린 손톱에 대해서는 거의 신경 쓰지 않았다.

하지만 풍류황제라고 불리는 송의 휘종(1082~1135)은 〈대관다론大觀茶論〉이라는 차 전문서를 저술했을 정도로 차에 관한 세심한 관심을 보였다. 그는 직접 차를 만들어서 손님과 궁녀들에게 접대하기도 했다. 그는 그 시절의 유행과는 달리, 향이 없는 차, 특히 야생에서 자라는 아주 귀한 백차를 선호했는데 차에 용뇌나 장뇌 같은 향료를 쓰지 말 것을 명령했다. 그것은 시대를 앞서 나간 것이다. 중국차는 명대(1368~1644)가 되어서야 잎차, 즉 향이 가미 되지 않은 차가 인기를 얻었다.

송 휘종은 여러 면에서 유별난 황제였다. 그는 전전 황제의 열한 번째 아들로 태어났고 형인 신종이 즉위한 뒤에 후사 없이 죽는 바람에 그의 바람과는 달리 중화의 지배자가 되었다. 황제로서는 무능했지만 예술가로서 뛰어났던 휘종은 시와 서예, 그림에 능했는데 그의 작품 일부는 뉴욕의 메트로폴리탄 미술관과 보스턴 미술관에 전시되어 있다. 그는 송 예술의 중심이 되는 화원畵院을 지원하는 매우 세련된 예술품 수집가였다. 그는 확실히 제국 운영보다 예술에 더 관심이 많았다. 당시 만주 지역 유목민족의 세력이 커지고 있었고, 결국 북송을 침입하기 시작했다. 1127년 북송은 금나라의 침입으로 멸망하고 휘종은 아들 흠종과 함께 죄수가 되어 북쪽으로 유배되어 8년 후에 그곳에서 죽었다.

만약 휘종이 황실 다원에 유배되었다면 어떠했을까? 그는 아마도 찻잎 따는 일꾼들에게 백차의 장점에 대해 알려주면서 차를 만들어 대접하지 않았을까 추측해 본다.

긴압차, 황소의 피, 말, 현금

타타르 족은 전차를 부숴서 가루로 빻은 뒤에 주전자에 넣고 물이 거의 붉은색을 띨 때까지 끓인다. 이때 약간의 소금을 넣으면 거품이 나기 시작한다. 액체가 거의 검정색이 되면 우유를 넣는다. 그리고 타타르의 위풍당당하고 화려한 찻주전자에 따른다. 삼다드치엠바는 광적으로 이 차를 좋아했지만 우리는 이보다 더 나은 게 없기 때문에 하는 수 없이 마실 뿐이었다.

- 에바리스트 레짓 윅, <타타르, 티베트, 중국 여행기>, 1844~1846

북쪽과 서쪽의 스텝 지역에 사는 유목민족들은 중국의 침입자이자 엄청난 차 중독자들이기도 했다. 그들의 일상 식단은 주로 양과 새끼 양의 고기, 말 또는 낙타의 젖과 버터로 이루어져 있었다. 추운 기후와 더 좋은 초지를 찾아 양떼를 몰고 떠도는 유목민의 일상에서 채소 농사를 짓는 것이 불가능했다. 차는 단백질 섭취가 높지만 비타민과 필수 미네랄이 부족한 그들의 식단에 환상적인 식재료였다. 차는 필수 영양분을 공급할 뿐만 아니라 소화를 돕는 기능도 있어서 엄청난 양의 다양한 동물 지방을 분해하는 데 도움을 주었다. 그리고 한 잔의 차는 추운 밤 몸을 따뜻하게 하는 훌륭한 반려이기도 했다.

중국의 상인들은 유목민의 필요에 부응했다. 차가 중요한 필수품이 된 이후, 긴 낙타 대상들이 귀한 찻잎 수백 킬로그램을 싣고 북쪽으로, 서쪽으로, 그리고 남서쪽 국경지대의 먼 길을 여행했다. 차는 만주, 몽골, 티베트 그리고 다른 국경 너머의 사람들에게 수세기에 걸쳐 주요 식품이 되었다. 유목민들 역시 중국이 필요로 하는 것을 하나 갖고 있었으니, 그것은 바로 말이었다. 유목민족들은 잘 길들여진 말을 대량으로 사육하고 있었다. 그렇게 해서 차와 말의 물물교역이 탄생한다.

유목민은 '비타민'을 얻고 한족은 그들의 군사력 강화에 필수적인 기마력을 얻었다. 어디에서건 말 한 필은 차 20~50킬로그램의 가치를 가졌다. 이 무역은 국가적으로 중요성을 갖게 되고, 당대에는 사천성과 운남성을 중심으로 차 생산이 산업화할 정도까지 이르게 되었다. 군대에서 필요로 하는 만큼 말을 충분히 공급하기 위해서는 때때로 많은 양의 차를 확보해야 했다. 중앙정부에서는 단기간에 많은 양의 차를 구하기 위해 국내에서 차 판매를 금지하는 정책을 실시하기도 했다. 하지만, 이런 금지령은 일반 민중에만 해당될 뿐이었다. 이미 차 없이는 하루도 살아갈 수 없었던 고위층들에게는 금지령이 아무런 효과도 거두지 못했기 때문이다.

차의 공급을 조절하는 일은 정치의 도구로도 사용되었다. 교전 중인 유목민족들을 통제하기 위해 차의 공급을 끊기도 했고, 동맹을 맺은 후에는 따로 차를 배당해 주기도 했다. 송나라 때에는 이 무역을 국가적 차원에서 관리하기 위해 다마사茶馬司라는 기관을 설치하기까지 했다. 다마사는 외무부 소속의 영향력 있는 기관이었으며 교역의 관리를 위해 명대까지 유지되었다.

말 무역을 통해 차는 중국과 중앙아시아 어디서나 보편적인 화폐의 역할을 하기 시작했다. 돈으로 교환이 가능했을 뿐만 아니라, 돈 그 자체로 여겨졌다. 마야 족이 카카오를, 아랍 상인들이 커피콩을 화폐로 사용했던 것처럼, 중국은 차를 통화처럼 사용했지만, 찻잎 한장 한장을 단위로 한 것이 아니었다. 당 초기 이래 둥근 떡처럼 생긴 병차의 생산은 육우 시대에 이르러 일반화되어 찻잎을 압축하는 기술이 완성되었다. 이 병차는 오래 보관할 수 있고, 운송이 편리했다. 중국에서 통화로 사용된 것은 이것과 유사하게 제작되는 전차塼茶였다. 전차는 햇빛에 잎을 말린 뒤, 마른 잎을 두드려서 잘게 부수고 이를 찐 다음 압력을 가해 만들어내는 긴압차의 한 형태이다. 재료들을 결합시키기 위해 때때로 황소 피와 야크 똥이 사용되었고 매력적인 검은 색을 내기 위해 그을음이 더해지기도 했다.[16]

찻잎 덩어리는 다양한 크기의 직사각형의 틀에 꽉꽉 눌러담아 벽

16 켄 브레셋, <돈 이야기>, 42
시베리아, 몽고, 티베트, 중국-아시아 시장, 병차는 돈처럼 둥글게 만든 진흙 벽돌과 비슷하다. 이 鏝롱은 중국 남부에서 생산되는 것으로 잎과 차나무 줄기, 향기 있는 약초와 소 피를 섞는다. 때때로 야크 똥을 섞기도 한다. 차는 다양한 크기의 벽돌로 압력을 받아 눌리고 차의 질에 따라 다양한 가치를 인장으로 찍게 된다. 전차는 보통 차 생산지역에서 멀리 유통될수록 가치는 높아진다. 시베리아 원주민은 차-돈을 동전보다 더 선호하는데 카타르 섬의 거친 환경과 폐병 때문이다. 그래서 그들은 전차를 청량음료로서 뿐만 아니라, 감기와 기침을 치료하는 목적으로도 사용한다.

돌 모양으로 만들었다. 벽돌 모양의 차는 몇 주 동안 틀에서 말렸다. 전차는 각각 어디서 만들었는지 구별하기 위해 차 위에 글자나 모양을 인장으로 찍어서 표시했다. 전차의 가격은 생산지역에서 멀면 멀수록 올라갔다. 전차는 통화처럼 지폐와 함께 사용되었는데, 지폐는 중국에서 발명된 것으로 송대에 일반화됐다. 그러나 전차는 확실히 그 가벼움 때문에 '날아다니는 돈(비전飛錢)'이라고 불린 종이돈 교자交子보다 위치가 더 확고했다. 그 '가벼움'은 실질적인 무게뿐만 아니라 진짜 가치에 부족함이 없었다. 특히 송 말기에 인플레이션이 발생해 종이돈의 가치는 폭락했지만 전차는 그렇지 않았다. 전차가 화폐는 아니지만, 멀리 중앙아시아의 고립된 지역에서는 전차가 지금까지도 교환 무역의 상품으로 사용되고 있다.

양질의 전차가 북서쪽으로, 나중에는 러시아로 퍼지는 한편, 긴압차라도 낮은 등급의 잎과 줄기, 그리고 가지에 차 찌꺼기가 뒤섞여 품질이 떨어지는 전차는 티베트로 들어갔다. 그들은 전차 덩어리 네 개를 대나무 잎으로 묶어서 하나의 짐으로 만들었는데, 그 무게가 대략 150킬로그램이었다. 양질의 전차를 북쪽 평원지대로 실어나르는 데에는 낙타의 등이 사용되었지만, 티베트로 들어가는 낮은 품질의 전차는 사람의 등에 실려갔다. 좁고 험난한 산길을 통과해야 하고 격류 위에 밧줄을 매달아 만든 다리를 건널 수 있는 용기를 가진 존재가 오직 사람밖에 없었기 때문이다. 그들은 짚으로 만든 신발을 신고 영하의 추위를 견뎌야 했다.

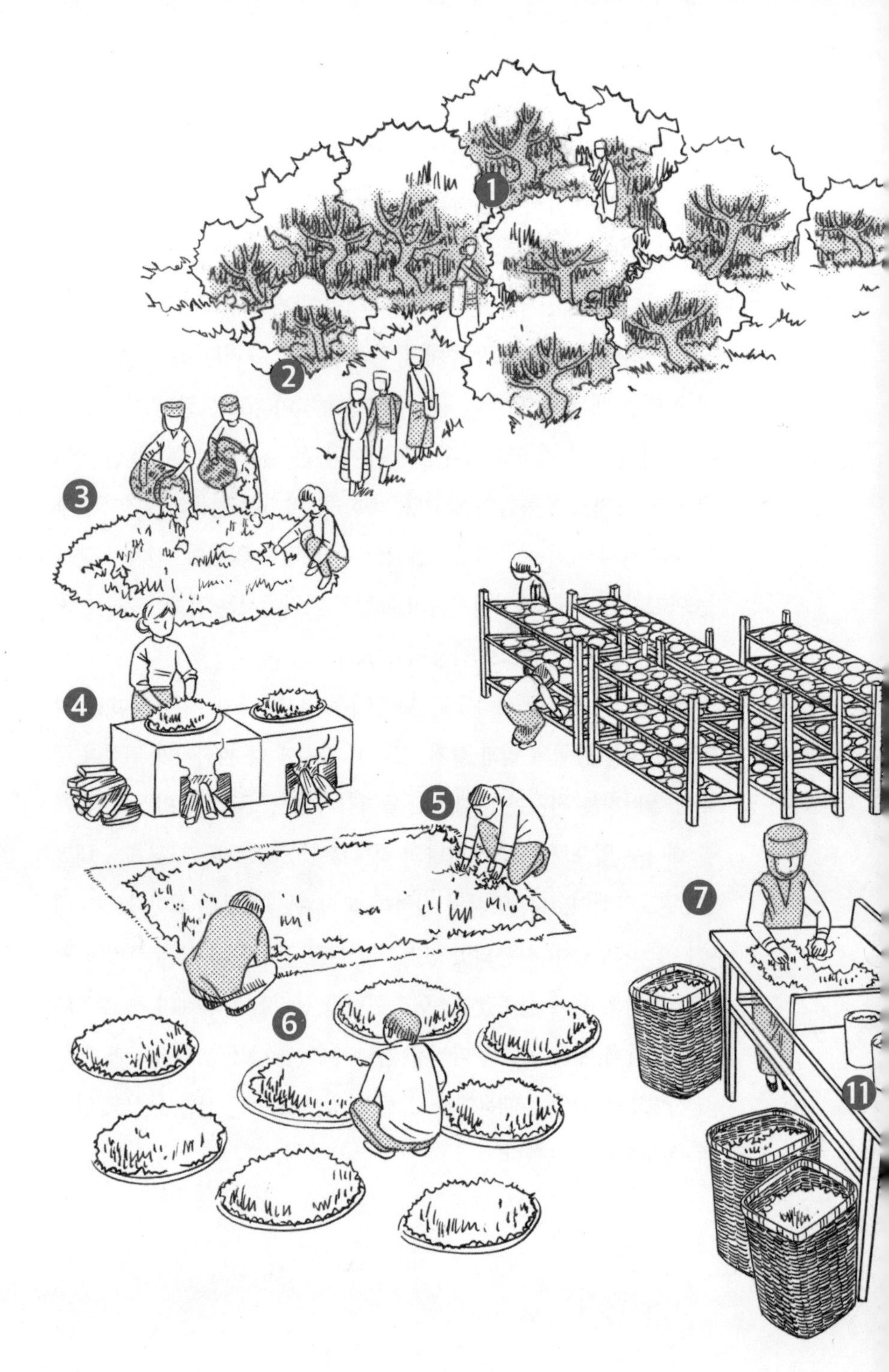
1
2
3
4
5
6
7
11

긴압차(보이차) 제다과정
1. 차따기
2. 찻잎 고르기
3. 찻잎 고르게 펴기
4. 살청
5. 유념(비비기)
6. 볕에 건조
7. 차 고르기
8. 병배(블렌드)
9. 용량 재기
10. 증기 쐬기
11. 모양 만들기
12. 돌로 누르기
13. 건조
14. 포장재료 준비
15. 포장
16. 도장 찍기
17. 건창에 보관
18. 운송
18
17
16
14
15
8
9
10

수세기 동안 중국 남서부의 마을들은 이렇게 차를 운반하면서 생계를 유지했다. 소년이나 노인들은 한 발자국을 내디딜 때마다 의식적으로 호흡을 가다듬어야 하는 높이까지 히말라야 산맥 동사면을 올랐다. 이들이 전차 운송의 짐꾼이었다. 티베트뿐만 아니라 해안을 따라 항구나 교역 중심지에서는 이십 세기 초까지 포터가 고용되었다.

지금도 중앙아시아 전역에서 일상적으로 마시는 차는 엽차가 아닌 긴압차다. 티베트는 아직도 육우 시대처럼 차를 끓이는데, 긴압차를 분쇄해서 물에 넣고 끓인 뒤에 야크 젖과 소금, 그리고 '짬바'라고 불리는 보릿가루나 메밀가루를 넣어서 만든 음료는 차보다는 오히려 스프에 가깝다.

긴압차는 지금도 서구의 차 전문점에서 구할 수 있지만 대중적이라고 할 수는 없다. 흔히 보이차라고 알려진 것이 바로 이 긴압차의 한 종류이다. 현대 중국에서 아직도 만들어지는 보이차는 차 애호가들의 수가 늘면서 서구에서도 꽤 인기를 얻고 있다. 아주 드물게 남아 있는 고대 병차는 수집가들이 눈을 빛내는 품목이기도 하며, 그 자체가 돈이나 다름없다. 그러나 그것들은 '마실 수 있는' 동전이기 때문에 많이 남아 있지는 않다. 추운 겨울밤 곰가죽 깔개 위에 웅크리고 앉아 사막 왕국을 내려다보는 수백만의 별들을 바라보며, 좋은 전차로 만든 뜨거운 차 한 잔을 즐기는 타타르의 왕자도 있었음이 틀림없다.

최고의 한 잔을 위한 경쟁

한가할 때 시에 굶주렸을 때 생각이 끊이지 않을 때 음악을 들을 때

가무 끝나고 악곡을 마칠 때 문 닫고 일에서 벗어날 때

금슬을 타고 그림을 볼 때 밤 깊도록 함께 대화할 때

밝은 창 옆 깨끗한 책상에서, 골방인 아나한 누각에서

주객이 다정하게 만났을 때 좋은 손님, 소매와 함께할 때

벗을 방문하고 막 돌아왔을 때 바람이 자고 날씨가 화창할 때

흐리거나 가랑비 오실 때 작은 다리 아래 꽃배를 띄울 때

성한 숲이나 대밭에서 나무 꽃을 손질하고 새소리 들릴 때

연못가 정자에서 피서할 때 작은 사원에서 분향했을 때

술자리 끝나고 손들 흩어졌을 때 아이들 서재나 객사에서

맑고 그윽한 사원을 방문했을 때 명천이나 괴석을 바라볼 때

허차서許次紓, <다소茶疏>의 음시飮時(마시는 때)

집사가 마지막으로 전체를 점검해 본다. 사발과 소금 접시가 제대로 줄 맞춰 있는지, 다선과 물 바가지는 그 옆에 있는지 확인한다. 주인이 병차를 조심스레 구운 뒤 갈아서 차를 만들 준비를 하고 있다. 물은 주전자에서 데워지고 있다. 보리수 아래에서 멀리서 들리는 소리와 근처의 시내에서 부드럽게 물 흘러가는 소리가 평온하게 어우러진다. 집사는 거의 잠에 빠지기 직전인데 감히 눈을 감지 못한다. 곧 그의 주인이 불 옆으로 와서 주전자에서 끓고 있는 물 일부를 바가지로 떠서 항아리로 옮겨 담을 것이다. 그는 각각의 다완에 차를 넣어서 뜨거운 물을 붓고 손님들에게 대접한다. 각각의 손님은 그 자신의 차를 힘차게 저어서 거품을 내고 옆에 있는 항아리에서 차가운 물을 약간 더한 뒤에 비교한다. 어떤 찻잔의 차에 거품이 많은가? 어떤 찻잔의 차에 가장 오래 거품이 남아 있는가? 그들은 모든 차를 맛보고 그것들에 대해 토의하고 마침내 최고를 선정한다. 그리고 그들은 보리수나무 아래로 돌아가 어두워질 때까지 즉석에서 시를 짓는다. 그동안 하인은 다기를 깨끗하게 씻고, 차 찌꺼기는 전용 용기에 넣고, 사용한 모든 물건을 휴대용 바구니 안에 넣는다.

이런 모임이 당송의 차 애호가들 사이에서는 무수하게 있었다. 타타르의 통치자와 목동들이 거친 전차를 즐기는 동안, 당시의 중국에서는 차를 감상하는 모임을 즐겼다. 시인, 학자, 문인 들은 대자연으로 나가거나 또는 새로 만든 정원의 다정에 모여들었다. 다정은 다양한 다른 종류의 차를 맛보고 즐길 목적으로 지어졌고 그곳에서 예술과 문학에 대해 토론했다. 다정은 정원에 지은 작고 매혹적인 집으로, 당의 차문화에서 가장 유행했으며, 후대 일본의 다실에 영감을 주었다. 이런 형태의 다도회가 지적인 향락의 형태를 취하게 되어 드디어는 '문인차文人茶'로 불리게 되고, 이 또한 나중에 일본으로 수출되어서 센차도煎茶道라고 불리는 보다 세속적인 다도 형태를 낳았다.

차의 인기가 높아지고 차문화가 민중 속으로 퍼지면서, 문인들의 차회는 차 경연대회인 투다鬪茶로 발전해 갔다. 실제로 심판과 관중이 있는 정규적인 차 경연대회가 있어서 차를 맛보고 승자를 뽑았으며 상이 주어지기도 했다. 관중들은 올림픽에서 선수를 지켜보는 것처럼 여러 서생들이 차를 한 모금 마시는 광경을 바라보며, 다선으로 얼마나 많이 거품을 만들어내고, 거품이 얼마나 오래 유지되는지 지켜보았다. 거품이 지속되지 않는 차는 지켜볼 가치가 없다고 보았다. 그동안 옆에 있는 사람과 점잖게 견해를 교환했고 마침내 '비취빛 액체의 거품'의 승자가 선언되었다. 대중적인 오락 형식으로서의 다도인 차 경연대회가 쇠퇴하기 시작한 것은 명대(1368~1644)에 들어서면서였다. 명대에는 압축된 것이든 가루차든, 차를 거품 내어 마시는 풍습은 사라지고 대신 오늘날 같은 잎차가 융성하게 되었다.

이 차회가 지속되는 동안 차의 대가들이 나타났는데, 현대의 티 테이스터Tea taster 같은 존재들이었다. 오늘날의 티 테이스터는 그냥 평범한 인간이며 직업일 뿐이지만, 당과 송의 티 테이스터들은 전설의 소재가 된다. 이런 전설적인 인물로 채양蔡襄(1012~1067)이라는 사람이 있다.

채양은 학자이자 시인으로 명성을 날렸을 뿐만 아니라 그 시대에 가장 위대한 서예가였다. 그는 차 감독관이 되어 황제의 식탁 위에 올라갈 차의 생산과 운송을 책임졌다. 채양이 황제에게 보고 하기 위해 기록한 당시 차에 관한 귀중한 기록이 바로 〈다록茶錄〉이다. 그는 많은 차 경연대회에 참가했으며 차를 맛보는 그의 기술은 절묘했다. 그는 한 모금만 맛보아도 특정한 차의 생산 지역을 감정해 낼 수 있었다.

그는 아주 귀하며 비싼 차로 만들어진 다완 속에 낮은 등급의 싼 차가 조금 섞여 있었던 것을 식별해 낸 유명한 일화도 있다.[17] 그를 초대한 집에서 일하는 하인이 갑자기 온 두 번째 손님을 대접하기 위해서 두 잔 분량의 차를 세 잔으로 만들기 위해서 낮은 등급의 싼 차를 조금 더해서 대접했던 것이다.

중국에서 탄생한 다른 것들과 마찬가지로 차 경연대회는 후에 일본으로 전해졌다. 귀족과 무사 계급에서의 다도회茶寄合를 비롯하여 가마쿠라 막부시대(1192~1333)에 투차鬪茶라고 하는 차 맛보기 대회로 발전시켰다. 중국의 차 경연대회와는 달리 일본 투차의 목적은 오로지 '진정한 차'(본차本茶)라고 하는 교토 인근의 토가노오산(후에 우지 지역에서 자란 찻잎을 포함한다)과 다른 지역의 차(비차非茶, '차가 아님')를 구별하는 것이었다.

보통 대회 참가자들에게는 각각 다른 차가 담긴 네 개의 찻잔이 놓

17 블로펠드, <중국 다도> 19쪽

송대 투다도鬪茶圖

이지만 대회방식은 다양했고, 때때로 찻잔의 숫자는 열 개, 심지어 오십 개까지 있었다. 투차와 함께, 부유층은 자주 향도香道라고 하는 향을 감상하는 깊고 섬세한 예술을 익혔으며, 각각의 차가 지닌 특별한 향을 맡고 그 향의 다른 조합을 밝히는 대회도 있었다. 대회의 정신은 때로는 좀 더 문학적인 경쟁으로 여러 사람이 함께 시를 짓는데 마지막 사람이 지은 시구에 연결되는 시를 즉석에서 짓는 렝가連歌는 시 짓기 대회였다.

인간의 변하지 않는 특성 중 하나는 결코 변함없이 유지되지 않는다는 점일 것이다. 그런 이유로 투차 또한 미학적 견지에서 진짜 차를 감상한다는 원래의 의미를 잃게 되었다. 곧 이런 대회는 재산과 권력을 과장되게 보여주기 위한 모임이 되어버렸거나 바사라ばさら[18]라고 알려지는 광란의 모임으로 변질되었다. 이 모임은 여러 날 동안 계속되었는데 많은 양의 음주, 도박이 동반된 방탕한 형태로 변해갔다. 이런 모임이 일본 전역에서 빈번해지자 권력층에서 심각하게 우려하게 되었다. 무로마치시기室町時代(1338~1573) 쇼군은 과도한 바사라에 의해 발생하는 사회적 경제적 타격을 제한하기 위해 법을 제정하기에 이르렀다. 그러나 그것은 부분적으로만 성공했을 뿐이었다. 차를 사회의 비뚤어진 자들의 손에서 구해 내어 새로운 정신세계의 단계로 나아가게 한 것은 선불교와 다도의 발전이었다.

18 일본의 남북조 시대의 사회풍조 또는 문화적 유행을 나타내는 말로 신분질서를 무시하고 화려한 복장과 행동거지를 즐기는 미의식으로 하극상 행동의 일종을 뜻한다.

달마 대사의 눈꺼풀

양무제가 희망적으로 "그동안 나는 많은 사원을 짓고, 경전을 반포하며 불교를 지원했소. 나의 공덕은 얼마나 크오?"라고 물었다. 보리달마는 이에 대하여 단호하게 대답했다. "황제께서는 아무런 공덕도 쌓지 못했습니다." 양무제는 "부처님佛과 진리法와 수도승僧을 향한 내 헌신과 공양이 아무런 의미가 없다니, 그럼 대체 부처님은 우리에게 무얼 하라고 가르치셨소."

달마의 대답은 다시 무제의 예상을 빗나갔다. "부처가 가르친 것은 아무 것도 없습니다."

짜증이 나기 시작한 무제가 마지막으로 물었다. "그럼 승복을 입고 있는 당신은 대체 뭐하는 사람이요?" 달마는 이 물음에 "나도 모르겠습니다."하며 자리를 털고 일어났다.

-유명한 불교의 선문답

선불교에는 차의 유래에 대한 자신들만의 이야기가 있다. 달마 대사는 남인도의 마드라스 근처 칸치푸람 출신의 브라흐마 왕자였다.

그는 깨달음의 종교인 불교에 귀의했고, 경건한 의식과 경전 연구보다 참선을 통해 궁극적인 깨달음을 구하며 수행 했다. 달마 대사는 중국으로 들어가 자신이 깨달은 사상을 가르치며 많은 시간을 보냈다. 그러던 중 520년경 그는 북위의 서량왕조(502~57)의 양무제와 관중에게 초대받았다. 황제는 많은 절을 짓고 산스크리트어 경전을 번역하는 일을 지원함으로써 불교 전파에 큰 덕을 쌓은 사람이었다. 그러나 그는 무無에 대한 달마의 가르침을 이해하지 못했다. 위의 대화가 끝난 뒤에, 달마는 호남성의 낙양 인근의 유명한 소림사를 향해 떠났다. 그는 9년 동안 동굴 벽을 바라보며 앉아서 명상을 하며 '개미의 비명'을 듣고 있었다. 이것 때문에 그는 '벽관바라문壁觀波羅門(벽을 바라보는 성인)'으로 유명해졌다.

달마 대사는 위대한 스승이었지만 그도 인간이었다. 7년의 명상 중에 하루는 그만 깜빡 잠이 들고 말았다. 깨어났을 때 몹시 화가 난 그는 다시는 눈을 감지 않기 위해 눈꺼풀을 베어서 땅에 던져버렸다. 이 눈꺼풀이 닿은 땅에서 차나무 덤불이 자랐다고 한다. 그 이후 명상하는 승려들은 졸음을 떨치는 데 도움이 되는 이 신성한 음료의 축복을 받았다고 한다. 그리고 달마 대사는 항상 눈꺼풀 없는 눈을 부릅뜨고 있는 모습으로 그려진다.

이 이야기는 차의 탄생뿐만 아니라 선의 탄생에 대해서도 많은 것을 이야기한다. 달마 대사는 중국에서 앉아서 하는 명상의 수행을 널리 퍼뜨리고 진정으로 도를 닦는 사람들에게 이 영적인 수행법을 전파했다. 그러나 도교의 도사들은 달마 대사가 도착하기 이전 수세기 동안 명상과 끽다를 해왔다. 이것은 두 가지 이념의 결합이었다. 명상과 무위자연, 무언의 가르침과 무위, 만물의 조화와 공空사상이라는 선불교의 새로운 형태가 탄생했다. 이것은 그 자체로 철학적 여행의 증언이라고 할 수 있다.

선은 산스크리트어의 디아나dhyana의 중국어 버전으로 '산만한 생각의 소거' 또는 '명상'이라는 의미이다. 선은 일본에 수입되어 젠禪이 되었다. 이런 이유로 달마 대사는 선불교의 아버지로 알려지게 되었다.

선불교와 도교는 차와 명상뿐 아니라 신체적 건강을 강조한다는 것 또한 같다. 달마 대사가 소개했던 신체적 운동 역시 수행의 일부였다. 달마 대사는 승려가 명상하는 동안 몸을 움직일 수 없기 때문에 건강이 나빠지는 것을 깨닫고 그가 인도에서 배웠던 요가 원리에 기초를 둔 박력 있는 운동 양생법을 만들었다고 한다. 이것은 마음의 훈련과 함께 명상하는 동안 요구되는 신체적 건강을 쿵푸로 단련하는 것이다. 이후에 소림사는 무예의 원류로서 이름을 날리게 되었다.

물론 정말 달마 대사가 쿵푸를 발명했는지는 확실하지 않다. 도교주의자들은 공자 시대를 거치는 동안 건강과 장수를 위해서 힘쓰는 법을 연구했다. 그들의 노력으로 태극권 이론이 만들어졌다.

많은 다른 선 우화들처럼 달마 대사 이야기는 상징적인 의미를 담고 있다. 인생에서 명상을 통해 각성을 얻는 것보다 더 중요한 것은 없으며, 심지어 눈꺼풀이나 팔다리보다 중요하다는 것이다. 그리고 명상의 과정에서 차나무가 돋아났다는 것은 승려의 삶에서 차가 얼마나 중요한지를 보여준다.

차는 치료를 위한 약초였고 명상수행을 돕는 도구였을 뿐만 아니라 일상생활의 일부였다. 차를 마신다는 것이 종교적 의례의 요소로 발전되면서 다기와 다실에 형식이 가미되었다.

승려는 명상을 시작하기 전에 달마 대사 영전에 차를 올리고, 그 찻잔의 차를 한 모금 마시고 그것을 다음 승려에게 돌린다. 다른 불교 수행에서도 차 의례가 생겨났는데 차를 만들어 모든 대중에게 대접하거나 특별한 의식에서 불경을 외운 후 차를 마셨다.

차가 일본으로 전해진 것은 중국을 여행했던 어느 일본인 승려가 고국으로 차를 가져오면서부터였다. 그는 선과 도교 철학과 함께 이 귀중한 식물의 씨앗을 고향으로 가져왔던 것이다. 이것은 이후 일본 다도의 모태가 되었다.

그 뒤 13세기가 지났지만 눈꺼풀이 없는 달마 대사의 시선은 깜박거리지 않고 세상을 꿰뚫어보며 세상의 무질서한 행위, 보이는 것과 보이지 않는 것, 알 수 없는 심연 너머를 관조하고 있다.

일본의 선과 차의 대가

우리 차나 한 잔 합시다. 오후의 햇살이 대숲을 화사하게 비추고, 샘물은 기쁨에 들떠 흐르고, 탕관에서 솔잎 사이로 부는 산들바람 소리가 들려옵니다. 아, 덧없는 것을 꿈꿨던 어리석음과 사물의 아름다움 속에서 서성거립시다.

- 오카쿠라 카쿠조岡倉覚三 <차의 책茶の本>, 1906년

1591년 2월 28일, 일본 사회에 막대한 영향을 끼치며 많은 존경을 받는 일흔 살의 노인이 의식적인 자살인 할복割腹을 했다. 그는 일본의 통치자인 도요토미 히데요시의 명령에 의해 친구들에게 차를 대접하고, 죽음의 시를 지은 후 배에 칼을 꽂았다.

"칠순 인생, 내가 이 칼을 잡고 있는 순간 부처도, 조사도 없다"라는 시를 남긴 사람은 센노 리큐千利休(1522~1591)로, 후대에 일본 문화의 아이콘이 되었다. 그는 일본의 위대한 차의 대가이자, 일본인의 의식에 차와 선을 영원히 새긴 인물이었다.

일본에 차를 소개한 첫 번째 승려

센노 리큐 이전 수세기 동안, 일본의 승려와 학자들은 중국으로 건너갔다. 그들은 중국을 여행하면서 건축 설계, 예술 기법, 정부 형태 등 중국의 많은 것을 배웠고 이를 갖고 돌아왔다. 당시 중국은 동아시아 문화의 중심국이었으며 변방에 불과한 일본은 중국 문화를 숭상했다. 중국에서 유학한 승려들은 불교와 차뿐만 아니라 중국의 절에서 일반적으로 수행되던 다례 역시 배워서 돌아왔다. 일본에 상륙한 첫 번째 차는 병차 또는 전차의 형태였다.

종교적 경로를 통해 일본에 처음 차가 소개되었기 때문에 초기에는 주로 절에서만 사용되다가 시간이 흐르면서 점점 귀족사회로 퍼져나갔다. 불자였던 쇼무천황聖武天皇(701~756)[19]은 나라 안의 수백 명의 승려들에게 차를 대접했다고 한다. 사가천황嵯峨天皇(786~842)[20]은 중국 문화를 매우 숭배했는데 황궁에 다원을 만들고 그의 연회에 차를 포함시켜 차의 대중화에 공헌했다. 당시 사용된 차는 둥근 형태의 긴압차로, 일본에서는 단차團茶라고 알려진 것이었다. 원래 단차는 당나라 때 일반적인 차로, 부수어서 곱게 갈아 뜨거운 물에 넣어 소금과 함께 양념을 가미해서 국처럼 끓여서 마셨다.

중국 문화에 대한 관심이 약화되는 시기를 거친 후 천태종 승려 에이사이榮西(1141~1215)가 중국 본토로 건너갔다. 그는 1214년 차의

19 일본의 제45대 왕으로 집권하는 동안 대규모 불교사찰과 공예품 제작을 위해 막대한 투자를 한 인물로서, 불교는 그의 재위기에 사실상 일본의 국교가 되었다.

20 일본의 52번째 천황으로 한시 및 서예에 조예가 깊어 초기 헤이안 시대의 3대 명필 가운데 한 사람으로 꼽히기도 한다.

종자와 당시 중국 송나라에서 애용되던 가루차를 가지고 돌아왔다. 이것이 바로 오늘날 일본의 다도에서 여전히 사용되는 연녹색의 말차다. 에이사이는 또한 선의 가르침을 갖고 돌아와 일본 임제종臨済宗의 시조가 되었다. 그는 고대 도교 이론에 따라서 차의 의학적 효능을 예찬한 논문 〈끽다양생기喫茶養生記〉를 저술하기도 했다.

에이사이榮西선사 초상.

차와 건강, 선적인 명상은 에이사이의 친구인 묘에明恵와 승려 에이존叡尊(1201~1290)에게 계승되었다. 묘에는 승려이자 차를 직접 재배한 시인이었고, 에이존은 처음으로 차를 절 밖의 대중에게 소개한 사람이었다. 에이존은 일본 전역을 떠돌아다니면서 선의 깊은 의미를 전파하고, 차로 빈민과 병자를 치료했다. 마치 최초의 도교 승려들이 약사이자 빈민 구호를 했던 것과 유사한 방식이었다.

사무라이

에이사이가 상류층과 교류하며 선을 전파시키고 귀족에게 다례를 침투시킨 것에 반해, 에이존은 일반 민중에게 차를 전파했다. 그 결과 두 가지 형태의 음다법이 동시에 전개되었다. 상류층의 사치스러운 다회는 비싼 중국 다기를 자랑하는 데 중점을 둔 사교행사에 가까웠다. 반면에 승려와 민중의 소박한 차는 일상생활에서 정신적인 안정을 추구하는 것이었다. 이렇게 극단적인 두 개의 다도는 점차 사무라이(무사계급) 사이에 서서히 녹아들어 갔다. 신흥 무사계급은 권위를 원했고, 그 수단으로서 다회의 사교기능을 이용했다. 전투 집단인 사무라이들은 궁중에서 신봉되고 있던 보수적인 불교(천태종)보다 금욕적인 선종의 형식과 교리를 선호했다. 선종의 승려들은 황실이 아니라 쇼군들에게 중요한 조언자가 되어 책사나 문화 담당관 역할을 했다.

권위를 잃어가는 황실에 반해 쇼군정권은 점점 더 영향력이 강해졌고 선불교와 함께 차문화 역시 더욱더 융성해졌다. 장군들은 전투에 승려를 동반했다. 규정된 의례에 따라서 선승이 차를 대접하는 이동다실은 연이은 전투 중에 잠시 휴식하기 위한 좋은 빌미를 제공하기도 했다. 이 외에도 사무라이들은 무로마치 시대室町時代(1338~1573)의 불안정한 사회 상황 하에서 사회적 정체성을 확립하기 위한 도구로 다회를 개최했다. 원래 선사들의 서재였던 서원은 거대하고 형식적인 연회장으로 변했고, 사무라이들의 다회를 위한 전통적인 공간이 되었다.

선승들은 주인이 소장한 예술작품과 다기의 배치를 정하고 주인에게 차의 맛과 차문화의 궁금증에 대해 조언하기 위해 고용되었다. 그들은 다회에 나아가 방의 장식, 다기의 배치, 꽃꽂이의 규칙을 정리하고 기록했는데, 대부분 중국에서 가지고 들어온 규범에 기초한 것이었다. 이처럼 선문화는 무사계급의 사교문화와 결합되어, 선의 대가는 차의 대가가 되었다.

쥬코珠光**와 죠우**紹鷗

이런 차의 대가 중 한사람이 바로 무라타 쥬코村田珠光(1423~1502)이다. 전직 노름꾼에서 선승이 된 쥬코는 차를 준비하고 마시며, 다기를 배치하고 가구를 선택하는 다회를 사교행사가 아닌 불자의 길이며 일상생활 속에서 깨달음을 추구하는 도구로 보았다. 그의 공헌으로 다회는 다도, 즉 차의 도가 되었다. 그는 화려한 사원(쇼인) 풍의 다실 대신 간소한 초암草庵을, 화려한 중국의 다기 대신 소박한 일본의 다기를 선호했다. 그의 영향으로 다도는 중국 수입품에서 진정한 일본식 차노유茶の湯, 말 그대로 '차를 위한 뜨거운 물'이라는 방식으로 진화되었다.

타케노 죠우武野 紹鷗(1502~1555)는 쥬코의 이상을 따라 와비(わび, 侘)라는 개념을 도입하여 다도의 양식을 더욱 발전시켰다. 와비는 원

쥬코다완, 나라, 칭명사稱明寺소장(좌) 다케노 죠우 초상, 나라 현립미술관 소장(우).

시적인 소박함, 마음의 진실함과 불완전의 미를 탐미하는 것으로, 선과 더불어 일본 미의식의 중심적 요소이다. 그는 다실은 작고 소박해야 한다고 생각하여 4조 반 형태의 다다미로 된 다실을 고안했다. 짚으로 만든 돗자리인 다다미는 넓이가 약 1.8제곱미터로 규격화되어 있었다.

일본은 쥬코와 죠우 이후 세 번째 그리고 가장 위대한 다인을 기다려야 했다. 정신적, 미학적 세련됨을 극대화시킨, 차노유를 국민적 예술 형식으로 변화시킨 인물은 바로 다도의 대가이자, 최초의 다사(차 선생)인 센노 리큐千利休이다.

센노 리큐

리큐는 오사카 근처 사카이의 부유한 상인 가문에서 태어나 임제종의 중심지인 교토 근처의 다이토쿠지大德寺에서 선을 공부했다. 그는 대가 타케노 죠우에게 직접 와비의 개념과 차를 배웠다. 리큐는 총명하고 자신감 넘치는 제자로서 부유한 상인 계층과 상류 무사계급이 즐기는 차의 세계에서 독보적인 위치에 오르게 되었다. 아시카가足利의 몰락 이후 가장 강력한 쇼군이었던 오다 노부나가織田信長가 차 선생으로 그를 선택했다. 노부나가가 자객에게 살해된 후, 도요토미 히데요시豊臣秀吉가 일본을 통일하고 리큐를 차 선생으로 데려갔다. 히데요시와 리큐의 만남은 차노유의 예술적 승화에 있어 이상적인 조합이었다.

히데요시는 차 문화의 강력한 후원자였다. 그는 차와 관련된 모든 것을 지원했고 장려했으며, 당시 일본에서 가장 강력한 남자였던 그가 스스로 '비루한 일'인 차의 작법을 배웠다. 다른 쇼군처럼 그는 선을 가까이했으며 와비 양식을 존중했지만, 그는 공식적인 막부회의에서는 과시하듯 사원 다실에서 차를 대접했다. 이는 의심할 여지없이 다회를 정치적으로 이용한 것이며, 그의 권력과 부를 방문객들에게 보여줌으로써 외부 세력과 동맹을 맺을 수 있었다. 히데요시는 천황을 초대했을 때, 벽과 다기는 물론이고 다실茶の間 전체를 금으로 치장해서 그의 부와 권력을 만천하에 과시했다.

리큐는 히데요시의 차 선생으로 사원의 다실에 배속되어 외교적 조언자이자 가신으로서 중요한 역할을 수행했다. 그가 이러한 역할에 얼마나 만족해하고 즐겼는지는 불분명하다. 당시는 전제정치 시대

황금다실, MOA 미술관

였으므로 가신은(존경받는 차 선생도 가신에 불과했다) 군주의 지시를 따를 뿐이었다. 하지만 리큐는 소박함과 성실함을 뜻하는 다도인 와비차를 완성하여 진정한 차의 정신세계를 창조하는데 공헌했다.

리큐는 창조적인 정신의 소유자였고 자신의 신념을 드러내는 것을 원하지 않았다. 그에게 있어 차를 준비하고 마시는 의식은 단순한 유희가 아니었다. 그것은 자신의 내면으로부터 조화로움을 발견하고 삶의 본질을 경험하는 둘도 없는 기회이고 마음의 순수함을 온몸으로 느끼는 장이며 일상을 초월하여 절대적 존재와 하나가 되는 순간이었다. 여기에 이르기 위해 다실은 고요함과 검소함이라는 와비정신이 스며든 단순화가 요구되었다.

죠우의 가르침에 따라 선 수행을 했던 리큐는 더 나아가 실내는 4조 반 크기의 다실을 2조 크기(3.6㎡)의 작은 오두막으로 줄였다. 다실은 보여주기 위한 장식에서 벗어나 자연스러움을 강조하기 위해 일부러 비대칭적이고 가공하지 않은 자연스러운 소재로 만들어졌다. 벽에는 값비싼 중국 회화가 아닌 단순한 서예 족자를 걸었다. 값비싼 수입 다구 대신 질박한 일본 자기를 썼다. 그는 도공을 시켜 지극히 거친 질그릇인 라쿠 그릇을 만들어 일본에 새로운 미의식을 소개했다. 꽃 장식 역시 과장된 것 대신 고고한 한 송이 꽃만을 절제하여 사용했다.

세상으로부터 이상적인 은신처인, 두 평의 암자는 도교적 의미에서 자연과의 결합을 표현하였으며, 주인과 손님이 영적인 교감를 나눌 수 있는 기회를 제공했다. 1582년 리큐는 히데요시를 위해 다이안待庵이라는 다실을 지었는데, 여기서 이러한 개념을 완벽하게 구현하고 있다. 이 다실은 현재 일본의 국보로 지정되어 있다. 리큐는 화려한 사원 다실이 아닌 와비 암자에서 고위 관리들에게 차를 대접하는 것을 주저하지 않았다. 히데요시 자신도 리큐의 지도 아래 열성적인 와비 다인이 된 것이다.

센노 리큐의 지시로 초지로長次郎가 만든 단순하며 두터운 검정색 라쿠 찻잔은 차를 마시기 위한 이상적인 다기로 많은 사람들에게 알려지게 되었다. 검정색 라쿠 다완, 교토, 일본, 모모야마 시기, 1585-89년경, 프리어 미술관, 스미소니언 협회, 워싱턴 DC

다실에 들어가는 방법도 대담하게 변화시켰다. 리큐 이전의 다실은 고귀한 손님을 위한 출입문인 키닝구치貴人口가 있었다. 이 문을 통해 사람들은 선 채로 걸어서 다실로 들어갈 수 있었다. 하지만 일반인은 약 70센티미터 정도밖에 안 되는 더 작은 문인 니지리구치躙り口를 통과해야 했고 방에 들어가기 위해서는 몸을 구부려야 했다. 리큐는 이런 불공정을 없애고 귀족이든 상인이든, 혹은 사무라이건 일반인이건 모든 손님은 니지리구치로 입장하는 것으로 정했다. 이것은 신분과 서열을 인정하지 않으며 모든 인간이 평등하다는 것을 의미했다. 다실에 들어갈 때는 모든 사람들이 극단적으로 작은 출입문을 통과하기 위해 몸을 굽혀야 했고 권위를 상징하는 칼 같은 소지품은 외부에 두어야 했다. 이것이 리큐가 의도했던 것이었다.

리큐는 밖에서는 얼마나 많은 전쟁이 일어나든 다실은 사회적 평등과 평화와 우애의 장소라고 믿었다. 봉건주의적 사상이 지배하던 상황에서 권위에 도전하여 사회적 평등이나 평화와 우애 등의 사상을 당시의 일본에 전파시킨 것은 기적이라고밖에 말할 수 없다. 그의 가치는 오늘날까지도 차노유의 실천을 통해 세계 전역에서 반향을 일으키고 있다.

리큐의 최고의 사회적 성공은 1587년에 히데요시가 귀천을 불문하고 일본 전역의 다인이 참가하는 대다회를 선포했을 때였다. 이것은 10월 초에 교토 기타노北野의 마쯔바와에서 행해진 기타노 대다회北野大茶湯였다. 귀족과 일반인 가릴 것 없이 팔백 명의 다인이 모여서

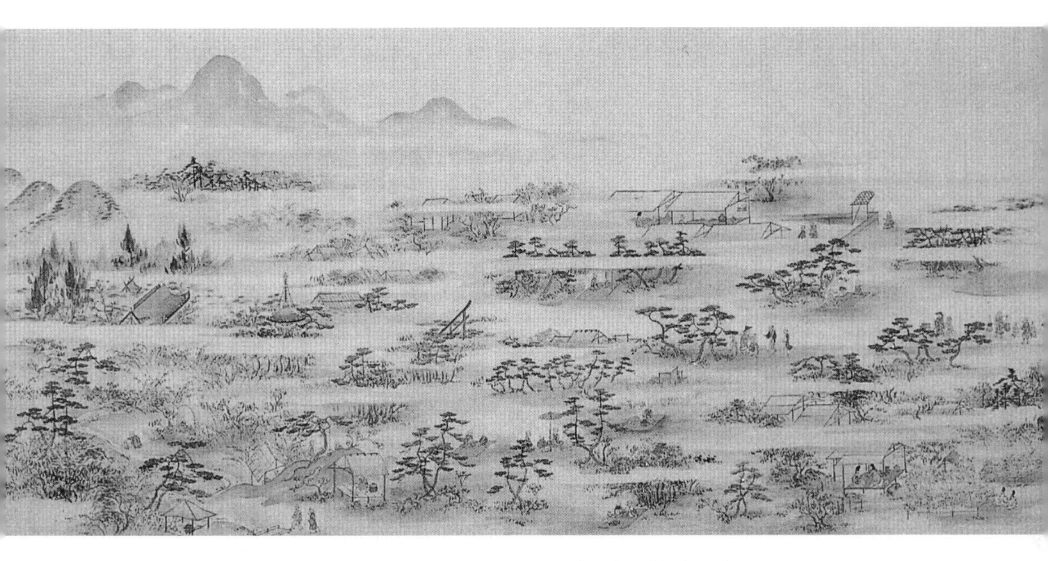

기타노 대다회도北野大茶湯圖 일본 다도미술관 소장

각기 다른 미학적 경향과 견해에 따라 다정茶亭이 설치되었다. 온갖 종류의 다기와 회화가 전시되고, 각각 다른 종류의 차가 서로 다른 방식으로 제공되었다. 히데요시도 직접 그의 와비식 초암에서 차를 끓였다. 리큐가 진두지휘했던 엄청난 대규모 행사는 일본 문화에서 차가 얼마나 중요하게 자리 잡았는지, 그리고 어떻게 정치적 도구로 사용되었는지를 보여주는 증거라 할 수 있다. 의심할 여지없이 히데요시는 단순한 다회가 아닌 거대한 권력을 과시하기 위해 기타노 대다회를 개최한 것이었다.

권력의 중심에서 리큐는 절묘하게 균형을 맞춘 삶을 살았다. 군주가 황금 다실을 보여주는 동안 리큐는 와비 초암을 만들었다. 군주가 정치적 음모의 일환으로 다회를 여는 동안, 리큐는 고위 관리들이 니지리구치로 몸을 굽혀서 들어오게 만들었다. 하지만 히데요시가 와비의 예술을 차용했다고 해도 그는 일본의 통치자였고 예측할 수 없는 냉혹한 사람이었다. 왜 그가 리큐에게 할복을 명했는지는 아직도 미스터리로 남아 있다. 학자들은 몇 가지 가능성을 제기한다. 일부는 히데요시가 중국과 한국을 침략하려는 계획에 공개적으로 반대하여 군주의 권위에 반항한 데 따른 일이 아닐까 생각한다. 다른 사람들은 리큐의 숭배자가 다이도쿠지에 만들어놓은 리큐의 초상이 히데요시를 격노하게 만든 게 아닌가 추측한다. 왜냐하면 히데요시가 리큐의 초상화 아래로 걸어 다녀야 했기 때문이다. 또한 히데요시가 첫째 아들을 잃고 정신이 혼란하여 충동적으로 가까운 사람들에게 벌을 주었던 게 아닌가 추측하는 사람도 있다. 가장 일반적인 인식은 정치와 와비가 도저히 양립할 수 없기 때문에 리큐의 위치가 완전할 수 없었다는 것이다.

리큐는 처음부터 자신이 걷는 길의 위태로움을 의식하고 있었다. 죽기 몇 년 전부터 그는 이미 와비의 미래에 대해 비관적이었다. 아마도 자신의 최후가 다가왔음을 감지하고 있었던 것으로 보인다. “십 년이 지나지 않아 진정한 다도가 몰락할 것인데, 그때 사람들은 오히려 번창하고 있다고 생각할 것이다. 단지 세속적 유희가 되는 비참한 사태에 빠질 것이다. 이것은 너무나도 명백하므로 나는 슬프다”라고 말하기도 했다. 어쩌면 이것이 주군에게 용서를 구하고 자신의 생명을 구하는 것을 거절한 이유일지도 모른다.

히데요시는 나중에 자신의 행동을 후회했다. 그 역시 영적인 의식과 정치적 야망 사이의 두 갈래 위태로운 길을 걸었다. 그의 삶은 인간의 모순을 잘 보여주고 있다. 진정한 와비 다인과 변덕스러운 전제 군주가 같은 몸에 동거하고 있었다. 히데요시의 가장 깊은 와비 정신은 자신이 노래로 표현한 차노유 해석에 나타난다.

"끝을 알 수 없는 마음속을 퍼 올리는 것이야말로 차노유라는 것을 알듯 말 듯"

차노유茶の湯

나는 이같은 비전서의 법식들을 하나의 출발점으로 삼아, 좀 더 높은 차원으로 나아가고자 하여 대덕사大德寺와 남종사南宗寺의 스님들께 열심히 참선을 배우고 아침저녁으로 선종의 청규淸規를 기본으로 삼아 정진했다. 그로부터 사원의 양식을 간략화하고, 노지露地의 경계, 정토세계를 열고, 다다미 2첩 짜리의 작은 초암 다실의 소박한 다도를 만들어냈다. 땔감을 장만하고, 물을 길어 나르면서 수행의 의미를 깨닫고, 차 한 잔의 참맛을 겨우 어렴풋이 알게 되었다.

- 난보 소케이南方宗啓, <남방록南方綠>

차의 대가 센노 리큐가 죽은 이후, 다도의 영적 미학적 추구는 여러 파벌을 낳았다. 그들 중 우라센케裏千家, 오모테센케表千家, 무샤노코지센케武士小路千家는 리큐의 증손자 셋에 의해 형성된 다도 일파이다. 서양에 가장 잘 알려진 것은 우라센케류로 리큐가 그의 아들에게 물려준 차 수행법을 이용한다. 그 후 우라센케류의 가주인 이에모토家

元는 항상 센가의 일원이며, 센노 리큐의 후손이 대를 잇는다.

차노유 또는 다도는 다양한 방법으로 열리게 된다. 보통 계절에 따라, 차 대가의 개인적 선택과 수행자와 손님의 실력에 따라 선택된다. 차카이茶会라고 불리는 다회는 상대적으로 짧지만 단순하지 않은데, 이것은 손님을 환대하는 코스로서 과자와 차를 접대하고 가끔 가벼운 식사도 제공한다.

정식 의례인 차지茶事는 복잡하고 의례적인 것으로 보이지만, 다도의 정신을 가장 완벽하게 표현한다. 초심자들과 일부 선생들은 차지에 참여하지 않는다. 인생의 도전처럼 차지를 몸에 익히는 데는 오랜 세월이 걸린다.

손님들이 차지에 초대되었을 때 그들은 처음 대기실인 마치아이待合[21]에서 간단하게 뜨거운 물을 대접받고, 손님들은 들어온 순서대로 다실을 둘러싸고 있는 정원의 로지露地를 따라서 간다. 로지는 물방울이 반짝거리고 이끼가 낀 돌길을 따라 다실로 이어진다. 로지를 통해 외부 세계의 소음으로부터 멀어져서 내부의 고요함으로 향한다. '로지를 따라 초암으로 가는 것은 속세의 먼지를 터는 것이며, 주인과 손님은 서로 순수한 마음으로 만난다.' 라고 〈남방록〉은 적고 있다. 차노유의 발전을 통해 차의 대가들은 이 '길'을 따라 손님을 이끄는 데 최선의 주의를 기울인다. 로지는 각각의 대가가 그의 신념과 미학에 따라 만든다. 오카쿠라의 〈차의 책茶の本〉에는 다음과 같이 적혀 있다.

21 실내에 마련된 손님이 모일 때까지 기다리는 장소

'갓 각성한 영혼이 아직 과거의 흐릿한 꿈들 사이를 헤매며, 아직 영적인 빛의 달콤한 무의식 속에서 목욕을 하며, 그 너머 광대함 속에 놓여 있는 자유를 동경하는 분위기를 창조하길 희망했다.'

고시카케 마치아이腰掛待合는 기다리며 쉬는 정자로 손님들이 벤치에 앉아서 주인이 맞이하러 오길 기다린다. 여기서 손님들은 다실 근처에 있는 오래된 나무를 감상하고 자연의 아름다움을 즐긴다. 말은 많이 오가지 않는다. 주인이 곧 추몬中門을 나와 손님을 안으로 안내한다. 중요한 손님이 미리 정해져 있어서 첫 번째로 들어간다. 주인을 따라 돌로 만든 물그릇인 츠쿠바이蹲踞에서 주인과 손님이 손을 씻고 입을 헹구게 된다. 센노 리큐는 츠쿠바이는 대지에 가깝게, 자연에 더 가깝게 다가가야 한다고 말했다. 일본 다실을 둘러싼 모든 것이 자연에 가깝거나 자연 그 자체이다. 자연을 닮은 나무, 대야에 튀기는 물방울, 토담, 이엉을 얹은 암자, 다실을 받치고 있는 대나무까지, 다실 안에는 도교 세계관의 5원소인 흙, 나무, 불, 물, 금속 외에 인공적인 것은 사용하지 않는다.

차지에서 손님은 다실의 '겸손한' 작은 문인 니지리구치를 통과하면서 몸을 구부리는데, 이것은 다실 안에서는 모든 인간이 동등하다는 것을 상징한다. 마치 다실에 들어가는 것은 자궁으로 들어가는 것과 같음을 의미한다. 창문은 하얀 창호지로 덮여 있어서 외부 세계와 분리되어 있다. 그곳으로 들어가는 순간, 단순함에서 오는 안락함과 평화로움을 느낄 수 있다. 다실은 작아서 8.10제곱미터 또는 넉 장 반의 다다미로 거의 비어 있다. 음을 상징하는 물 주전자와 양을 상징하는 숯불로 된 작은 화로가 있다. 다실의 모든 것이 음 또는 양의 성질을 갖고 있다. 서예 족자가 토코노마床の間라고 불리는 작은 벽 안에 걸려 있다. 완전함과 고요함을 느끼게 한다. 이런 면에서 차노유는 선의 공空 사상을 반영한다. 차노유의 모든 면에 선의 정신이 존재한다. 센노 리큐의 손자이자 최초의 우라센케 차의 대가였던 센소탄千旦(1576~1658)은 "차의 맛과 선의 맛은 같다"고도 했다. 차와 선은 모두 네 가지 핵심적 사상을 추구한다. 이것은 和, 敬, 誠, 寂으로, 와和는 평화, 케이敬는 존중, 세이誠는 순수함, 자쿠寂는 평정성이다.

<화경청적和敬淸寂> 이이나오스케井伊直弼작, 히코네성박물관

다실에 들어가는 것은 쇼자初座의 시작이다. 겨울에는 주인이 숯불을 준비한다. 손님은 족자, 벽감, 풍로에 대해서 간단하게 느낀 것을 말한다. 이어서 손님은 무릎을 꿇고 각자 정해진 위치의 다다미에 앉는다. 손님에게는 국, 밥, 생선, 야채,

특별한 종류의 사케 같은 가볍고 우아한 카이세키라는 요리가 제공된다. 식사 메뉴는 계절에 따라 다양한데, 미식의 만찬을 목적으로 하는 게 아니기 때문에 단순하면서 아름다움을 표현하는 것으로 한다. 이것이 와비식 식사로, 제한된 재료에서 영적인 자유를 경험하는 기회이기도 하다.

약간의 점잖은 말이 오가긴 하지만 거의 대부분 침묵을 지킨다. 이때까지 차가 나오지는 않고, 주인은 조용히 도구와 차를 준비하고 있다. 손님 역시 조용히 주인을 관찰한다. 침묵이 모든 것과 결합해 있는 상태로, 마치 묵언默言 수행하는 선의 대가들과도 같다.

다완과 젓가락, 접시를 씻은 후에 주인은 되돌아와서 손님들에게 쌀로 만든 달콤한 간식을 제공하고, 이어서 다음 순서가 진행된다. 그리고 가장 짧은 순서인 나카다치中立이다. 짧은 휴식 동안 손님은 밖으로 나가 정자에서 시간을 보낸다. 그 사이 주인은 진한 차인 코이차濃茶를 준비하며, 벽감에서 서예 족자를 치우고 그 자리에 꽃을 놓는다. 모든 것이 준비되면 징을 쳐서 손님들에게 돌아오라고 알린다. 징소리는 손님의 수에 따라 달라진다.

다음 순서는 고자後座로 차지의 세 번째이자 마지막 단계이며, 마침내 차가 나온다. 차는 물 항아리, 차 항아리, 차 도구와 함께 준비된다. 주인은 진한 차를 준비하는데 단 한 번 나오며, 하나의 찻잔을 사용해서 모든 손님들이 함께 마신다. 주인은 그동안 먹거나 마시지 않으며, 손님들에게 모든 관심을 쏟는다. 주빈이 짧은 답례 인사를 나누

대암待庵(묘희암妙喜庵) 다실 내부.

는 걸 제외하고는 거의 말이 오가지 않는다. 이런 행동 하나하나와 순간순간이 모두 명상 그 자체라 할 수 있다. 진한 차인 코이차는 말차로 만드는데 진한 녹색의 가루차로, 물과 섞으면 크림처럼 거품이 난다. 주인이 찻잔을 주빈에게 건네면 정해진 대로 세 모금 반을 마신 뒤에 잔을 닦고 다음 손님에게로 건넨다. 잔을 돌리는 이런 행위는 아마도 이천 년 전부터 유래한 것으로 추정된다. 중국 도교 사원에서도 도교 수행자들의 의식에서 찻잔을 공유했다. 잔을 공유함으로써 곧 평화와 조화 속에서 하나 됨을 상징하며 전쟁, 계급 차별, 국경 문제를 극복하는 행위가 되는 셈이다. 결국 이렇게 하나의 잔을 이용함으로써 모든 걸 초월해서 하나의 공동체를 이루게 된다.

코이차가 끝난 후, 주인은 숯불을 되살려 연한 차인 우스차薄茶 또는 고즈미를 준비한다. 연한 차를 마시는 동안은 엄격한 진한 차를 마실 때와 비교해 분위기가 좀 더 가벼워진다. 우스차도 말차로 만들지만 진한 차를 만들 때 사용했던 가루의 삼분의 일만 준비한다.

우스차에는 손님마다 각각의 잔이 준비된다. 가벼운 간식이 나오고 주인은 각각의 잔에 차를 격불擊拂하여 손님들에게 대접한다. 만약 손님이 차를 더 마시길 원하면 주인은 계속 차를 대접한다.

복잡한 각각의 단계에서 차를 대접하는 주인은 단순한 듯이 가볍고 재빠르며 대담하게 움직인다. 하지만 이 모든 움직임 하나하나가 오랫동안 정기적인 연습을 한 결과이다. 이 단순해 보이는 움직임들은 수없는 실수를 거쳐 만들어진 것이며, 얼마나 많은 인내와 엄격한 규율 속에서 이루어지는지 손님들은 알고 있다. 차 가루를 푸는 것, 뜨거운 물 붓기, 차와 물을 휘저어 '옥수玉水' 만들기, 찻잔 씻기, 비단 천 접기 등과 같은 기계적으로 수행되는 동작들은 각기 의미가 있는 움직임이다.

진정한 차노유의 수행자는 각각의 행동에서 현재 순간적인 완전함을 추구하며, 마치 춤을 추듯 움직이며 추상적인 무無라는 관념과 일상생활을 우아하게 접목시킨다. 움직임 하나하나가 명상이며 고도의 집중과 헌신의 결과로 완성되는 것이다. 숙련자가 만들어내는 정확하고 간결한 움직임은 마치 오래된 선 이야기를 연상시킨다.

한번은 나이 먹은 차 선생이 실수로 무사를 다치게 한 적이 있었다. 그가 의도했던 것은 아니지만 어쨌든 그는 사과했다. 하지만 무사는 몹시 화가 나서 결투를 신청했다. 차 선생은 칼을 써본 적이 없는 사람이었다. 그래서 그는 무사이자 동료인 선승을 초대해 차를 대접하며 결투 이야기를 했다. 차를 마시는 동안 선승인 무사는 차 선생의 움직임에서 가볍고 견고한 집중력을 보고, 그는 차 선생에게 이렇게 충고했다.

"무사 앞에 섰을 때, 칼을 쥐고 머리 높이 들어 올리십시오, 칼을 내려칠 준비가 된 듯이. 그리고 그를 조용히 응시하십시오. 당신이 차를 대접할 때와 같은 집중력과 평온함으로."

차 선생은 그대로 했다. 차 선생의 무심한 눈과 마주치자, 무사는 오랫동안 움직일 수 없었다. 결국 그는 눈을 내리깔고 스스로의 무례

함을 사과했다.

우스차는 오늘의 다도가 끝나 간다는 것을 예고한다. 주인이 모든 도구를 미즈야水屋라고 하는 다기를 보관하는 작고 분리된 공간으로 치우고 문을 닫는다. 손님들은 떠날 준비를 하기 시작한다. 주인이 돌아오면 손님은 차에 대한 감사 인사를 하고 주인의 솜씨와 예술적 안목에 존경을 표한다. 손님이 다실을 나가면 주인은 니지리구치 앞에서 공손하게 그들이 가는 것을 지켜본다. 잘 가라는 인사 같은 것은 교환하지 않는다.

문외한의 관점에서 볼 때 차노유는 매우 단순하게 보인다. 준비, 식사, 차 대접, 설거지의 연속으로 보면 그냥 단순하고 정확한 행동일 뿐일 수도 있다. 그러나 그 모든 과정은 복합 예술로 각각의 단일한 행동은 선 수행의 지고지순한 목표인 의식의 확장에 도달하기 위한 길고 어려운 구도의 결과이다. 차노유의 의식적인 행동이 단순하게 보일지라도 결코 쉬운 게 아니다. 가장 숙련된 수행자도 차노유 또는 선의 본질을 완전히 표현할 수 없으며, 만약 그가 아는 모든 것이 기교적인 기술에 지나지 않는다면 이는 형식주의로 흘러갈 위험이 있다. 우라센케 파의 현 이에모토인 16대 센소시츠千宗室는 다음과 같은 이야기로 다도의 본질적인 의미를 이야기한다.

> 옛날에 차 농부가 차 한 잔을 대접하고 싶다고 리큐를 초대했다. 리큐의 방문에 감동한 농부는 리큐를 다실로 인도해 직접 차를 대접했다. 하지만 농부가

얼마나 긴장을 했던지 손을 떨었다. 농부는 서두르다 차시를 떨어뜨리고 다선을 계속 부딪쳤다. 리큐의 제자들인 다른 손님들은 차를 대접하는 농부의 예절을 깔보았지만, 리큐는 "최고입니다"라고 말했다.

집으로 돌아오는 길에 제자가 리큐에게 "왜 선생님은 그런 수치스런 행동에 감동하셨습니까?"라고 물었다. 리큐가 대답하길 "이 사람은 솜씨를 자랑하기 위해 나를 초대한 게 아니다. 그는 나에게 마음으로 차를 대접하길 원했다. 그는 실수와 상관없이 나를 위해 차 한 잔을 만드는 데 자신의 마음을 다 바쳐 헌신했다. 나는 그의 정성에 감동한 것이다."

한 잔의 차 속에는 진실한 마음이 담겨 있다. 처음 차를 약재로 사용한 중국의 치료사들이나 이 신성한 음료와 더불어 수행을 했던 도교 승려들, 그리고 수행에 정진했던 선 수행자들 역시 진실한 마음을 갖고 있던 사람들이다. 다이세츠 스즈키는 차노유가 유교 문화에서 비롯된 연대감과 존경의 전통에, 도교의 무위 자연, 불교의 진리와 자기를 찾기 위한 탐구가 합쳐진 것이라고 말했다. 이런 관점에서 차는 이천 년의 동양 지혜를 담은 정수가 되었고 차노유는 이런 지혜를 가장 완벽하게 찬양한 것이라고 할 수 있다. 스즈키보다 300년을 앞서 살았던 인물로, 다도 선생이자 리큐의 손자인 센소탄은 시적인 형태로 자신만의 차노유에 대한 정의를 내렸다.

차노유의 본질이 무엇이냐 묻는다면

그림 속에서 바람에 흔들리는 소나무가 내는 소리라고 답하련다.

2부
서쪽으로

양이洋夷

고귀한 가문에서는 집에 손님이 방문하면 차ch'a라고 하는 음료수를 대접한다. 이것은 약간 쓰고 붉은색이 감도는데, 몇 가지 약초와 혼합해 만든다.

- 포르투갈 선교사 가스파르 다 크루스, 1560년

차가 뭔지도 모르는 바다의 야만인들이 아시아의 해변가에 나타났다. 그들을 이곳까지 오게 한 것은 계피와 육두구, 정향 같은 이국적인 향을 가진 향신료와 매끄러운 감촉의 비단과 명주였다. 요란하게 등장한 야만인들은 총소리와 화약 냄새로 아시아 전역을 뒤흔들었다. 연이어 시끄러운 사건들이 발생하면서 아시아인들의 평온한 일상생활을 방해했다. 유럽인들은 그렇게 아시아의 역사에 등장했다.

스페인, 포르투갈, 네덜란드, 영국 같은 서유럽 국가들과 아시아 국가들과의 접촉은 거의 역사적인 트라우마를 일으킬 정도로 폭력적인 것이었다. 그리고 세계 경제 질서에서 본다면 큰 변화의 시작이기도 했다. 유럽인들은 미개한 아시아를 약탈하는 것을 당연하게 생각했으며, 그들에게 아시아란 곧 부에 대한 약속을 의미했다. 이렇게 그들은 인간성의 밑바닥까지 내려갔다. 유럽인들은 나가사키에서 마닐라, 바타비아[22]에서 광동까지 아시아 전역에서 온갖 혼란을 일으켰다.

남만南蠻(남쪽의 오랑캐)이라는 단어는 일본에서 유럽인을 가리키는 용어였다. 남만 미술은 유럽 문화에 영향을 받은 일본 미술을 가리킨다. 여섯 장의 판화가 포르투갈 배의 도착을 보여준다. 잉크, 유채, 일본, 1630년경, 개인소장, 뉴욕

이런 소란 속에서 그동안 기득권을 쥐고 있던 아시아 왕국의 군주들은 그전에는 전혀 몰랐던 유럽의 작은 국가들의 손아귀에 놀아나게 되었다. 유럽인들은 세계의 주인이 되려고 했고, 동·서양 힘의 균형은 두 번 다시 되돌리기 어려운 지경에 이르렀다.

유럽이 아시아에 대한 본격적인 야욕을 드러낸 것은 토르데시야스 선[23]을 그으면서 시작되었다. 1494년 교황 알렉산데르 6세는 남북 경계선을 만들어 대서양 가운데에 토르데시야스 선을 그었다. 교황은 이 선을 따라 당시 최고의 해양 강국인 스페인과 포르투갈에게 비기

22 현재의 자카르타.
23 토르데시야스 선은 스페인과 포르투갈이 15세기 후반 항해자들이 탐험한 지역들에 대한 소유권 분쟁을 해결할 목적으로 맺은 토르데시야스 협정에 따라 그어졌다.

독교 지역을 신의 이름으로 양분해 주었다. 이에 따라 스페인은 브라질을 제외한 선의 서쪽 땅을 차지했고, 포르투갈은 브라질과 동쪽의 땅을 차지하게 되었다. 알렉산데르 6세는 스페인과 포르투갈이 세계를 탐험하여 기독교를 전파하고, 당시 귀했던 후추와 향신료를 범선에 실어서 고국으로 돌아오길 축복했다.

당시 바다로 눈을 돌릴 수밖에 없었던 이유는 아시아로 가는 육로가 오스만 투르크 제국의 이교도들에 의해 막혀 있는 상황이었기 때문이다. 이렇게 토르데시야스 선은 두 국가가 누가 어디를 약탈할지 효과적으로 결정했다. 스페인 선단은 서쪽을 향하여 신세계에서 기독교의 이름으로 대량학살을 저질렀고 약탈을 통해 마련한 거대한 부를 고국으로 가져갔다. 포르투갈은 동쪽으로 향하여 케이프 코드의 희망봉을 돌아 아프리카의 해안을 따라서 교역소를 만들었고 말레이 반도를 따라서 고아와 실론, 마카오에 거점을 마련했다.

동양의 국가들은 분할의 대상이 된 것에 대해 특별하게 생각하지 않았다. 중국은 나라 안에서 흥망성쇠를 반복하고 있었지만 스스로를 지구상에서 가장 큰 강대국으로 인식하고 있었고 실제로도 그랬다. 이런 우월함에서 나오는 자신감을 가지고 서양인들과 접촉하고 있었다. 당시 서양인 중 가장 유명한 사람은 바로 마르코 폴로였다. 하지만 마르코 폴로가 방문하기 이전에도 이미 이름이 알려지지 않은 방문자들이 있었다. 예를 들면 네스토리우스파 기독교도처럼 훨씬 이전에 중국에 정착한 사람들도 있었다. 그리고 마르코 폴로 이후에 프란

체스코 선교사들이 오기도 했다. 하지만 그전에 셀 수 없이 많은 페르시아와 아랍 상인들은 중앙아시아의 사막과 산맥을 넘어서 중국으로 왔다. 이국적이고 매력적인 중국 물건들을 서양으로 가져가기 위해서였다. 특히 로마인들은 중국 비단을 귀하게 여겨서 낙타를 이용한 대상인들의 실크로드에 의지하기도 했다.

1400년 초기만 하더라도 명은 외국인을 환대했을 뿐 아니라 적극적으로 해상으로 나가기까지 했다. 중국 해양사에서 빼놓을 수 없는 절대적인 인물이 바로 정화鄭和이다. 정화는 환관이자 무슬림이었는데, 해양 탐험의 선구자로서 중국 역사에서는 매력적인 인물이지만 서구에는 거의 알려지지 않았다. 정화는 최소한 3만 명의 해군과 3천5백 척의 배를 이끌고 바다로 나가는 역사에 유래가 없는 대규모의 항해를 추진했다. 당시 중국 함대는 서양 함대보다 인원이나 배의 수에서 훨씬 앞섰고, 배의 크기만 보더라도 정화의 배는 콜럼버스의 캐러벨선보다 30배나 더 큰 거함이었다. 마젤란의 배는 3개의 돛으로 움직였고, 정화의 배는 10개의 돛으로 움직였다. 정화의 배 한 척에 바스코 다 가마의 배들을 놓으면 다섯 척이 나란히 늘어서도 모자랐다. 콜럼버스의 산타 마리아 호는 돛이 3개에다 길이는 26미터에 지나지 않는 것이었으니 기술력의 차이가 얼마나 컸는지 비교할 수 있다. 공격력을 봐도, 서양 배들은 기본적으로 활로 무장을 했으나 중국 배들은 총통을 비롯한 각종 화약 무기를 갖추고 있었다.

정화의 목적은 '서쪽 대양'을 조사하여 멀리 떨어져 있는 왕국들까지 중국에 조공을 바치게 만드는 것이었다. 함대는 세상의 중심으로써 중국의 위세를 화려하게 과시하면서 인도로 항해하고 아프리카 해안을 따라 홍해에까지 이르렀다. 하지만 7차에 걸친 항해 도중 정화가 사망하자 원정 계획은 정치적 이유로 전면 중지되었다. 이것은 동시에 중국 해상력의 종말을 의미했다. 1500년대 유럽 배가 처음 중국 항구에 도착하였을 때 그들이 발견한 것은 어부의 범선 몇 척 정도였다. 아마 서양인들이 고깃배 대신 정화의 선단을 만났더라면 역사는 매우 다르게 씌어졌을 것이다. 침입자들은 꽁지 빠지게 도망을 쳤을 것이고, 아마도 서양에서는 차라는 문물을 접하지도 못했을 것이다.

명나라는 흔히 알려져 있는 것처럼 외국인을 싫어하는 고립주의 국가는 아니었다. 무역의 관점에서 본다면 실제로 서양에서 온 아랍 상인들과 평화적인 대외 무역이 이루어졌다. 그들은 태곳적부터 전 세계에서 있어왔던, 시장에서 흔히 볼 수 있는 방식으로 거래를 했다. 아랍 상인들은 가격을 깎기 위해 흥정을 거듭했는데, 이것은 중국인들이 가격을 흥정할 것을 예상해서 미리 가격을 높게 책정했기 때문이었다. 흥정은 보통 세 단계로 나누어져 있었다. 처음 흥정을 시작할 때 중국인은 엄청난 가격을 부른다. 그러면 아랍인은 다시 흥정을 하여 누구나가 인정할 만한 가격까지 낮춘다. 결국 아랍 상인들이 상품이 아직도 너무 비싸다고 투덜거리면서 돈 주머니를 여는 것으로 마무리 되었다. 이렇게 해서 흥정은 양쪽이 만족스러운 정도에서 매듭짓는다. 그리고 아랍인들은 낙타에 물건을 싣고 되돌아가는 긴 여정을 떠날 준비를 하고,

중국인은 차를 한 잔 마시면서 다음 손님을 기다리는 것이었다.

하지만 처음으로 광동항에 들어온 포르투갈 배는 아랍 상인들과 완전히 다른 불길한 징조를 가득 싣고 왔다. 선교사들을 동반한 포르투갈 '무역업자들'의 배에는 낙타와 돈 주머니 대신 총이 가득 실려 있었다. 중국학의 권위자 C. P. 피츠제럴드는 포르투갈인의 행동을 다음과 같이 기술하고 있다.

> "그들의 교역은 약탈적인 침략의 온건한 표현에 지나지 않는다. 적이 약하거나 포르투갈의 배에 대항할 준비가 되지 않았을 때에는 이교도를 학살하고 기지로 이용할 항구를 점거했다. 하지만 적이 강하거나 전투 준비가 되어 있으면 그들은 교역을 행했다. 기회만 된다면 기쁜 마음으로 약탈을 할 준비가 되어 있었다."

포르투갈이 이러한 특별한 방식의 무역으로 부를 축적하는 걸 본 다른 국가들 역시 그 방식을 따랐다. 당초에는 리스본에서 북유럽으로 상품을 운송하는 정도의 사업을 하던 네덜란드도 동인도회사를 설립하고, 직접 동방으로 항해하기 시작했다. 영국은 엘리자베스 여왕의 허가를 받아 네덜란드보다 2년 빠른 1600년 1월 1일 동인도회사를 출범시켰다. 역시 이국적인 동양의 물품을 차지하려는 목적에서였다. 이들 두 국가는 동인도회사를 공동출자 형태의 벤처회사처럼 설립했다. 그들은 스페인과 포르투갈 같은 경쟁자들과 시작부터 달랐다. 스페인과 포르투갈이 왕에게만 보고할 의무가 있다면, 영국과 네덜란드는 왕

뿐만 아니라 그들에게 투자한 사람들까지 만족시켜야 했다.

돈이 있는 곳이라면 탐욕이 따르고, 탐욕이 있는 곳이라면 폭력도 따른다. 격렬한 무역 전쟁이 계속되었다. 네덜란드가 포르투갈을 공격하고, 영국이 네덜란드를 공격하고, 포르투갈이 양쪽을 공격했다. 더 나아가 그들은 자바 섬에서 포모사(타이완) 섬까지, 광동에서 향료香料제도[24]까지 아시아 곳곳의 부족이나 나라를 가리지 않고 공격을 퍼부어댔다. 그들은 토착민들을 죽이고 약탈하고 노예로 만들고 사기를 쳤으며, 경쟁자를 제거하기 위해 토착 군주와 권력자의 호의를 얻기 위한 음모까지 꾸며댔다. 그리고 모든 것이 실패했을 때는 바다에서 그들의 왕과 여왕의 이름으로 서로의 배를 약탈했다. 또한 가톨릭과 프로테스탄트 국가들 사이의 종교적 반목과 탐욕으로 이미 긴장감이 돌던 경쟁 구도에 불을 지폈다. 1618년 네덜란드 동인도회사의 무자비한 총독 얀 피테르손 쿤은 이런 섬뜩한 상황을 "전쟁 없는 무역은 없고 무역 없는 전쟁은 없다"라고 표현했다. 이로부터 5년 후 네덜란드와 영국 사이의 긴장감이 점점 고조되어 역사책에서 암보이나 학살[25]이라고 부르는 사건에 의해 정점에 이르렀다. 네덜란드는 이 학살에서 열 명의 영국인, 아홉 명의 일본인, 한 명의 포르투갈인을 고문하고 학살했다.

혼란이 어느 정도 잦아들자 네덜란드는 인도네시아 식민지 경영에 집중했고, 그 결과 인도네시아는 20세기 중반까지 네덜란드 지배 아

24 인도네시아의 몰루카 제도의 옛 이름.

25 현재의 암본인 인도네시아의 암보이나를 차지하고 있던 네덜란드 세력과 영국 상인들이 부딪쳤던 사건으로, 영국 상인이 일본 용병을 고용해서 네덜란드인을 살해하려는 음모가 발각되어 네덜란드 법정에서 사형을 선고받았다. 암보이나 학살은 영국 쪽에서 부르는 명칭이다.

래 남아 있었다. 1667년 네덜란드는 영국과 그 당시로써는 유리해 보이는 조약을 맺었다. 필리핀 동쪽 반다제도의 풍부한 육두구가 나는 풀로 룬 섬을 갖고, 대신 몇 년 전에 원주민에게서 산 보잘것없는 북아메리카의 맨해튼 섬을 영국에 넘겨주는 것이었다.

네덜란드와 영국이 이렇게 아시아를 휘저으면서 초기 진출국가인 포르투갈은 점점 입지가 좁아지고 있었다. 원래 육두구가 풍부한 반다제도는 포르투갈이 차지하고 있었으나, 17세기 초에 네덜란드에 빼앗겼다. 하지만 포르투갈에게는 무역 거점인 중국의 마카오가 있었다. 마카오는 1999년에야 비로소 중국에 반환되었다. 물건을 가져가기 위해서라면 유럽인들은 무슨 일이든 했다. 그중에는 다른 나라 상인들을 위한 통역관 역할도 포함되어 있었다. 광동에서 영국 무역 사무소가 개설되면서 그 결과 기묘한 혼성 언어인 피진영어가 생겨났다. '피진'은 영어 단어 'business'가 와전되어 만들어진 단어이다. 오늘날 영어에 '만다린mandarin'이라는 어휘가 있는 것도 그 때문이다.[26]

영국은 동남아시아에서는 잠시 네덜란드에 밀렸지만 중국의 하몬廈門[27]에서 주요 무역국의 지위를 차지하려고 노력했으며, 광동에서 무역 활동을 강화시켰고 멀지 않아 그곳을 거점으로 동양무역을 지배하게 된다.

당시 중국인들의 세계관으로는 당연히 아랍 상인들과의 순수한 흥

26 과거 중국에서 1~9품(品)에 이르는 각급 관료를 일컬었던 말로, mandarin이라는 말은 국가의 고문 혹은 장관이라는 뜻의 말레이어 mantri가 포르투갈어 mandarim을 거쳐 영어로 정착된 것이다. 원래의 어원은 '생각하다'라는 뜻의 산스크리트 어근(語根) 'man-'에서 왔다.
27 중국 복건성 남해안의 항구도시로 샤먼이라고 함.

중국의 유럽 상인들 : 항구에서 차의 무게를 달아 배에 싣고 있는 장면. 재배에서 배에 싣기까지 중국의 차 산업을 묘사하는 12장의 수채화 시리즈의 한 장면, 1850년경, 미스틱 시포트 박물관, G.W.블런트 도서관 소장, 미스틱, 코네티컷.

정만을 생각할 뿐이었다. 그들에게 서양인들은 단순한 무역업자가 아니었다. 배와 대포로 무장한 '대양의 악마들'이었다. 그들의 붉은 머리는 흔히 불화에서 붉은 머리로 표현되는 야차로 보였고, 거기에서 '붉은 악마들'이라는 이름이 나오게 되었으며, '양귀신'이라고 불렸다. 그들이 어디에서 왔건 어떤 모습이든지 간에 악마나 다름없었다. 더 끔찍한 것은 최악의 상황은 아직 오지 않았다는 점이었다. 하지만 그때 중국은 위험하더라도 이윤을 챙길 수 있는 무역을 하기로 결정했고, 그 후에도 새로운 만주족 왕들은 나라를 걸어 잠그려 하지 않았다. 대신 무역을 엄격하게 단속하여 광동항에서만 외국인과 교역하게 제한했다. 외국인들은 행行 또는 공행公行이라고 불리는 중국인 상인조합과 거래할 수 있었으며, 이것도 성벽과 강 사이의 좁은 강기슭에서나 가능했다. 뿐만 아니라 교역기간도 10월에서 3월까지만 할 수 있도록 제한되어 있었다.

외국인의 생활과 상거래는 엄격한 규칙으로 통제되었다. 어떤 외국의 군함이나 무기도 광동항에 들어올 수 없었다. 외국인 여성은 상관에 들어갈 수 없었다. 외국인이 중국인과 접촉하기 위해서는 중국 관리의 중재를 반드시 거쳐야 했으며, 그것도 무역 기간에만 한정되어 있었다. 중국 측에도 역시 제약이 있었는데 행에 소속된 상인들만 외국인과 무역을 할 수 있었다.

외국인들은 여가시간에 그들의 상관에서 반경 100야드(약 91.4미터)까지만 산책할 수 있었다. 매달 8일, 18일, 28일에만 근처의 정원을 방문할 수 있는 자비를 베풀었다. 하지만 강에서 배를 타거나 가마를 타는 것은 허용되지 않았다. 외국인이 중국어를 배우거나, 중국 책을 사는 것도 허용되지 않았다. 무역업자들은 갑갑한 생활법규에 분개했지만 돈벌이가 걸려 있으므로 어쩔 수 없이 받아들여야만 했다. 그런 이유로 나중에 차가 중국 무역의 주된 품목이 되었을 때 외국인 무역업자들에게 엄청난 돈을 벌게 해주었지만 이들에 의해서 고용된 중국인들은 100야드 길을 오가며 그들을 고생하게 하는 차를 '저주받은 풀'이라고 불렀다.

한편 일본은 서양인 문제를 더 극단적인 방법으로 해결했다. 1543년 포르투갈 사람들이 일본 해안가에 정착하는 것을 허용한 후에, 예수회 선교사의 영향력이 커지는 것을 지켜보았다. 일본의 쇼군은 기독교가 위험을 불러올 수 있다고 보고 나라에서 포르투갈인을 모조리 추방했다. 대신 데지마出島라고 하는 소규모의 인공 섬을 나가사키 항에 지었다. 데지마는 길이가 약 180미터에 폭이 60미터의 아주 작은 섬이었다. 처음에는 데지마에 포르투갈 사람들이 머물렀지만, 얼마 후에는 그들은 완전히 쫓겨났다. 1641년부터 데지마에는 최소한의 무역을 유지하기 위해서 소수의 네덜란드 사람들만 머물 수 있었다.

네덜란드 상인들은 프로테스탄트이며 실질적인 사업가들이었기 때문에 일본에 포교하는 일에는 전혀 관심이 없었다. 그러므로 네덜란드는 위협적으로 보이지 않았다. 일본은 데지마 이외에 1853년 미군 함정 페리 호가 수교를 요구하기 전까지 서구세계에 쇄국정책을 펼쳤다.

이 기간 동안 서양인들은 트라우마를 일으킬 만한 소란을 일으켰지만, 차는 중국 가정에서 평온하게 자리를 유지하고 있었다. 실제로 차는 연료, 쌀, 기름, 소금, 간장, 식초와 함께 일곱 개의 생활필수품이었다. 하지만 이때까지도 유럽은 차에 대해 전혀 모르는 상태였다. 1559년 베네치아의 잠바티스타 라무시오가 세계 탐험을 기록한 〈항해와 여행〉이라는 책에서 차를 언급한 것이 유럽에서 최초의 차에 대한 기록이었다. 그 이전에 포르투갈인 가스파르 다 크루즈와 이탈리아인 마테오 리치와 지오반니 보테로 같은 예수회 수도사들이 동방으로 여행했다. 이들은 신기한 약초와 함께 중국과 일본의 차 사용법에 대해서 기록하고 있다. 네덜란드가 동방 시장의 경쟁자로 부상하게 된 동기를 부여했던 인물인 휴고 반 린쇼텐은 1598년의 일본 여행에 관련된 글에서 차를 언급하고 있다. 하지만 전반적으로 유럽은 중국의 일상 기호품 이었던 차에 관해서 무지했다.

서구에서는 지금도 중국차와 관련된 한 가지 일화가 전해진다. 한 포르투갈 선원이 중국에서 차를 사서 어머니에게 선물했다. 이것을 어떻게 요리해야 할지 알 수 없었던 어머니는 그것을 끓여서 손님들에게 대접했다. 당연히 차는 쓰기만 하고 맛이라곤 전혀 없는 물건이었다. 아들이 나중에 물어보자 어머니는 버럭 화를 내었다. "물? 그렇게 이상한 걸 끓인 물을 도대체 뭐에다 써? 갖다 버렸지!"

당시 인기 있는 품목은 육두구, 후추, 계피, 정향, 비단이었고 차는 부가적인 물품으로 미운 오리 새끼 같은 존재였지만 무역업자들은 그들의 배에 차 주머니를 함께 실었다. 차는 이국적인 호기심을 자극하는 물건에 지나지 않았다. 시들고 메마른 나뭇잎에 지나지 않았던 차가 나중에는 경제를 지탱하는 교역품이자 전쟁을 일으키는 원인이 될 것이라고는 꿈에도 생각하지 못했다.

차가 처음 유럽으로 수입된 해는 1610년으로 네덜란드 사람이 일본에서 조금 가져간 것이다. 포르투갈 사람들이 처음 가지고 갔겠지만 선원의 어머니 이야기를 제외하고는 포르투갈에는 차에 관한 기록이 전혀 남아 있지 않다. 시간이 흐르면서 차는 눈 깜짝할 사이에 서양 역사에 나타났고, 어느새 의학 논쟁의 중심 테마가 되었다. 새로운 음료를 두고 옹호와 비난의 목소리가 일어나면서 유럽 전역은 소용돌이에 휩싸이게 되었다.

세기의 어리석은 신상품

가능하다면 차tea라는 것을 입수해 주었으면 좋겠구나. 가격이 얼마인지는 상관이 없다. 상관없어. 친절한 백부 쉘든 박사님을 위해서란다. 이 약초의 신성함을 연구하기 위해서는 잎이건 또는 뭐든지 간에 필요하니까. 내가 그분의 호기심을 충족시키기 위해 일본이나 중국에서 이걸 구하기 위해 여행이라도 떠나야 할 판이란다. 네가 보내주지 않는다면 말이지. 부탁이야! 좋건 나쁘건 가격이 얼마든 간에 차를 사서 보내주렴. 나에게 이것을 어떻게 사용해야 하는지 가르쳐주길 바란다.

- 대니얼 쉘든의 편지. 가장 최근의 신상품인 차의 샘플을
그의 삼촌 캔터베리의 대주교를 위해 긴급하게 구해 달라는 내용, 1659년

차 없는 세계를 상상할 수 있는가? 혹은 커피나 코코아가 없는 세계는? 뜨거운 한 잔으로 마음의 평온을 찾으며 그날 하루를 시작할 수 있게 잠을 깨우는 음료, 오후의 지루함을 달래주는 음료가 없는 세계란? 티 브레이크의 즐거움, 퀵 에스프레소, 또는 추운 날의 뜨거운 코

코아 한 잔에 맛있는 간식이 없는 세계란? 이런 세계가 바로 1600년대의 유럽이다. 이런 관점에서 보면 당시 유럽은 참으로 쓸쓸한 구세계다.

하지만 당시 이러한 귀한 선물들은 그들의 고향보다 훨씬 오래된 세계에서 오는 중이었다. 차는 중국에서, 코코아는 아스텍에서, 커피는 예멘에서 거의 몇 년 사이에 지구 곳곳을 누비고 다니던 무역업자와 탐험가들에 의해 유럽의 식탁 위에 올라오게 되었다. 차는 귀한 향신료들 사이에 끼어서 우연히 들어왔지만, 오래지 않아 그 자체로 중심적 위치를 차지하게 되었다.

초기에 차는 한정된 엘리트 계층만이 구할 수 있는 고가품이었다. 공급은 선박이 얼마나 안전하게 도착하느냐에 달려 있었고, 약제사를 통해 약으로 구할 수 있었다. 하지만 차의 인기가 높아지면서 점점 화제의 중심이 되기 시작했다. 유럽 전역의 의사, 성직자, 박물학자들이 이상한 액체, 즉 차에 대해서 다들 한마디씩 하게 되었다. 그중에서 차를 가장 옹호한 사람은 네덜란드 암스테르담의 본테코 박사로 알려진 코르넬리스 데커였다. 1683년 그의 책에는 다음과 같은 주장이 실려 있다. "열이 매우 높으며 잘 내려가지 않을 때 매일 차 40에서 50잔을 마시면 치료할 수 있다. 특히 그중 20잔은 매우 진하며 쓰면 더 좋다. 최근 여러 환자에게서 효험을 보았고, 이제 전에 사용했던 치료약은 쓰지 않게 되었다. 성별, 나이, 국적을 가리지 않고 차를 이용할 것을 권장한다. 매일 시간에 관계없이 가능한 많이 마시는 것이 좋다.

처음에는 8잔에서 10잔으로 시작하여 위장이 감당할 수 있는 양까지 늘려간다." 본테코 박사는 단순히 차를 추천하는 열정에 도취되었을 수도 있지만, 네덜란드의 동인도회사에서 뇌물을 받았다는 소문도 있었다. 어쩌면 자신이 주장했던 대로 차를 너무 많이 마셔서 카페인 과잉으로 흥분상태였을지도 모를 일이다.

수십 년 전인 1665년 독일 외과의사인 시몬 파울리 박사는 반대 의견을 발표했다. "차에 미덕이라고 하는 게 있다면, 이것이 동방에서 왔다는 것뿐이다. 유럽은 기후가 다르기 때문에 차를 마시는 것이 매우 위험할 수 있다. 특히 마흔 살이 넘은 사람은 차를 마시면 죽을 수도 있으니, 조심해야 한다." 그 시절에 의학적 타당성을 확인하기 위해 이중맹검법[28]으로 실험했는지가 일단 의심스럽다. 또한 다른 비판자로 1643년에서 1650년까지 중국에서 거주했던 오스트리아의 예수회 수사 마르티노 마르티니는 "차를 버려라! 그것을 가라만테스족과 사마리아족들에게 보내버려!"라고 외쳤다고 한다. 가라만테스와 사마리아족이 정확히 누구를 가리키는지는 모르겠으나, 그는 중국에서의 7년 동안 차 마시는 습관을 들이지 못했던 모양이다.

프랑스에서는 아주 적대적인 음모가 꾸며지기도 했다. 1648년 프랑스의 유명한 의사 기 파탱은 신용할 수 없는 새로운 물건에 대한 논문을 의학협회에서 발표하면서 "차가 지력을 증가시키는가?"라는 부정적인 제목을 붙였다. "능력보다 명성이 앞서는 저명한 의사 모리소

28 진짜 약과 가짜 약을 피검자에게 무작위로 주고, 효과를 판정하는 의사에게도 진짜와 가짜를 알리지 않고 시험한다. 환자의 심리 효과,의사의 선입관, 약의 차이를 배제하여 약의 효력을 판정하는 방법이다.

가 바보 같은 신상품을 선물로 받아 자신의 실적으로 삼으려고 여기에 차에 대한 논문을 발표했다. 온갖 사람들이 반대를 부르짖었다. 몇몇 의사들은 그것을 태워버렸고, 또한 그것을 추천한 탓에 비난을 받아야 했던 사제도 있다." 논쟁이 시작되자, 콜레주 드 프랑스[29]는 중국 약초는 어떤 의학적 가치도 없다고 결론지어버렸다.

하지만 프랑스라고 해서 차를 싫어하는 사람만 있었던 것은 아니었다. 당시 추기경이었던 마자랭은 명성 높은 콜레주 드 프랑스의 견해를 무시하고, 자신의 통풍치료에 차를 음용했으며, 시인 라신 역시 아침에 차를 마시는 것을 좋아했다. 많은 프랑스 저명인사들이 차를 사랑했지만, 200년이 지난 뒤까지 이 논쟁은 남아 있었다. 물론 고루한 영국문화를 싫어하던 드골 같은 사람들도 있었다. 드골은 해협 건너편의 천적에 대해서 비판할 기회를 절대 놓치는 법이 없었다. 1846년에 A. 생 아로망은 "중국왕조에서 인정받은 최고의 차라도 보르도, 부르고뉴, 샹파뉴의 와인과는 비교할 수 없다"고 말했다. 그리고 그는 왜 영국인이 차를 마셔야만 하는지를 설명했다. "영국인은 평소에 비프스테이크와 자두 푸딩으로 배를 채우다 보니 위가 고통스럽게 소화하는 두 시간 동안 거의 죽은 듯이 무기력해진다. 예를 들면 마치 가젤을 통째로 삼킨 보아뱀처럼. 차만이 그들을 무기력한 잠에서 끌어낼 수 있다."

29 콜레주 드 프랑스(Collège de France)는 고등교육 기관으로 과학과 문학, 예술 분야를 주로 가르친다.

영국의 티테이블, 광고그림, 1709년, 브라마 차와 커피 박물관, 런던

그러면 차가 각광을 받기 전인 1600년대로 돌아가 영국인이 소화불량으로 고생하던 시절을 살펴보자. 차가 어떻게 영국에 처음 도착했는지에 대해서는 여러 설이 분분하다. 네덜란드 상인이 차를 처음 갖고 왔다는 견해와 비단과 향신료를 싣고 오던 배의 선원이 부업으로 차를 갖고 왔다는 견해, 그리고 크롬웰 사후에 영국 입국이 허용된 암스테르담의 유대인 상인이 갖고 왔다는 견해 등이 있다. 1662년 왕정복고를 이루고 왕위에 오른 찰스 2세에게 시집온 포르투갈 공주인 브라간사의 캐서린과 관련된 설도 있다. 그녀는 지참금으로 일반인들이 혼수로 쓰던 리넨 대신 인도의 봄베이라는 영지를 갖고 왔다. 더욱 중요한 사실은 그녀가 봄베이와 함께 차를 가지고 왔다는 것이다. 하지만 흔히들 말하는 것처럼 캐서린 왕비가 영국에 최초로 차를 전수한 사람은 결코 아니었다. 그녀가 왔을 때 영국에는 이미 차가 알려져 있었다. 그렇지만 그녀는 단지 약이 아니라 기호음료로써 차 마시는 습관을 궁중

영국 궁정에 음다풍습을 전파시킨 것은 찰스 2세의 비 캐서린으로 알려져 있다.

에 퍼뜨리는 데 일조했다. 영국 귀부인들은 대륙에서 온 가장 최신 유행을 좇는 데 열의를 다했다. 외로운 왕비는 남편 찰스가 궁중에서 바바라 빌리어스를 포함한 '다른 여인들'과 유흥을 즐기는 동안 기운을 돋우는 홍차 한 잔에서 위안을 얻었다.

영국은 서유럽의 다른 국가들에 비해 차를 접하는 시기가 늦었다. 하지만 차를 마시는 습관만은 어느 곳보다 빨리 나라 전체로 퍼졌다. 머지않아 영국은 차의 중심지가 되었다. 영국에서 차를 공식적으로 구매한 것은 1664년으로 기록되어 있다. 왕에게 선물할 목적으로 영국 동인도회사가 네덜란드 상인에게서 차 2파운드 2온스(약 950그램)를 산 것을 시작으로, 60년 후에는 연간 차 수입량이 백만 파운드(약 455.6톤)가 되었다. 이리하여 차는 곧 잉글랜드 서부의 웨일스 국경지대 가정에까지 전파되었으며, 서양 곳곳에 안주의 땅을 발견하고 그곳에 정착하게 된다.

한편, 프랑스에서는 추기경과 시인의 사랑에도 불구하고 차에 대한 의심이 남아 있었다. 일부 의사들이 차를 태우는 실험을 하기도 했지만, 중국에 머물다 돌아온 프랑스의 선교사 페르 쿠플레는 다음과 같은 차 레시피를 제안했다. "반 리터의 차에, 두 개의 신선한 달걀 노른자를 더해라. 단맛을 가미하려면 고운 설탕을 넣고 저어라. 느긋한 열정으로 시편 제51편을 암송하는 동안에 더 이상 물과 차는 분리되지 않을 것이다." 오오, 신이시여!

가웨이의 차 광고 포스터

차여! 그대는 부드럽고, 그대는 진실하며, 슬기로우며 존경할 만한 음료수이며, 이른 아침 부도덕한 남녀를 눈 맞게 하는 천진함이다. 그대는 여자들의 혀가 춤추게 하고, 부드러운 미소를 짓게 하며, 흉금을 털어놓게 만들고, 은근히 눈을 내리깔게 하는 음료이다. 나의 지극히 행복한 순간은 모두 그대의 담백한 맛 덕분이다. 내 그러한 연유로 그대에게 엎드려 영원히 그대를 숭배할지어다.

콜리 키버Colley Cibber, 18세기 연극, <숙녀의 최후의 도박>

1660년대 영국에서 스튜어트 왕가에 차를 납품하는 가게 주인인 토마스 가웨이(개러웨이라고도 알려진)는 유명한 차 상인이었다. 그는 영국에서 최초로 현대적 방법, 즉 광고를 이용하여 차를 전파한 사람으로 알려져 있다. 가웨이는 판매를 위한 차를 갖고 있었고 그것이 매우 맛있다는 소문을 퍼뜨렸다. 그는 최신 음료가 갖고 있는 놀랄만한 효능을 열거한 광고전단지를 만들었던 것이다. 그가 주장한 찍다의 효능 중에는 성욕의 고취와 가벼운 구토 등도 포함되어 있었다. 그의 마케팅 이론은 광고를 이용하면 사람들이 보게 될 것이고, 그러면 차를 살 거라는 단순한 원리를 따른 것이었다.

영국에서 차가 매우 짧은 시기에 자리 잡은 것을 생각하면 가웨이가 옳았을 수도 있다. 가웨이는 1670년경 런던의 여러 지역에서 장사를 시작했으며, 1666년 9월의 대화재에서 살아남은 그는 런던의 상업지구인 익스체인지 앨리에 가게를 열었다. 이 가게는 점주의 사후에도 몇십 년이나 살아남았고, 빅토리아 시대의 판화에 〈개러웨이즈〉라는 불후의 모습을 남기고 있다. 1866년 문을 닫을 때까지 그곳에서는 차를 판매하였다. 여기에 과장되고 유쾌하며 '뻔뻔한 판촉' 광고의 주요 부분을 소개한다.

찻잎의 재배, 품질과 효용에 대한 정확한 설명[30]

런던 로얄 익스체인지 근처 익스체인지 앨리의,
담배 판매업자이자 차와 커피 도·소매상 토마스 가웨이 씀.

……상술한 찻잎은 너무나도 많은 효능을 가지고 있으므로, 오랜 역사와 지식과 지혜로 유명한 나라들에서는 같은 무게의 은 가격의 두배에 팔리고 있습니다. 나라의 최고 지식인들은 이 특별한 음료를 높이 평가하여, 특별한 의

30 중국학 학자 조셉 니덤은 중국 명 시기의 차에 관련된 책에서 이 목록들을 뽑아낸 것으로 보고 있다. 원래 가웨이 광고는 대영박물관에 있으며 니덤의 <중국 과학과 문명> 6권 40장, p.565에 실려 있다.

개러웨이즈 커피하우스

식 때마다 마시는 한편, 그 성질에 대해서 많은 연구를 하고 있습니다.

차로 만든 음식물은 높이 평가되고 있고 동양의 여러 나라를 여행한 적이 있는 각국 지식인들 사이에서는 차의 성질에 관한 조사가 진행되고 있습니다. 여러 방법으로 엄밀하게 조사한 결과, 차를 마시면 완전한 건강을 유지할 수 있으며 놀라울 정도로 장수할 수 있다고 합니다. 지식인들은 여러 지역을 여행했고 모든 상상할 수 있는 방법으로 차를 실험하고 경험한 후, 여러 국가에서 마셔야 한다고 조언했습니다. 그 미덕과 기능을 아래와 같이 소개합니다.

본질적으로 약간 뜨거운 음료이며, 겨울 혹은 여름에 잘 맞는 이 음료는 특히 건강에 좋으며, 노년까지 완벽한 건강을 유지할 수 있다고 확언합니다. 특히 아래와 같은 효능을 가지고 있습니다.

* 몸에 활력을 불어넣고 정력을 북돋아줍니다.
* 두통, 현기증, 무기력증을 완화시켜줍니다.
* 비장의 폐색을 제거합니다.
* 설탕 대신 꿀을 넣으면 신장과 배뇨관을 깨끗하게 만들어줘서 결석에 매우 좋습니다.
* 폐색을 제거해줘서 호흡 곤란을 완화해줍니다.
* 눈의 염증에 좋으며 시야를 맑게 해줍니다.
* 권태감을 없애주고 성인 체액의 불순물을 없애주며, 지나친 열정을 억제합니다.

* 날 것을 먹을 때 적합하며, 소화 기능이 약해져 있을 때 식욕과 소화를 증진시킵니다. 특히 고기를 많이 먹거나 뚱뚱한 사람에게 좋습니다.
* 악몽을 억제하고, 뇌를 편안하게 해주며 기억력을 강화합니다.
* 단 한 잔만 마셔도 잠을 쫓을 수 있으며 몸에 무리 없이 밤새 공부할 수 있게 해줍니다. 그 사이에 위장의 입구를 따뜻하게 하여 수축시켜줍니다.
* 잎을 많이 넣고 차를 진하게 우려내어 마시면 오한, 과식한 후의 불쾌감, 열을 예방 · 치료할 수 있으며, 가벼운 구토와 피부 호흡을 유발하여 건강에 훌륭한 효과를 줍니다.
* 우유를 넣어 마시면 내장을 강하게 하며 체력소모를 막고 직장의 경련 또는 설사를 완화시켜줍니다.
* 적당한 양을 마시면 땀과 오줌을 배출시켜 피를 맑게 해 감염을 몰아내어 감기, 부기, 괴혈병에 좋습니다.
* 가스 때문에 일어나는 결장의 모든 병을 없애며 안전하게 담즙을 정화시킵니다.

특히 최근 몇 년 동안 프랑스와 이탈리아, 네덜란드 외에도 많은 기독교 국가의 의사와 지식인들 사이에서 이것을 마시는 사람들이 늘면서 높은 평판을 얻게 되었다는 점에서 이 잎과 음료수가 갖는 효능과 장점이 얼마나 많고 다양한지 일목요연하게 알 수 있습니다.

1페니 대학

이렇게 훌륭한 대학이라니.
1페니밖에 쓰지 않으면서
당신이 학자가 될 수 있는
대학이 어디 있으리.

- <커피하우스 뉴스> 1667년 선전 팸플릿

"내가 이전에 마셔본 적이 없는 중국차 한 잔을 주문하여 받으러 갔다." 영국의 일기작가로 유명한 사무엘 피프스는 1660년 9월 25일 일요일 일기에 그의 첫 번째 차에 관련된 기억을 이렇게 적어놓았다. 그런데 피프스가 한 잔의 차를 주문했다면, 그가 차를 주문한 장소가 있었을 것이다. 아아, 그 장소는 찻집이 아니었다. 그곳은 커피하우스라 불리는 곳이었다. 그 당시 Cophee House라고 불렸던 커피하우스는 유럽에 처음으로 무사히 안착한 음료수인 커피 이름을 따온 것이었다. 하지만 오래지 않아 가게에 이름을 붙여 주었던 예멘의 음료인 커피를 대신하여 차가 그 자리를 차지하게 되어 이름을 무색하게 만들었다.

최초의 커피하우스는 1650년 옥스퍼드에 문을 열었다. 피프스가 차를 주문하기 불과 십 년 전의 일이었다. 이 년 후에, '파스카 로제의 머리Pasqua Rosee's Head'라는 런던의 첫 번째 커피하우스가 콘힐의 세인트 미쉘 앨리에 문을 열고 그 시대의 신상품인 커피와 차, 코코아를 팔았다. 그 후 커피하우스의 숫자는 우후죽순처럼 늘어났다. 12년 동안 런던에는 80개 이상의 커피하우스가 생기고, 세기가 바뀔 때쯤에는 500개로 늘어나 있었다. 심지어 1665년, 68만 명을 죽인 페스트나 런던을 거의 휩쓸었던 런던 대화재에도 증식을 멈추지 않았다. 이러한 번영의 이유 중 하나는 타이밍이 잘 맞았던 덕도 있었다. 그 시절 런던은 호황을 거듭하고 있었다. 교통정체(피프스는 일기에 불만을 기록하고 있다)가 심할 정도로 이 도시는 세계 상업의 중심이 되고 있었다. 상인, 회사원, 변호사, 은행원, 점원 같은 신흥 중산층이 나타나면서 그들이 잠깐 들려서 쉬거나 다음 약속을 잡거나 비즈니스를 할 장소가 없으면 곤란한 도시였다.

차가 커피와 코코아를 누르고 영국의 국민 음료수가 된 곳은 브라간사의 캐서린 왕비의 테이블이 아니라 이런 커피하우스였다. 바로 이곳에서 가게 주인들이 차를 널리 광고하고 팔았다. 보통의 영국 시민들이 처음으로 차를 맛본 곳도 커피하우스였다. 영국의 차와 영국의 중산층이 동시대의 같은 장소에서 탄생했다고 말할 수 있을지도 모른다.

커피하우스에 의해 영국은 음료 습관뿐만 아니라 사교생활에도 커다란 변화가 생겼다. 이 새로운 자극적인 음료는 여러 가지 의미에서 뇌의 화학작용을 활발하게 만들었다. 고객들은 차와 더불어 신문 사설이나 아직 활자로 인쇄되지 않은 가장 최신의 뉴스를 접하면서, 가능한 모든 주제에 대해 활발한 토론을 벌였다. 단지 1페니로 따뜻한 음료와 안락함만이 아니라 수준 높은 정보와 지식을 향유할 수 있었기 때문에 커피하우스가 '1페니 대학'으로 알려지게 된 것이다. 커피하우스는 짧은 시간 안에 런던에서 활기찬 사교의 장이자 일상생활에서 불가결한 요소가 되었다.

"인간은 사교적인 동물이므로 동료와 함께 있기를 원한다. 자, 열심히 공부한 후 지긋지긋한 하루 일과에 지친 사람이 원기를 회복하기 위해 어디로 가야 할까? 젊은 신사나 상점 주인이 오후에 한 두 시간을 보내기에 커피하우스만큼 무해하고 유익한 장소가 또 있을까? 사람을 읽는 것이 책을 읽는 것보다 공부가 된다는 것을 우리는 알고 있다. 그런 공부를 위해 여기보다 더 좋은 장소가 있을까? 이만큼 각양각색의 사람들이 모이고 모두 제각각의 화제에 대해 각자가 가진 능력에 맞춰 생각을 말할 수 있는 장소가……"

1675년 광고 팸플릿 〈커피하우스를 위한 변호〉는 이런 문장으로 당시의 유행을 적고 있다.

사람들은 무리지어 모이는 습성이 있어서 관심사, 정치적 성향, 문학적 관심 또는 그들이 몸담은 사업의 종류에 따라서 이 커피하우스, 저 커피하우스로 모이게 되었다. 가령 시인 존 드라이든은 그의 집에서 먼 윌스Will's를 삼십 년 동안 찾았다. 조나단 스위프트와 알렉산더 포프는 드라이든의 죽음 이후 새로 생긴 문학적인 찻집인 버튼스Button's에 자주 갔다. 그레션Grecian은 아이작 뉴턴과 에드먼드 핼리 같은 과학자들을 위한 찻집이었다. 조나단스Jonathan's에서는 금융업자들이 모였고, 세인트 제임스St James에서는 정치가들이 모였다. 커피하우스 중에는 오늘날까지도 계속되고 있는 사업의 출발점이 된 곳도 있다. 런던의 로이드 보험은 어느 커피하우스의 벽에 최신 선박의 소식이나 선적물 정보를 붙이면서 출발했다. 그리고 런던의 주식거래소는 커피하우스 조나단스에서 시작되었다. 가장 최초의 현대 잡지인 테틀러스Tatler's는 온갖 커피하우스로부터 가장 인기 있는 가십을 모아 주말마다 발행하는 데서 시작했다.

커피하우스를 사무실로 사용하면서 사업을 한 사람도 있고, 주소지로 이용한 사람도 있었다. 토마스 B. 매콜리는 〈영국사〉에서 "커피하우스는 런던 사람들의 집이었고, 보통 어떤 신사를 만나고자 하는 사람은 그 신사의 집이 플릿가나 챈서리 레인에 살고 있는지가 아니라, 그가 커피하우스 그레션이나 레인보우를 드나드는지 묻는 것이 보통이었다"고 쓰고 있다. 일례를 들면 하나의 커피하우스가 아니라 여러 곳에 머무는 사람들은 사람들에게 자신의 주소를 이런 식으로 알려주었다. "톰 셰폴드 박사. 런던의 러드게이트 옆의 러드게이트 교회 앞의 페더샵 옆집이며 블랙 프라이어스 게이트 안에 있는 블랙 볼과 올드 릴리스 헤드에 있습니다." 얼마나 매력적인 주소란 말인가. 현대의 개성 없는 거리 이름과 주소에 비교하면 미스테리와 모험, 깃털로 간질이는 듯 재미로 가득 찬 주소였다.

커피하우스는 모든 사람에게 열려 있었다. 1페니라는 입장료는 소득이 낮은 손님도 이용할 수 있게 했다. 이렇게 사회계층이 섞이기 시작한 것은 영국에서 새로운 현상이었으며, 이는 민주주의가 태동하는 계기가 되었다. 1673년 광고 팸플릿 〈커피하우스의 성격〉은 이런 현상을 다음과 같이 보고 있다. "음료수가 제각각이듯 모이는 사람도 제각각. 모두가 바라는 대로 신분계층에 관계없이 평등주의자이며 서민으로 보인다. 그렇기 때문에 종종 이런 사람들을 볼 수 있다. 바보 같은 주정뱅이와 존경스런 판사, 매력적인 사기꾼과 성실한 시민, 훌륭한 변호사와 경건한 사제나 수도사, 이런 각양각색의 사람들이 격의 없이 섞여 버무려진다." 영국을 방문한 프랑스의 작가 아베 포레보는 런던의 커피하우스는 "영국에서 자유를 느낄 수 있는 곳이다. 사람들은 이곳에서 친정부 계열 혹은 반정부 계열의 신문을 함께 읽을 수 있는 권리를 갖는다"라고 썼다.

그리고 이것이 찰스 2세의 심기를 건드리게 되었다. '유쾌한 왕the Merry Monarch'이라는 별명답게 찰스 2세는 자유분방하고 화통한 성격이었지만, 선동적인 행동을 묵과할 수 있을 정도로 너그럽지는 못했다. 커피하우스에서는 차는 물론 반스튜어트 왕가적인 언행이나 음모 등 잡다한 말썽이 들끓고 있었기 때문에 뭔가 조치를 취할 필요성이 있었다. 결국 1675년 12월 29일, '커피하우스 금지령'이 발표되었다.

> "근래에 많은 수의 커피하우스가 왕국 내에 가게를 열고 영업하면서…… 다수의 태만하고 게으른 불평분자들이 모여 심히 사악하고 위험한 결과를 가져왔다. 이와 같은 점포에서 사람들이 모여 많은 오해와 악의와 중상모략이 혼재하여 국왕폐하의 정부를 비방하고 왕국의 평화와 안녕을 방해하고 있다. 이에 고하니 국왕폐하의 뜻으로 커피하우스를 앞으로 금지함이 적절하다고 숙고된다. ……모든 시민에게 다음의 내용을 엄금한다. 다가오는 1월 10일 이후 그 어떤 자라도 공공연하게 커피하우스를 경영하거나 남녀를 불문하고 집에서 커피, 코코아, 셔벗, 차를 제공하거나 소매, 판매하는 것을 금한다. 위반자는 엄벌에 처하며……."

17세기 말 찰스 2세는 커피하우스는 치안 방해의 온상이자 게으른 자와 정나미 떨어지는 자들의 아지트라고 비난하며 커피하우스 폐쇄를 명령했다. 악의에 찬 정치인들이 커피하우스에서 수치스러운 행위를 한다는 소문이 확산되고 국왕의 위엄과 치세에 나쁜 영향을 끼치기 때문이라는 게 금지의 이유였다.

하지만 차와 '무섭고 끔찍한 주류'를 판매하는 것이 법으로 금지

다양한 티포트. 니콜라 드 블루니 저. <건강유지와 질병치료를 위한 차, 커피, 코코아의 바른 사용법> 판화, 프랑스, 1687년.

된 것은 고작 11일간이었다. 커피하우스 폐점에 반항하는 사람들의 목소리가 너무 컸기 때문에 1675년 1월 8일 '고결한 배려와 하해와 같은 자비심에 의해' 앞서 선포한 것을 취소하고 새로운 시행령을 포고했다. 취소한 이유는 십중팔구 하해와 같은 자비심보다는 잃어버린 세금과 관련이 있는 듯하다. 하여간 커피하우스를 사랑하는 사람들이 이긴 것이다. 하해와 같은 자비심 덕분에 그들은 차와 대화로 돌아갈 수 있었다. 설령 그것이 얼마나 선동적인 것이든.

커피하우스는 200년 이상 이어졌다. 이후 인기가 떨어지면서 많은 가게들이 문을 닫았고, 처음 만들어질 무렵부터 유지되었던 모든 계급을 받아들인다는 민주적인 방식을 저버리고 사적인 클럽으로 변했다. 세계적으로 영국의 클럽만큼 배타적인 곳도 없다. 특권을 가진 소수만 권련과 쉐리, 〈타임〉지를 놓아둔 커피하우스에 다녔다. 하지만 차의 역사에서 커피하우스는 대단히 중요한 역할을 했다. 커피하우스는 차를 귀족적인 유산계층을 위한 이국적이고 진기한 음료에서 모든 사람들을 위한 건강음료로 바꾸어놓았다.

여자들의 역습

그녀의 두 붉은 입술이 산들바람을 느끼게 했다.

보이차를 차갑게 식히고, 연인을 불타오르게 한다.

하얀 검지와 엄지가 공모하여,

컵을 들어 올리고 세간의 찬미를 자아낸다.

-에드워드 영, <명성의 사랑>, 1725년

17세기 영국에서 인기절정이었던 커피하우스는 여성에게는 출입이 금지되어 있었다. 아내는 남편에게 복종하고 딸은 남자 형제들에게 순종할 것과 가정에서 그들의 기대에 걸맞은 역할을 수행할 것을 강요하는 사회적 분위기 때문이었다. 하지만 시대가 변하고 있었고 권력 구조 자체가 변하기 시작했다. 커피하우스에 다니는 남자들이 늘어날수록 가정에 홀로 머무는 것에 불만을 품는 여자들 역시 늘어났다. 불만은 쌓여갔고 결국 "커피를 반대하는 여자들의 청원"[31]이라

31 이 팸플릿의 완벽한 제목은 "건조되고 무기력하게 만드는 음료의 과도한 사용으로 인해 성생활에 발생하는 엄청난 불편함을 대중에 알리기 위해 커피를 반대하는 여자들의 청원"으로, 저자는"공정하며 정당한 비너스의 자유 수호자"이다. 1674년에 런던 웰 윌러에서 인쇄되었다.

는 표제를 단 팸플릿이 나오기에 이르렀다. 고발 대상은 커피였지만 실제로 불만의 원인은 다른 데 있었다.

중요한 관점은 팸플릿의 부제에서 확실히 드러난다. 부제는 "곤궁의 극에서 심려하는 수천의 순종적이고 선량한 여자들에 의한 소박한 청원과 성명"이라는 제목을 달고 있었다. 본문의 표현도 과격했다. 영국이 '여자들의 낙원'이며, 남자들이 '그리스도교 세계에서 가장 강건한 자들'이었던 좋았던 옛 시대를 여성들이 그리워하고 있으며, 그녀들은 이전 '칠백 살, 팔백 살의 늠름한 남자들이 아들, 딸을 낳고 기른 황금시대'가 있었다는 사실과 영국 이외의 나라들에서는 여성들이 정반대의 문제를 가지고 있었다는 것을 상기시켰다. 예를 들어 스페인에서는 "남편은 아내에게 하룻밤에 9회 이상 정사를 해서는 안 된다"라고 하는 법률까지 있다는 것을 거론했다.

하지만 현재 영국의 남성들은 너무나 많은 시간을 커피하우스에 다니는 데 쓰기 때문에 "과거 진정한 영국 남자의 정력은 눈에 띄게 사그라지고 우리나라 신사들은 여러 가지 면에서 프랑스화 되어 그저 건방진 소인배로 전락했다. …… 그리고 결정적으로 잠자리에서 처음 단 한 번 만에 우리 앞에 무릎을 꿇는다. 남자가 귀가해도 그녀들은 불만을 토로했다. 축축한 것은 그네들이 흘리는 콧물뿐이고 딱딱한 것은 그네들의 굳은 관절마디뿐. 여자들이 베푼 그 어떤 기술도 이 무기력한 남자들을 되살릴 수 없고, 전투에 어울리지 않게 끌어 모은 어중이떠중이 용병과 마찬가지로 탄약은 부족하고, 혹시나 그들이 무기를 잡는다 해도 위력을 발휘하기는커녕 발사도 못하고 행여 쏜다고 해도 허공에 대고 쏘는 것이다." 이런 내용의 청원이 1674년 런던에서 실제로 발행되고 배포되었다.

여기서 희생양으로 선택된 것은 "비열하고 시커멓고, 끈적끈적하고 불결하며 쓰고 짜증나는 냄새가 나는 오수", 즉 커피였다. 여자들은 확신했다. "남자들을 거세한 것은…… 커피라 불리는 최근 유행하는 꺼림칙한 이교도 음료의 과도한 섭취"라고. 또한 '밤일'에 대한 불만이 유일한 불만은 아니었다. 여자들은 남자들이 너무 많은 시간을 자기들끼리 대화하며 보내는 것을 "수다라고 하는 우리들의 특권을 침해하고 더 나아가 말로 우리를 이기려 든다"고 걱정했다. "이것이야말로 우리들의 성이 탁월하다고 항상 주장할 수 있는 것인데, 연못에 모인 수많은 개구리처럼, 그들은 흙탕물을 집어삼키며 개굴개굴 의미 없는 소리를 낸다."

남자들도 기꺼이 모욕을 참을 생각은 없었다. 이토록 많은 '은혜도 모르는 여자들이 후안무치하게 배포한 수치스러운 팸플릿'에 답해 '커피를 반대하는 여성들의 청원에 대한 남자들의 회답'[32]을 발행했다. "우리에게 반대하려고 망령 든 칠백 살인지 팔백 살인지 하는 고자들의 이야기 따위를 입에 담지 말라…… 이 나라가 지금 여성들의 낙원이 된 것은 우리 남자들의 원기 왕성한 '활력'에 의해 증명되고 있다." 이렇게 잘라 말하며 그들이 여자들을 만족시키기 위한 자신들의 엄청난

32 "커피에 반대하는 여자들의 청원에 대한 남자들의 회답: 최근 후안무치한 팸플릿에서 퍼부어진 부당한 비방에서 이 음료의 미덕과 성능을 변호함", 1674년 인쇄.

노력을 구구절절 설명하고 있다. “우리가 얼마나 엄청난 인내심을 가지고 너희의 모욕을 참았는지 아는가? 땀을 흘리며 쫓겨나고 두 개의 깃털 이불 사이에서 뒹굴면서 두들겨 맞고 시끄럽게 조소당하고, 온몸의 털이 곤두서는 온갖 수난을 참고 견뎌야 했던 걸 아는가? 그런데도 당신네들은 불평하는가? ‘무덤과 자궁은 항상 만족을 모른다.’ 라는 현명한 솔로몬은 정말 옳았다.” 결국은 남자들이 집에서 많은 시간을 보내지 않기 때문이라는 것이다. 오히려 우리가 여성들에게 자그마한 불륜을 즐길 수 있는 고마운 기회를 준 것이 아닐까? “우리가 없는 사이 당신들에게 친절한 친구와 즐길 기회를 준 것을 생각하면 여자들은 이런 주제 넘는 생각 따위는 하지 않았을 것이다.”

커피, 이 무해하고 심신을 달래주는 음료가 문제될 수 없다는 남성 측의 반론은 계속되었다. 대놓고 말하자면 “커피는 정신을 집중시키고 안정시키며 발기를 강하게 만들어 사정을 더욱 풍부하게 만들고 정자에 혼을 불어넣어 자궁이 원하는 대로 하게 하며, 사랑하는 여성의 정열과 기대에 부응하도록 하는 것이다.” 만약 그래도 커피가 도움이 안 된다면, ‘결함 있는 남편의 타고난 스태미나’를 해결할 일이라고 남자들은 말했다. 아니 틀림없이 “당신들이 남편의 것을 쉴 새 없이 혹사시켰기 때문이지 커피를 마신 탓이 아니다”라고 덧붙이고, 또한 소문에 대해 말하자면 “우리 남편들이 밖에서 이야기 나누는 것쯤은 허락해도 좋지 않은가. 왜냐하면 집에선 너무나도 활발한 여자들의 혀가 쏟아내는 참기 힘든 소음에 대꾸할 틈도 거의 없으니까.”

남자들은 여자들의 논리에 대해서 당당하게 "커피하우스는 시민의 대학이다"를 한 번 더 강조하고, 명백한 협박으로 결론을 내린다. "그리고 앞으로 이에 반대하고 아니꼬운 청원을 내려는 여편네들은 혼자서 자게 만들고, 낮에는 시큼한 버터밀크만 마시게 해야 한다."

이리하여 지금까지 세상에서 벌어진 부부싸움 중 아마도 최대 규모의 에피소드는 막을 내렸다. 문제는 커피 그 자체도 아니었고, 다들 마시고는 있었지만 피고로 언급되지 않은 차 역시 아니었다. 아마도 여성들은 그동안 소외받은 것에 대해 심하게 상처받았기 때문에 남자들의 약점을 공격하면서 역습한 것이다. 현대인들은 성별에 상관없이 친구들과 차 테이블에 둘러앉아 차를 마시며 이야기하는 것이 누구에게나 주어진 권리라고 생각한다. 하지만 삼백 년 전의 여성들은 그것을 위해 싸웠고 패배했다. 적어도 겉보기에는 남자들이 이긴 것으로 보였다. 남자들은 계속 커피하우스에 다니고 여자들은 계속 집에 머물렀다. 넓게 보자면 커피나 차, 코코아는 가게에서만 제공되었기 때문에 여자들이 이런 음료를 접할 수 없었다고 볼 수 있다. 그녀들에게는 시큼한 버터밀크밖에 주어지지 않았던 것이다.

그런 후 변화가 일어났다. 식민지로부터 오는 수입품이 급속도로 중요성을 띠면서 차는 커피하우스의 사방 벽면에 쌓아두기엔 지나치게 많아졌다. 삼백 년 가까이 차 사업을 계속하고 있는 트와이닝 상회의 초대 사장인 토마스 트와이닝은 1706년 톰스 커피하우스를 개점했다. 그의 가게는 매우 번창해서 1717년 주변에 두 번째 가게인 골든 라이온을 열었다.[33] 차라는 미개척 시장에 트와이닝의 눈에 들어온 것이다. 그는 골든 라이온을 커피하우스가 아니라 손님이 집에서 끓이는 찻잎을 판매하는 곳으로 만들었다. 어떤 의미에서 그는 영국 최초의 차 상인이었다. 골든 라이온이 혁신적이었던 것은 가게에 온 부인들이 가게에서 블렌드한 차를 시음하게 한 점이었다. 〈차에 대한 모든 것〉에서 윌리엄 유커스는 "데브루 코트의 트와이닝 점에 수많은 부인들이 모여 몇 실링이든 내고 작은 컵에 담긴 활력을 주는 음료를 마셨다."고 인용한다. 페미니즘이 싹을 틔웠기 때문인지 상업 수완의 결과인지는 알 수 없다. 토머스 트와이닝이 변화를 주도한 최초의 한 명일지 모르지만, 차는 남성전용의 공공 점포에서 영국 가정으로 이동할 준비가 되어 있었다. 그리고 거기서부터 차는 영국제국의 위대한 토지를 석권해 가기 시작했다. 당당히 여성을 앞세워서.

건조시킨 찻잎은 순식간에 유행했다. 새로 등장한 차 소매점과 더불어 포목이나 모자나 재봉용품 등을 파는 부인용품 점에서도 부업으로 차를 팔았다. 1725년 요크셔의 퀘이커 교도 여성 메리 투크는 차 역사의 새로운 한 장을 열었다. 가족이 없는 독신인 메리는 면허 없이 차를 판 혐의로 벌금을 내는 것을 비롯해서 다양한 문제로 괴롭힘을 당했다. 하지만 그녀는 남자가 지배한 업계에서 최초로 여성 차 상인이 되는 길을 택했다. 이제 시대가 바뀌어서 여자가 팔고 여자가 사게 된 것이다. 당연히 주부에게는 각자 취향의 브랜드가 있었다. 주부는

33 가게는 아직도 같은 자리인 런던 시티 스트랜드가 216번지에 있다.

갓 나온 차를 소중한 차 상자에 넣고 열쇠를 잃어버리지 않기 위해 목에 걸었다. 그리고 주부는 누구를 차 모임에 부를까, 대화의 주제는 무엇으로 할까를 자신이 결정할 수 있게 되었다.

이렇게 되자 이번엔 남자 쪽에서 불평을 할 차례였다. 남자들은 부인들이 앉아 담소를 나누는 한쪽 귀퉁이에서 조용히 이야기를 들으며 가능한 한 예의바르게 있는 수밖에 없었다. 부인들이 몹쓸 이파리에 소중한 돈을 쓰고 더구나 갓 등장한 도자기에 더 많은 돈을 들인다고 남자들은 불평했다. 차에 들이는 과도한 지출을 비난하는 1723년의 어느 팸플릿에서 위핑 톰이라는 인물은 '여성들의 약점을 찌르기 위해' 다음과 같은 글을 쓰기도 했다. "남편이 홍차에 빠진 부인의 손에 지갑을 넘겨주느니 사자를 믿고 그 입에 손을 넣거나 매춘부에게 재산 운용을 맡기거나 말 장사꾼의 양심을 믿거나 유대인의 시나고그(당시 반유대주의는 일상적이었다)에 자신의 종교를 의탁하는 편이 낫다." 이에 덧붙여 그는 부인들은 삼각 테이블 앞에서 한도 끝도 없이 시간을 보내며 가사와 배우자를 소홀히 대하기 때문에 차는 재산상으로도 막대한 손해를 입힐 뿐만 아니라 여자들의 태만을 조장한다고 비난했다. 이것만으로도 부족했는지 그는 그녀들의 대화가 죽을 만큼 지루하고 견디기 힘들다고 토로했다. 이것만으로도 부족해서 그녀들의 대화는 죽을 만큼 지루하고 가십은 정말 견디기 힘들다. "그리고 이 천박한 무리들이 차를 앞에 두고 이야기하는 무의미한 수다나 지루하고 예의 없는 대화를 들으면 베들램 정신병원의 환자들도 웃어버릴 터이고, 차를 마셔대면서 나오는 가십을 듣노라면 바보라도 진저리를 칠 것이다"라고 위핑 톰은 팸플릿 뒷부분에 덧붙였다. 진정한 남자들(팸플릿의 필자는 확실히 자신을 그런 남자라고 여기고 있다)은 한 술 더떠 별종 남자들, 즉 이런 일을 당해도 차 모임(티파티)에 참가하는 남자들을 혹평했다. 그가 말하는 진정한 남자들은 1세기 전 영국에서 당시 이탈리아에서는 아무나 사용하던 포크를 사용하는 것은 남자답지 못한 자세이며 '과도한 민감함'이라고 결론짓던 남자들이었다.[34] 어느 시대든 그 세기 특유의 '진짜 남자'가 있었다. 18세기의 '진짜 남자'는 부인과 함께 차를 마시는 타락한 습관에 동참하고 부인이 요구하는 규제나 에티켓을 따르는 남자들을 남성다운 덕을 잃은 인간이라고 생각했으며, 이들을 오이 샌드위치를 무턱대고 먹는 여자 같은 정신 상태를 가진 사람, 혹은 여성을 유혹해서 타락시키려는 놈이라고 보았다.

하지만 시대는 변했다. 누구든 커피하우스가 아니라 최신 유행의 집결지인 티파티에 얼굴을 내밀어야 했다. 사회적인 자유를 부여하는 것은 티파티였으며 손님은 거기에 초대받음으로 해서 자신이 속한 계층과 잘 어우러지는지를 알 수 있었다. 최신 티세트나 새로 그린 큼직한 가족 초상화를 자랑하는 여주인도 마찬가지였다. 출세를 위해 운동이나 사교모임 등의 활동이 이루어지는 것도 티파티였으며 사교계의 최신 정보를 알 수 있는 곳도 그곳이었다. 커피하우스의 지위는 가든에서 티파티를 하는 레벨까지 올랐다. 커피하우스의 지위는 가든에

34 영국에서 포크 사용이 일반화된 것은 18세기 들어서였다.

티가든, 로버트 세이어 출판한 도판, 영국, 1788년, 브라마 차와 커피 박물관, 런던

서 티파티를 하는 것으로 대체되었다. 그리고 거실을 장악한 여성들은 다시 지배권을 쥐고 계속해서 영역을 넓혀 나갔다.

런던에 다수 열려 있던 복스홀, 라넬라, 메릴본 등 이른바 플레저 가든Pleasure Garden은 새롭게 유행하는 사교활동의 중심지였다. 상류계급은 이곳에 드나들면서 하이든이나 헨델의 신곡을 듣고, 다실이나 집 밖에 차려진 테이블에서 차를 즐기며 뿜어져 나오는 분수를 보면서 감탄하거나 밤에는 불꽃놀이를 즐기거나 혹은 산책로를 어슬렁거리며 신선한 공기를 마셨다. 이곳에서 즐기는 여러 풍취에 언제나 차가 포함되었기 때문에 티 가든이라고도 불렸다. 그리고 커피하우스와 마찬가지로 19세기 플레저 가든은 다양한 사회계급에게 열려 있었다. 플레저 가든의 성공은 영국 중산계층의 부흥과 함께 그들이 부와 여가 시간을 갖게 되었다는 확실한 증거이다. 플레저 가든은 다양한 사회계급뿐 아니라 남성과 여성을 동시에 손님으로 받아들인 최초의 공공장소이기도 했다.

이런 과정을 통해 여성은 자기 자리를 찾았고 여성의 권리도 완성되었다. 여성을 배제한 커피하우스를 퇴출시켜버리고 가정에서 티파티를 완전히 지배하게 되었으며 엄격한 가정교사나 친척들의 감시에서 벗어나 티 가든에서 자유를 즐기게 되었다. 그렇게 차는 각양각색의 사람들이 일상적으로 마시는 음료가 되었다. 차의 상업적인 성공이 뜻하지 않게 여성해방을 불러일으킨 것일까? 혹은 여성들이 자신들의 목적을 위한 한 가지 수단으로 차를 이용했고 이것이 차의 상업적인 성공을 촉진한 것일까? 이러한 문제에 대해선 여전히 논란의 여지가 있다. 하지만 한 가지 확실한 것은 어느 쪽이든 여성의 손길에 의해 차 문화가 널리 보급되었고 이제 과거로 돌아갈 수 없게 되었다는 점이다.

밀수차[35], 위조차

아주 작은 찻잎 한 장도 나는 훔치지 않았다.

나는 살해한 적도 없다는 것을 신에게 호소하노니,

한쪽 저울에는 차를, 다른 쪽에는 인간의 피를 놓고서

그리고 죄 없는 형제를 살해한다는 것이 무엇인지 생각해 보라.

- 밀수갱단의 일원으로 전해지는 로버트 트로트만의 묘비에서. 그는 1765년 3월 24일 해안가에서 무참히 살해되었다. 성 앤드루스 교회, 킨슨, 번머스, 영국

어두운 밤 그림자가 스며들어 창문을 톡톡 두드린다. 소리가 날까 조심하면서 여자가 창문을 열고 돈을 아래로 조심스레 건넨다. 돈을 받은 그림자는 끈으로 주둥이를 묶은 차가 들어 있는, 가죽 주머니 하나를 위로 올려준다. 교환이 이루어지는 동안 어떤 말도 오가지 않았지만 거래한 당사자들은 어둠 속에서 조용히 미소 짓는다. 마침내 그

35 차 밀수가 영국에서 시작하기 훨씬 이전에 중국의 당과 송에서도 이미 차는 정부가 모든 거래를 독점하고 있었기 때문에 일반적인 시장에서 제한 품목이자 암시장의 거래 품목이었다. 현대에도 차 밀수는 다양한 차 생산과 수입국인 중국, 인도, 파키스탄, 네팔, 방글라데시 같은 지역에서는 중요한 문제이다. 이 나라들에서는 관세와 공항 또는 항구 이용료를 피하기 위해서 밀수를 한다.

림자는 사라지고 창문이 닫히며 거래는 종결된다.

이 밀거래 품목은 바로 차였다. 차를 산 여자들은 한동안 가족들을 위한 차를 확보한 것에 만족해하며 침대의 온기로 돌아갔을 것이다. 아침에 마실 따뜻한 차 한 잔을 생각하면서. 몰래 숨겨두었던 차가 떨어진 이후로 계속 그리워만 하던 차가 아니던가. 밀수차를 사는 범죄에 대한 징벌이 가볍지 않았음에도 불구하고, 이런 달콤한 기대가 두려움보다 더 컸던 것이다.

이런 광경은 18세기 영국에서는 매일 밤 수천 곳에서 일어났다. 당시 차는 담배, 알코올, 비단, 소금, 모든 향료와 마찬가지로 통제품이었다. 이런 품목들을 공식 상점이 아닌 다른 곳에서 팔거나 사면 감옥행을 면할 수 없었다. 차와 같은 무해한 물건이 왜 평범한 사람들을 감옥에 끌려가게 만들었던 것일까? 모든 통제품들은 정부가 수입품에 높은 세금을 매기거나 독점회사가 무역을 지배하여 이윤을 극대화시키기 위해서 높은 가격이 책정되었기 때문에 벌어진 일이었다. 그리고 차 밀수는 이들 양쪽 모두의 결과였다.

관세

영국의 차 마시는 습관의 진정한 탄생지는 커피하우스였다. 하지만 커피하우스의 성공은 의도하지 않은 결과를 가져오게 되었다. 커피하우스의 자극적인 환경으로 몰려드는 사람들이 늘어날수록, 정부는 이들을 세금을 더 많이 뽑아낼 수입원으로 주목하게 되었다. 당시 영국 왕조는 크롬웰 이후의 행정을 지탱할 자금을 충당하기 위해 세수가 필요했다. 1660년 찰스 2세는 왕위에 오르자마자 곧바로 판매되는 차 1갤론 당 8펜스의 세금을 부과하는 법을 제정해 버렸다. 게다가 커피하우스의 주인들은 사업 인가를 위해서는 돈을 내야 했으므로 이중으로 세금을 내야 했다.

이 새로운 조치에 대해 주인들은 차를 담는 용기를 밤에 몰래 채워 놓는 식으로 정부 조사관들을 따돌렸다. 게다가 손님이 차를 얼마나 많이 마시는지 일일이 양을 계산하기란 거의 불가능에 가까웠다. 찻집 안은 초만원이었으며 열기로 가득 찼다. 세금은 머지않아 건조시킨 찻잎에 과세하는 것으로 바뀌었다.[36] 그런데 이것이 바로 영국제국에 가장 불운한 결과를 낳게 한 세금이었다. 그 결과는 아메리카 독립전쟁, 즉 영국의 중요한 식민지 상실이자 미국의 독립으로 이어졌다.

차 세금은 정치적인 분위기와 정부의 필요성에 따라서 계속 변동했다. 시간이 지나자 세금은 점점 더 무거워져서, 최초의 1갤론 당 8펜스라는 매우 의미 없는 세금이 실제 판매가격의 119퍼센트라는 상상하기 힘든 수치에 이르게 되자, 준법정신이 뛰어난 시민마저 '차 범죄자'가 되지 않을 수가 없었다.

독점

영국인이 나무통에 끓인 차에 높은 세금을 지불하는 동안, 영국 차

36 데니스 포레스트에 따르면 차 세금은 셀 수없이 조정되었고 1964년까지 남아 있었다. 포레스트, <영국을 위한 차>, 34.

를 들여오던 네덜란드 동인도회사는 막대한 이득을 올리고 있었다. 영국 동인도회사는 향신료와 비단을 무역하는 데 바빠서 차 무역의 잠재적 가능성을 이해하는 데에 한참의 시간이 걸렸다. 1664년 영국 관리가 처음으로 차를 구매했을 당시, 네덜란드는 이미 50년 이상 차를 수입해서 유럽 전역에 팔고 있었다. 하지만 영국 동인도회사가 끼어들면서 판도가 완전히 바뀌었다.

17세기 무역에 있어 영국-네덜란드 사이의 긴장은 계속되고 있었고, 영국 정부는 네덜란드에 대항하는 법을 제정하는 데 주저하지 않았다. 가장 첫 번째 움직임은 네덜란드 수입품에 세금을 올리는 것이었다. 하지만 이것으로 충분하지 않았다. 곧이어 더 극단적인 법이 제정되었으니, 1667년 모든 네덜란드 수입품은 영국 정부에 의해 간단히 불법으로 선언되었다. 한편 영국 동인도회사는 네덜란드와 포르투갈 양쪽과의 극심한 무역전쟁에서 자리를 안정적으로 보장받을 수 있었고, 아모이(하문)에 중국 교역소를 설치했다. 동인도회사는 1669년 처음으로 아모이로부터 차를 실어 영국으로 보냈다. 동인도회사는 정부의 날인증서와 무역법에 의해 보호받았고, 극동무역의 독점자가 되었다.

초기에 선견지명이 없었음을 보상이라도 하듯이 열광적인 무역이 개시되었다. 초기 몇 십 년 동안 차는 동인도회사의 가장 중요한 수입품이었다. 하지만 독점이니 만큼 가격을 제 마음대로 올렸기 때문에 아주 부유한 사람만이 합법적으로 차를 살 수 있었다. 일반 대중은 공식적으로 수입되어 세금이 붙은 차는 구하기 어려운 품목이었으므로 다른 대안을 찾아야 했다.

밀수차

높은 세금과 비싼 가격은 밀수 사업을 유행시키기에 가장 완벽한 조건이었다. 18세기 초만 해도 합법적인 수입 차는 한 해에 2만 파운드가 영국으로 들어왔지만, 18세기 말에는 한 해에 2천만 파운드에 달했다. 영국에서 소비되는 모든 차의 절반 또는 삼분의 이가 밀수된 것으로 추정된다.[37] 따라서 천만 파운드에서 천오백만 파운드의 밀수한 차가 영국 가정에서 소비되었던 것으로 보인다. 무역은 산적과 깡패 같은 사람들만 하는 것은 아니었다. 어부가 콘월이나 켄트의 남부 해안가에서 대기하고 있던 배에서 차 화물을 내려서 배에 실어오면, 농부와 노동자들은 육로로 운반했으며, 성직자가 교회 지하에 밀수 차를 보관했다. 뇌물을 받은 세관 관리도 동인도회사 창고로 차를 공식적으로 운송하기 위해 배가 템스 강으로 들어서기 전에 선장이나 높고 낮은 관리들과 공모해서 밀수한 차 주머니를 챙기곤 했다. 밀수를 감시해야 하는 무역국 직원들 역시 법적으로 수입되는 차가 극히 일부에 불과했으므로 밀수차를 사고 소비했다.

"참으로 기묘하게 탄력적인 양심이 왕국 전역의 도처에서 펼쳐졌다."라고 1892년 헨리 쇼어가 〈밀수의 시절과 밀수 방법〉에서 쓰고 있을 정도였다.[38] 밀수 산업은 매우 이문이 많이 남는 것이었기 때문

37 드러몬드와 윌브러햄, <잉글랜드인의 음식>, 203
38 쇼어, <밀수의 시절과 밀수 방법>, 11.

에 이쪽으로 많은 인구가 몰리게 되자, 어업과 농업에서 노동력이 부족하게 되는 사태에 이르렀다고 한다. 영국 시골 사람들 대다수가 극한의 빈곤과 기아에 시달리며 살았다는 것을 생각하면 이것은 그다지 놀라운 것이 아니었다. 그들에게 있어 정직함은 누릴 여유가 없는 사치품일 뿐이었다. 그리고 실제로 밀수행위를 원칙적으로 지지하는 사람도 있었다. "나는 밀수꾼을 좋아한다. 그들은 유일하게 정직한 도둑이다. 그들은 별 관심 없는 추상적인 것에 불과한 세금 이외에는 어떤 것도 훔치지 않는다."[39]라고 찰스 램은 쓰고 있다. 램의 이와 같은 솔직한 고백이 동인도회사의 서류에 버젓이 올려져 있다는 사실 사이에는 어떠한 모순도 느껴지지 않는다.

영국 외의 각국도 차 사업에 연관되어 있었다. 네덜란드는 예전처럼 양지에서 활발하게 하는 것은 아니었지만, 전처럼 영국으로 차 수출을 계속했다. 네덜란드 선박들은 낮 시간 동안에는 부두에 정박되어 있다가, 밤이 되면 해안가로 가서 밀수선으로 변한 어선에 차를 떨어뜨려주었다. 네덜란드는 영국처럼 차가 일반화된 아메리카 식민지에서 필요로 하는 차의 대부분을 공급하기도 했다. 다가올 사건을 암시라도 하듯 밀수된 차가 세금이 붙은 차보다 더 선호되었다. 네덜란드인, 영국인, 심지어 오스트리아인까지 고용하여 급하게 설립된 스웨덴 동인도회사는 스코틀랜드 해변을 경유하여 영국으로 차를 밀수하는 것 이외의 다른 무역은 생각하지도 않았다.

39 리플리어, <차를 생각하다니!>, 37.

이 모든 행위가 결코 평화롭게 이루어진 것은 아니었다. 밀수꾼들은 무장한 도적들로 호크 허스트 갱, 매이필드 갱, 그룸브리지 갱들 같은 전설적인 이름으로 남은 자들이었다. 밀수꾼과 세관 관리들 사이에서 무력충돌이 빈번했으며 유혈로 번지기 십상이었다. 일반 대중의 지지를 얻은 밀수업자는 세관 관리를 우습게 생각했으며 자신들의 밀무역을 방해하는 자들을 죽이는 데 주저하지 않았다. 관리를 죽인 밀수꾼이 잡히면 사형 당했고 경고의 의미로 해안가의 교수대에 매달렸지만, 이런 일은 자주 일어나지 않았다.

밀수꾼은 밀고자들에게 특히 잔인했다. 그들은 내부 고발자를 국왕의 증인이라고 불렀고 잔인하게 처형했다. 가장 유명한 예가 호크 허스트 갱 사건이다. 그들은 풀레의 세관을 공격해서 세관 관리에게 빼앗겼던 차 3700파운드를 되찾았다.[40] 그 공격 이후에 갱은 내부 고발자가 있을 것으로 추측했으며, 갤리와 채터라는 두 남자를 의심하게 되었다. 당시에 밀수를 방해하는 자들을 제거할 때 나무에 묶어 채찍질을 가한 뒤 보트에 실어서 프랑스 쪽으로 흘려보내곤 했다. 하지만 이 둘은 잡혀서 심문을 받은 뒤에 지옥 같은 고문의 나날들을 견뎌내야 했다. 그들은 말에 묶여 모든 갱단들의 채찍질을 당했고, 특히 두목인 잭슨에게 아주 심하게 다루어졌다. 극심한 고통에 쓰러지면 잠깐 말의 배 아래에 머리를 묶인 채 말을 타야 했다. 다시 그들은 말 등에 앉혀졌고 이 모든 게 다시 반복되었다. 불쌍한 갤리는 "부탁이

40 현쇼어, <밀수의 시절과 밀수 방법>, 21~30.

야, 제발 머리를 잘라줘"라고 외쳤지만, 안타깝게도 그렇게 간단히 끝나지 않았다. 갤리는 모래구덩이에 파묻혔다. 밀수꾼들이 산채로 그를 묻었는지 분명하지는 않지만, 시체가 발견되었을 때 마치 보호하는 듯이 손으로 얼굴을 감싼 채 발견되었다. 차터는 우물에 거꾸로 매달려져서 돌에 맞아 죽었다.

결국 이런 잔혹한 행위는 그들에게 중요한 고객이었던 지역주민의 지지를 잃는 원인이 되었다. 익명의 편지가 호크 허스트 갱들을 고발했고, 그들은 재판을 받고 처형당했다. 두목이었던 잭슨은 처형 전에 감옥에서 공포에 떨다가 죽었다고 전해진다.

위조차

차에 대한 수요가 너무 많아지자 밀수와 함께 큰 이윤을 올리는 다른 사업이 번성하게 되었다. 이것은 바로 차에 이물질을 섞는 사업이었다. 유럽 시장의 수요증대에 부응할 수는 없지만 돈 벌 기회를 놓치기 싫은 중국인이 이 일을 먼저 시작했고, 곧 유럽으로 파급되어 일대 산업이 되었다. 런던에 여러 개의 차 가게를 가진 젊은 차수입상인 리처드 트와이닝(트와이닝의 창립자인 토마스의 손자)이 런던 근처에 있는 마을들은 모두 위조차를 전문적으로 생산하고 있으며 생산량이 매년 20톤에 이른다고 불평할 정도였다. 트와이닝에 따르면 위조차를 만드는 방법은 매우 충격적이었다고 한다. "물푸레나무 잎에 녹반[41]과

41 녹색 염료를 만들기 위한 황산 제1철.

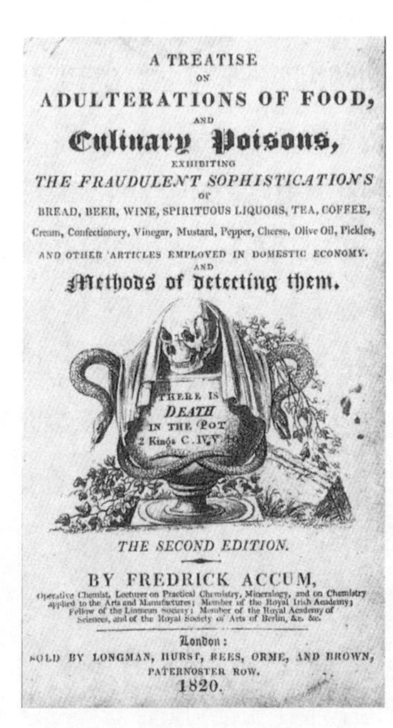
A TREATISE
ON
ADULTERATIONS OF FOOD,
AND
Culinary Poisons,
EXHIBITING
THE FRAUDULENT SOPHISTICATIONS
OF
BREAD, BEER, WINE, SPIRITUOUS LIQUORS, TEA, COFFEE,
Cream, Confectionery, Vinegar, Mustard, Pepper, Cheese, Olive Oil, Pickles,
AND OTHER ARTICLES EMPLOYED IN DOMESTIC ECONOMY.
AND
Methods of detecting them.

THERE IS
DEATH
IN THE POT
2 Kings C. IV. V. 40.

THE SECOND EDITION.

BY FREDRICK ACCUM,
Operative Chemist, Lecturer on Practical Chemistry, Mineralogy, and on Chemistry applied to the Arts and Manufactures; Member of the Royal Irish Academy; Fellow of the Linnean Society; Member of the Royal Academy of Sciences, and of the Royal Society of Arts of Berlin, &c. &c.

London:
SOLD BY LONGMAN, HURST, REES, ORME, AND BROWN,
PATERNOSTER ROW.
1820.

항아리 속의 죽음. 책 권두삽화, 영국, 1820년. <빵, 맥주, 와인, 독주, 커피의 불순물을 혼합한 식품과 요리용 독물에 대한 논문: 빵, 커피, 와인, 독주, 차의 사기적인 혼합물의 검증>, 프레드릭 애컴, 1820년. 비팅 컬렉션, 희귀도서, 미국국회도서관 워싱턴 D. C.

양의 똥을 넣고 구리와 함께 끓인다. 액체에서 건져낸 잎을 말린 후 사용하기 좋은 크기가 될 때까지 밟아서 부스러뜨린다."[42]

위조에 사용된 첨가물에 대해서 기록한 문서를 보면, 이미 사용한 찻잎을 말린 것, 또는 차와는 전혀 인연이 없는 식물의 잎이 올려져 있다. 게다가 무게를 늘리기 위한 석고, 진흙, 쇳가루, 모래, 그리고 외양을 그럴듯하게 보이기 위한 프러시안 블루, 강황가루, 동석, 흑연 등이 첨가되었다.[43] 톱밥도 선호되는 첨가물이었는데, 이러한 것들은 너무 큰 문제를 불러일으키게 되었다. 정부는 "황제폐하의 백성에 대한 불이익과 국가 세입의 감소, 정당한 무역업자의 손해와 편법을 조장하는 행위이다."라고 언급하고, 덧붙여 '목재, 숲, 초지의 손상과 파괴'에 대한 우려를 표명했을 정도였다.

이런 가짜 차의 맛이 어떠했는지는 오로지 상상에 맡길 수밖에 없

42 트와이닝, <관찰>, 42.
43 포레스트, <영국을 위한 차>, 71.

다. 그런데 당시 사람들은 그런 차를 매일 대량으로 마셨다. 영국인들은 미각치라는 유명한 편견이 만들어진 것은 일상 식단에서 이런 식료품을 엄청나게 사용했던 시대에서부터 비롯된 것일 수 있다. 녹차는 당시에 홍차라고 불리던 보이차Bohea tea보다 위조하기가 훨씬 더 쉬웠다. 그 결과 유럽인들은 녹차에 대한 신뢰를 잃고 홍차를 더 선호하게 되었으며, 어떻게 해서 홍차가 오늘날 세계에서 소비되는 차의 80퍼센트를 차지하게 되었는지를 어느 정도 설명해주고 있는 듯하다. 〈차에 대한 모든 것〉의 저자 윌리엄 유커스는 차 위조 산업의 영향력이 오늘날까지도 유지되고 있는 것은 의도했던 것이 아니라 단지 우연의 결과라고 평했다.

차 위조 사업의 종말

1725년 혼합물에 대한 법률이 제정되어, 위조 행위에 대해 100파운드의 벌금을 부과했지만 사태를 개선하지 못했다. 1736년에 제정된 밀수법을 비롯해 밀수에 대항해서 의회에서 제정했던 다양한 법률들 역시 밀수 산업을 없애는 데 별 도움이 되지 못했다. 원인은 법을 제정하는 입법자의 무능, 즉 이해력과 판단력의 부족 때문이었다. 1766년에는 법이 더 엄격해져서 위조 행위를 한 사람들을 감옥에 투옥시킬 수 있게 되었고, 1777년에는 법률이 더욱 강화되었다.

1781년에 제정된 법안은 운송수단을 단속해서 밀수를 막는다는 '기가 막힐 정도로 황당한' 법안의 한 예가 될 것이다. 데니스 포레스트는 이 사건을 〈영국을 위한 차〉에서 이렇게 묘사했다.

"차의 양에 따라 세금을 물리려고 했던 찰스 2세의 시도를 이은 이 마지막 방법은 역대 차문화사에서 가장 얼빠진 입법이었다. 6파운드 이상의 무게가 나가는 차 꾸러미는 외부에서 런던으로 들여올 수 없거나, 또는 40파운드(후에는 20파운드) 이상의 차 꾸러미는 시골에서도 A지점에서 B지점으로 운반해선 안 된다는 규정이었다. 런던에서 가지고 나가는 것은 제한이 없었다. 이에 대해 밀수업자들은 교외에 '가게'를 여는 것으로 유쾌하게 답을 했는데, 교외에 가게를 구축하고, 여기에서 밤낮으로 6파운드 차 꾸러미들을 런던으로 공급했다."

1784년 윌리엄 피트는 귀정법歸正法, Commutation Act을 제정해서 세금을 119퍼센트에서 12.5퍼센트로 대폭적으로 인하했다. 그 후 차에 관련된 불법행위들 대부분이 사라지게 되었다. 밀수업자와 국산의 위조차를 팔던 가게들은 사실상 하룻밤 사이에 일거리를 잃었다. 하지만 포레스트가 책에 썼던 대로, 차 무역은 무엇보다 밀수업자들에게 감사해야 한다. 왜냐하면 "그들의 비합법적인 은밀한 모험과 할인된 가격 덕택에 영국의 구석구석의 일반 가정에까지도 차 마시는 습관이 퍼져나갔기 때문이다." 정부가 관심을 가지는 한 귀정법에 의해 세입이 줄어드는 일은 없었다. 차세는 완전히 폐지된 것이 아니라 새로운 세금으로 간단히 방향을 바꾸었을 뿐이었다. 이번에 새로 과세 대상이 된 것은 창문이었다. 창의력이 풍부한 입법가들은 사람이 사는 집의 유리창 숫자를 세는 게 더 쉽다는 것을 깨달았다. 번거롭게 밀수된 차를 좇는 대신에 벽에 얼마나 많은 숫자의 창문이 있는가에 따라 세금을 매겼다. 덧붙이자면 귀정법은 부유층 사이에 창문이 많은 건물을 유행시키는 한편, 빈민들은 아무리 작은 창문이라도 가능한 벽으로 막아버리게 되었다.

그 후 불순물이 섞인 차 말루maloo는 1875년 음식과 약물법이 발효됨에 따라 사라졌다. 말루는 사용한 차 찌꺼기와 리li라고 불리는 가짜 찻잎으로 만든 위조차인데, 모두 제조업자나 중간상인에게 반품되었다. 결국 남은 위조차를 팔려고 했던 상인들은 오래 살아남을 수가 없었다. 또한 입법 외에도 퀘이커 교도이자 영국의 차상인이었던 존 호니만이 차의 위조에 대응하는 천재적인 아이디어를 생각해 내었다. 당시에는 전 세계 어디서나 차를 큰 통에 담아놓고 무게를 달아서 매매했다. 그는 차의 무게를 달아 봉한 뒤에 신용할 수 있는 식료품상의 이름을 붙여서 포장해서 팔 수 있지 않을까 하는 생각을 했다. 예를 들어, '호니만의 티'로 말이다. 이것은 좋은 아이디어였지만 허가를 얻는 데 시간이 걸렸다. 호니만은 차 산업에서 이름을 퍼뜨리기 위해서 수 년 동안 시골을 돌아다니면서 포장한 차를 팔고 다녔다.

마침내 이것은 세계적으로 유행을 불러일으켰고 세기말에 들어서서는 상자에 들어있는 고가의 차가 판매되기 시작했다. 그 결과 오늘날 현대인은 가게 선반에 진열된 캔이나 종이상자에 담긴 차를 구입할 수 있게 되었다. 최소한 거기에는 양의 똥이 들어 있지는 않을 것이다.

설탕 필요하신 분?

노예들은 상품 아닌 상품들이었다. 인간은 그 어느 누구도 상품은 아니기 때문이다. 하지만 이 경우에는 수백만의 사람들이 상품으로 취급되었다. 노예들을 얻기 위해서 생산품들이 아프리카로 운송되었다. 대신 아메리카에서는 그들의 노동력을 이용하여 부가 창출되었다. 그리고 그들이 창출해 낸 부는 대부분 영국으로 되돌아갔고, 그들이 만든 생산품들도 영국에서 소비되었다. 그리고 영국인들이 만든 생산품들(옷감, 공구들, 고문 도구들)은 다시 노예들에 의해서 소비되었고, 노예들은 다시 부를 만들어 내는 일에 쓰였다.

- 시드니 민츠, <설탕과 권력>

엘리자베스 1세는 충치가 얼마나 지독했는지, 궁을 방문했던 외국 대사들은 여왕의 보기 흉한 치아에 대해 속닥거리곤 했다. 여왕의 충치는 당시로서는 오직 소수만이 구할 수 있었던 사치품인 설탕을 즐겼기 때문이었다고 전해진다.

유럽에 사탕수수 설탕이 들어오기 전에 감미료는 꿀밖에 없었다.

영국에서는 종교개혁 기간 동안 주요 꿀 공급원이었던 수도원이 사라지면서 공급량이 심각하게 감소했다. 초기에 사탕수수 설탕을 공급한 사람들은 베네치아와 아랍 상인들이었다. 하지만 나중에는 스페인과 포르투갈령 남아메리카 대농장에서 수입되었다. 실제로 설탕을 사용한 사람들은 일반인이 아닌 약제사들로, 약초와 조제약의 쓴맛을 감소시키는 데 약간 사용하는 정도였다. 그리고 특권계층에서 이국적인 진미를 즐기기 위해 사용하는 게 전부였다. 설탕이 처음 상품으로 등장했을 때만 해도 일반 대중에게 유리되어 있었지만, 시간이 지나면서 수백만 명의 사람들에게 직간접적으로 큰 영향력을 행사하게 되었다. 그 매개체가 되었던 것이 바로 차였다.

요한 하인리히 티슈바인 초상화. 1756년. 차를 위한 뜨거운 물이 놓여있는 모습. 엔소니 버게스, <차의 책>.

영국인이 언제 왜 설탕을 차에 넣기 시작했는지는 확실하지 않다. 그들이 설탕을 와인에 넣었기 때문이거나 차가 처음에 의학적인 목적으로 사용되었기 때문일지도 모른다. 이런 관습은 중국에서 차와 함께 유래한 것이 아니다. 섬세한 맛의 균형을 크게 의식하는 중국인들은 영국인이 천상의 음료에 설탕을 몇 숟가락이나 넣는 것을 보면 대경실색할 것이다. 오늘날에도 중국에서는 차에 설탕을 넣지 않는다. 하지만 영국인은 차에 대량의 설탕을 일관되게 넣었으며 여기에서 티스푼이라는 단어도 생겨났다.

차에 설탕을 넣는 습관이 생긴 언제부터 시작되었는지 역시 모호하며, 17세기 후반 무렵이 아닐까 추측될 뿐이다. 1750년경에 차와 더불어 다른 두 개의 식민지 음료인 커피와 코코아가 귀족 계층에서 도시민과 시골에까지 퍼져 나갔는데, 뜨거운 음료에 설탕을 넣고 휘젓는 것이 습관이 되었으며, 오늘날까지 많은 사람들에게 일상생활의 기본적 필수품이 되었다.

영국의 기후도 차에 설탕을 넣는 습관이 생긴 원인 중 하나였을 것이다. 연중 끊이지 않는 음울한 이슬비와 뼛속까지 쑤시는 습기를 퇴치하는 데 따뜻한 홍차 한 잔의 위안보다 더 좋은 것을 생각할 수 있겠는가? 그리고 설탕과 몇 개의 비스킷을 양옆에 놓으면 마치 태양이 구름 뒤에서 얼굴을 내밀 것 같지 않겠는가! 이것은 마치 중국이 영국의 겨울(심지어 일부 여름에도)에 맞추어 특제차를 만들어준 것 같았다. 하지만 날씨 이외에도 사회적 발전은 차에 설탕을 넣는 것을 인기 있게 만든 요인이었다.

인류학자 시드니 민츠의 책 〈설탕과 권력〉에 따르면, 차를 영국에 소개한 것은 귀족계층일지는 몰라도 차에 설탕을 넣는 것을 범국가적

행위로 바꾼 것은 노동자들이었다. 일반 가정에서 차는 비싼 것이지만 커피와 코코아에 비해서는 싼 편이었다. 의심이 갈 만한 재료들이 섞인 약간의 차로도 따뜻한 음료를 만들 수 있었다. 따라서 차는 중요한 금전상의 문제를 해결해 주었다. 약간의 차만으로 충분했으며, 거기에 설탕을 조금 넣으면 필요로 하는 영양가의 일정 부분을 공급해 주었다.

저렴하면서 활력을 불어넣어주는 설탕을 넣은 차는 18세기 후반 영국의 빈민 노동자들에게 단순한 기호품을 넘어서 없어서는 안 될 음료가 되었다. 일상적인 식사는 빵과 감자였고 아주 가끔 약간의 베이컨 또는 치즈가 곁들여졌다. 여기에 설탕을 넣은 차가 더해지면 뜨겁고 영양가 있는 식사라는 환상을 가질 수 있었다. 빵에 바를 버터가 있으면 더할 나위 없었지만, 빵 조각은 항상 얇았다. 런던을 방문했던 어느 여행자는 다음과 같이 기록했다.

> "런던 사람들이 아침부터 오후 3~4시까지 먹고 있는 버터와 차는 빵을 먹는 데 필수적이다. 빵은 보통 얇게 잘라서 먹으며 칼이 얼마나 날카로운지 보여주기라도 하듯 최대한 얇게 자르는 솜씨 또한 대단한 자랑거리다."[44]

민츠는 빠른 속도로 산업화되고 있던 사회에서 차와 설탕은 또 다른 실질적인 이유 때문에 필수품이 되었다고 기술한다. 여성이 가정

44 M. 그로슬리, <런던 여행>, 드러몬드와 윌브러햄의 <잉글랜드 인의 식사> 214쪽에서 인용.

주부에서 공장 노동자가 되어 공장 일을 하고 저녁에 집으로 돌아왔을 때, 아주 적은 연료를 소비하여 차를 위한 약간의 물만 끓이면 빠른 속도로 식사 준비를 끝낼 수 있었음을 지적한다. 시간이 부족할 때도 빵과 함께 달콤한 차만으로 간단하게 그 날의 정찬을 만들 수 있었다. 특히 여성과 아이들은 영양 상태가 열악했다. 아주 적은 양의 단백질을 함유한 음식은 가족 중에 일을 가장 많이 해야 하는 남성에게만 주어졌고 여성과 아이들에게는 돌아가지 않았다.

차는 영국에서 설탕 중독을 일으키는 피리 부는 사나이나 다름없었다. 처음에는 설탕을 넣은 차에서 시작했지만 점점 달콤한 빵, 타르트, 푸딩, 잼, 비스킷 등의 달콤한 것들이 차와 같이 먹는 사이드메뉴로 확대되었다. 마침내 설탕은 더 구하기 쉬워져서 영국의 연간 설탕 소비량은 1700년의 4파운드에서 1800년에는 18파운드로 4배나 늘었다. 차의 경이적인 성공이 감미료 수요의 방아쇠를 당겼고, 곧 이 둘은 서로 떼려야 뗄 수 없는 존재가 되었다.[45] 중국은 18세기를 통틀어 영국 전역에 차를 공급할 수 있었다.

하지만 영국 식민지였던 자그마한 바베이도스 섬을 비롯한 카리브 해의 설탕 생산 섬들이 영국인의 썩은 이빨이 요구하는 막대한 양의 설탕을 어떻게 감당할 수 있었을까? 답은 역사에 있다. 이 상품의 상업적 성공은 인류사에서 절대 되돌릴 수 없는 인간성의 실패인 노예무역이라는 공포를 토대로 획득된 것이었다. 노예무역의 70퍼센트

45 1744년 스코틀랜드의 법학자이자 신학자인 던컨 포브스가 한 말로 민츠의 <설탕과 권력> 114쪽에서 인용.

가 설탕 산업을 뒷받침한 것이라고 해도 과언이 아니다. 비록 우연이라 하더라도 차라고 하는 무해한 음료가 사람을 사고파는 재앙의 방아쇠를 당겼던 것이다.

영국인이 차를 마시는 동안 영국 상선은 인간을 뱃짐으로 싣고 대서양을 횡단하기 바빴다. 18세기 동안에만 3백만 명의 아프리카 사람들이 고향땅에서 카리브의 섬들로 실려 갔다. 1800년에 잉글랜드와 웨일즈를 합친 전체 인구는 9백만 명이었다. 잉글랜드와 웨일즈에서 가장 건강하며 혈기왕성한 청년의 삼분의 일이 납치당했다는 것을 상상해 보라. 삼백 년 동안의 국제 노예무역 기간에 1500만 명에서 2000만 명의 납치당한 아프리카 사람들이 중간항로[46]의 악몽에 사로잡히며 아프리카에서 신세계까지 죽을 때까지 절대 잊을 수 없는 끔찍한 항해를 해야 했다. 노예해방운동이 탄력이 붙기 시작하면서 설탕이 노예무역의 주요한 원인으로 인식되자, 반정부주의자라고 불리는 활동가들은 대중에게 설탕 소비를 절제할 것을 독려했다. "가장 끔찍한 불행과 곤궁에서 어떻게 우리 동료의 생명체인 80만 명을 구해 낼 것인지 일 분만이라도 생각해 보길 바랍니다. 단 하나의 사치품만 절제해도 서인도 제도의 노예제도를 폐기시킬 수 있을 것입니다"라고 1826년 항소에서 청원하고 있다.[47]

노예제도 반대론자들이 유포했던 팸플릿에는 대규모 청원서에 서명하고 서인도 설탕을 집단적으로 보이콧하자는 내용이 실려 있었다.

46 아프리카 서해안과 서인도 제도 사이의 중간항로로서 신대륙을 대상으로 아프리카 노예무역이 이루어지던 시대에 노예들이 거쳐야 했던 전체 행로의 중간부분인 대서양 횡단 항로를 말한다.
47 디어, <설탕의 역사>, 2:296.

이것은 인도에서 설탕을 수입하던 동인도회사 같은 경쟁자들을 자극했고 그들은 제품에 대한 광고 전략을 바꿨다. "우리 제품은 노예가 만든 설탕이 아닙니다. 한 주에 5파운드의 설탕을 사용하는 가정이 서인도회사 대신 동인도회사의 제품을 사용하면, 21개월에 한 명씩 우리와 같은 인류를 노예화하는 것과 살인을 막을 수 있습니다. 이런 가정이 여덟이라고 했을 때, 19년이면 100명의 노예 또는 살인을 막을 것입니다." 물론 동인도회사는 인도에서와 마찬가지로 노예노동이나 예속적 노동이 당연한 듯이 이루어지고 있었으며, 이런 점에서 동인도회사에서 만든 설탕이 서인도회사의 설탕과 별로 다를 바 없었다. 하지만 대중은 이것을 몰랐고, 동인도회사도 알리려 하지 않았다.

영국령에 있어서 노예제는 1834년에서 1838년 사이에 폐지되었다. 이것은 노예폐지운동의 압력 때문이기도 했지만, 더 큰 이유는 노예제가 갖는 경제적인 매력이 약화되었기 때문이다. 이와 같은 상황이 차 소비를 줄어들게 하지는 않았다. 차 산업은 끊임없이 성장했고 특히 1850년 차가 영국 식민지였던 인도의 주요 생산물이 되고 나서부터 차의 소비가 급증하자 설탕의 소비도 그에 뒤따랐다. 1800년에는 3000만 파운드의 차와 3억 파운드의 설탕이 영국에 수입되었는데, 50년 후에는 연간 차 5600만 파운드와 설탕 10억 파운드로 늘어났다. 19세기 마지막 해에는 3억 파운드의 차를 수입했고, 연간 설탕 소비량은 한 사람당 90파운드에 달했다.[48]

48 민츠, <설탕과 권력>, 143. 한 해 90파운드의 설탕 소비가 이미 놀랄 만한 양이었다는 것을 생각해 보자. 미국 농무부 경제연구소에 따르면 2003년에 미국에서 일인당 설탕 소비량은 141.7파운드였다고 한다. 소비량에는 사탕수수 설탕과 사탕무 설탕(61.1파운드), 옥수수 시럽(79.2파운드), 식용 시럽(0.34파운드), 그리고 꿀(1.1파운

설탕 공급이 부족한 일은 전혀 없었다. 노예해방 이후에는 '자유' 노동자들이, 아마도 노예였던 때보다 더 열악한 경제 상황에 놓여 있었을지도 모르는 서인도 제도에서 계속해서 설탕을 생산했다. 하지만 설탕에서의 진정한 노예해방은 베를린에서 왔다. 독일의 과학자 안드레아스 마르그라프가 사탕무 뿌리에서 설탕을 추출해내는 데 성공한 것이다. 그의 발견은 반세기 동안이나 잠자고 있었지만, 1811년에 프랑스가 이것을 활용하기 시작했다. 나폴레옹 전쟁 중 프랑스 항구가 영국에 의해 해상 봉쇄되었기 때문에, 나폴레옹이 자국의 사탕무 설탕 생산을 장려한 것이다. 사탕무 농장과 제당공장이 프랑스와 유럽 곳곳에 생겨나고 19세기 말에는 사탕무가 감미료의 주류로 정착했다.

차는 고의는 아니었지만 이처럼 대륙을 넘나들며 인류에게 씻을 수 없는 불행을 가져다 주었다. 지금 우리는 이러한 역사의 파도를 넘어온 차를 마음의 부담감 없이 즐길 수 있게 되었다.

드)을 포함한 것이다. 매해 소비량은 1999년에 151.3파운드를 기록한 후 감소 추세이다.

진 골목, 차 골목

와인, 맥주, 그리고 에일, 한자리에 모여!

와인 : 나, 와인은 영혼에 활기를!

맥주: 저잣거리 맥주지만 왕을 위한 음료지!

에일: 하지만 에일, 맛좋은 에일, 건배하면 톡 쏘네, 아침의 식욕을 돋우지!

합창 : 우리 함께 즐겁게 근심을 씻어버리자. 오늘도 와인, 맥주, 에일 다
함께 취해 보자.

와인 : 나, 고귀한 와인, 궁정의 만찬을 위해.

맥주 : 도시에선 맥주가 가장 인기.

에일 : 하지만 에일, 맛좋은 에일, 영주님과 마찬가지로 시골에서 젤 인기.
우쭐대는 땅과 같이.

합창 : 우리 함께 즐겁게 근심을 씻어내자.
오늘도 와인, 맥주, 에일 다 함께 취해보자.

- <주연의 노래>, 존 그로브, 1629년[49]

49 드러몬드와 윌브러햄, <잉글랜드인의 식사>, 112~3.

영국인의 생활에서 차가 스타덤에 오른 것은 설탕 외에도 다른 것과 관련되어 있다. 설탕과는 별로 인연이 없으면서 중독성이 있고, 다른 사회적인 영향력을 가진 것, 그것은 바로 알코올이었다. 알코올 음료, 즉 술은 차와는 다른 형태였지만 오늘날에는 상상도 할 수 없을 정도의 밀접함으로 영국인의 식생활에 빼놓을 수 없는 것이었다.

영국에 차가 존재하기 전에 그들은 아침에 무엇을 먹었을까. 부유한 사람의 아침상에는 양고기나 소고기 스프, 빵과 비스킷에 에일, 맥주 또는 와인을 곁들였을 것이다. 이 메뉴에 해산물을 추가하는 사람도 있었다. 새뮤얼 피프스는 그가 새해에 손님에게 제공했던 아침 식사를 "굴 한 통, 깔끔한 소 혀 요리, 앤초비 요리, 각종 와인과 노스타운의 에일"이라고 기록하고 있다. 어떤 상인은 청어, 호밀빵과 에일을 먹었을지도 모르며, 구두수선공은 호밀빵과 맥주, 소년은 학교에 가기 전에 스프와 빵, 버터와 맥주를 먹었을 것이다. 누구에게나 반드시 제공된 것이 하나 있다면 그것은 술이었다.

모든 가정의 아침상에 술이 있었던 이유가 오래전부터 흔히 전해지는 잉글랜드, 스코틀랜드, 웨일즈, 아일랜드 사람들이 타고난 술꾼이기 때문이라는 이야기만으로는 설명이 충분하지 않다. 그것은 이유라기보다 오히려 결과에 더 가까웠다. 이상하게 들리겠지만 술은 건강을 위한 것이었다. 당시에 위험한 음료는 맥주가 아니라 물이었다!

일찍이 1542년에 앤드루 보드라는 의사는 그의 저서 〈건강 식이요법〉에서 "차가운 물을 그대로 마시면 소화를 느리게 해서 건강에 좋지 않다."라고 썼다. 이것은 그나마 좀 부드럽게 표현한 것이었다. 여과와 정수 시스템이 발달하기 전까지 식수 부족은 고질적이었고, 물은 온갖 종류의 박테리아가 서식하고 있었기 때문에 인체에 치명적일 수 있었다. 이것은 농촌에서도 문제였지만 런던은 더 심각했다. 런던은 유럽에서 가장 큰 도시로 성장하고 있었지만 상하수도 설비는 조악하고 불충분했는데 19세기 말까지 목제 수도관을 사용했다. 아침 식사에 물을 대신할 우유는 비싼데다 냉장고가 없었던 시절이었기 때문에 위험한 음료라는 인식이 있었고 결핵 같은 병을 전염시키기도 했다.

반면에 맥주는 원료인 홉 덕택에 약간의 살균 효과가 있었을 뿐만 아니라 더 중요한 이점은 맥주와 에일[50] 양쪽 다 귀중한 영양분을 포함하고 있었다. 알코올이 2퍼센트나 3퍼센트일 정도로 매우 약하기 때문에 '스몰'이라고 불렸던 맥주는 모든 가정에서 만들어져서 남자, 여자 할 것 없이 심지어 어린이들까지도 마셨다. 일반적으로 양조주는 힘든 육체노동을 위한 에너지를 공급하는 필수품으로 인식 되었고, 노동자들의 일상적인 식사에서 빠트릴 수 없는 것이었다. 또한 진통제나 상처를 치료하는 데도 일상적으로 사용되었다. 병원에서도 환자에게 술을 처방했다. 대학은 자체 맥주를 만들었는데, 예를 들어 이튼 칼리지는 1875년까지 자체 맥주를 만들었다.[51] 영국 해군의 선원들은 하루에 맥주 1갤론을 배급받았다. 아버지는 아들이 성인이 되면

50 에일은 맥주의 일종으로 라거보다 독하고 포터보다 약하다.
51 해리슨, <음료와 빅토리아인들>, 37.

단골 술집에 데리고 가서 친구들과 동료들 앞에서 처음으로 완전히 취하게 만들었다. 이런 의식이 성인남자의 상징처럼 받아들여졌다. 소상인과 노동계급은 일반적으로 '성 월요일'을 준수했는데, 일요일 음주에서 회복하기 위해 월요일 하루는 음주를 쉬는 것을 두고 그렇게 불렀다. 상류계급도 크게 다르지 않아서 궁정 연대기 작가에 따르면 숙녀나 신사 양쪽 다 "아침, 점심, 밤에도 머리가 멍해 있었다."는 것이다.[52]

일상적으로 취하게 하는 음료의 부작용은 아직 드러나지 않는 듯 보였다. 그냥 단순히 부작용이 있다고만 생각하는 정도였고, 그 보다는 음료의 긍정적인 요소에 치중했다. 배를 건조하고 법을 제정하고 마차를 끌고 옷을 바느질하고 계약에 서명하고 극본을 쓰고 나라를 운영하는 모든 사회 계층의 행동은 모두 취한 채로 이루어졌다. 엘리자베스 1세는 아침식사에 엄청난 양의 독한 에일을 마셨는데, 여행할 때는 미리 사람을 보내서 지역 맥주의 맛을 확인하게끔 했다. 이런 관점에서 영국 사회가 어떻게 제대로 돌아갔는지 놀라지 않을 수 없으며, 왜 가끔 제대로 돌아가지 않았는지 이해할 수 있다.

1700년대 새로운 강력한 음료가 네덜란드에서 들어와서 술 소비량을 완전히 새로운 레벨로 끌어올렸다. 진gin의 원조로 알려져 있는 제네버Genever라는 이름의 술은 순식간에 영국 전역으로 퍼졌고 영국 사회를 취하게 만들었다. 진은 싸고 쉽게 구할 수 있으며 치명적인 것

52 애그니스 스트릭랜드, 1882, <영국 여왕의 일생>에서 언급. 유커스, <차에 대한 모든 것>, 1:43.

으로 제시카 워너가 〈광기: 이성의 시대의 진과 방탕〉이라는 책에서 적은 것처럼[53] 도시의 마약이자 런던 빈민이 선택한 마약이었다. "1페니로 취할 수 있고, 2페니로 죽을 정도로 취할 수 있고, 청결한 돗자리는 무료"라는 광고 문구가 진을 파는 가게마다 붙어 있었다. 청결한 돗자리가 무료라는 것은 아마도 사람들이 진에 취해서 약간 부드러운 자리 위에서 잠들다가 술을 깰 수 있게 하기 위한 것이리라. 빈민들은 싸고 빨리 취하는 진으로 배고픔과 추위뿐만 아니라, 그들의 삶 전체에 스며들었던 모든 절망을 잊을 수 있었다. 진은 성인 남자와 여자만 마셨던 것이 아니라 어린아이들도 마셨다. 직접적으로는 아기를 잠재우는 데, 간접적으로는 진에 취한 유모의 젖에 의해. 1750년경 '진 유행병'이 절정에 이르러서 연간 1인당 진 소비량은 2.2갤론이었고 1인당 맥주 소비량은 약 30갤런이었다. 단순하게 보자면 영국 제도諸島에서 생활하는 모든 남성, 여성, 어린이가 하루에 진 한 잔을 마시고, 그 다음 맥주 1파인트와 반 잔을 더 마신다는 것을 의미한다. 당연히 1년 내내 쉬는 날 없이 말이다.

이때 구원투수로 등장했던 것이 차였다. 이제 사람들은 위기감을 느끼게 되었다. 점점 더 산업화되는 사회에서 알코올 중독이 생산성과 자본 투자에 대한 위협으로 느껴지게 되자, 알코올 중독에서 벗어나자는 금주운동이 일어났다. 쌀로 만든 술을 대량으로 마시는 중국

53 일부 진취적인 술꾼들은 그들 자신이 집에서 직접 술을 만들었다. 때때로 황당한 결과를 낳았지만 제조법은 매우 공개적으로 교환되었고 여기에 드러몬드와 윌브러햄의 <잉글랜드 인의 음식>, 198에 나온 제조법을 인용한다."황산, 아몬드 유, 테레빈유, 알코올 원액, 각설탕, 라임 워터, 로즈 워터, 백반, 타타르 소금"저자는 이것이 가장 최악은 아니었을 것으로 추정한다.

인들은 오래전부터 알코올을 해독시키는 차의 유익한 효과에 대해 알고 있었다. "중국인에게는 어떤 약초가 있는데 그들은 약초의 즙을 술 대신에 마신다. 이것은 또한 건강을 유지하며 우리의 무절제한 음주가 가져다주는 온갖 해악을 제거해 준다."[54] 베네치아의 작가 지오반니 보테로는 1589년 이렇게 쓰고 있다. 그리고 이제 빅토리아 시대 사람들 역시 이 사실을 알게 되었다. 18세기 말에는 차가 쉽게 접할 수 있는 음료가 되어 있었다. 값싸고 구하기 쉬웠을 뿐만 아니라, 숙취에서 깨어나게 하는 효능을 가진 따뜻한 차 한 잔 덕분에 금주운동은 최고의 대안을 찾을 수 있었다. 이렇게 차는 알코올 남용에 대항하는 성전에서 '금주운동가의 최대 무기'가 되었다.

금주협회는 영국의 모든 마을에서 결성되었다. 금주 회관, 금주 클럽, 심지어 금주 호텔이라는 건조한 장소가 나라 전역에 생겨났다. 이런 곳에서 대규모 모임이 열렸고 사람들은 출입증을 구입해서 긴 탁자에 모여 앉아, 중독자였다 개과천선한 연설자가 술을 포기할 때 생기는 이점에 대해서 감동적인 연설을 하는 동안 끊임없이 차가 나오곤 했다. 때로는 차 모임이 너무 커져서 테이블은 200명이 앉을 수 있게 수백 피트가 될 정도로 길었고, 200갤론 들이의 끓이는 기구나 끓는 물을 전달하는 파이프에 연결된 3발 달린 네모난 차를 끓이는 용기를 몇 개나 사용해서 이 '최대 무기'를 끊임없이 마시게 했다. 물론 모든 떠들썩함은 중독을 치료하는 데만 신경을 쓸 뿐이고 술을 마시

54 지오반니 보테로, <도시의 흥망성쇄사>, 1589년, 유커스, <차에 대한 모든 것>, 1:25에서 인용.

게 된 원인은 간단하게 무시해 버렸다. 빅토리아 사회의 대표적인 연대기 작가라 할 수 있는 찰스 디킨스는 〈픽윅 페이퍼스〉에서 이런 차 모임을 재미있게 묘사한다. 그중에서 "줄기차게 차를 마시는 사람들이 내 눈앞에서 점차 많아지고 있다. 여기 내 옆의 노부인은 거의 차에 익사할 지경이다."[55]라고 놀라움을 금치 못하고 있다.

자신이 열정적인 차 애호가였던 디킨스는 진짜 문제가 어디에 있는지, 한 자리에서 '차에 익사할 지경인' 노부인이 그렇듯이 '아침용 컵으로 한 번에 9잔 반'의 차를 마시는 것이 문제를 해결하는 게 아니라는 것도 알고 있었다. 하층 계급의 의지력 결여를 지적하며 비판했던 당시의 도덕주의자들에 대해 디킨스는 자신의 견해를 간결하게 설명했다.

> "진을 마시는 것은 잉글랜드에서 큰 죄악이나, 찢어지게 가난한 것은 더 큰 죄악이므로, 빈민층의 가계에 대한 개선이 있기 전(그래봐야 가족끼리 급료를 나눠도 쥐꼬리만 해서 누구 입에 풀칠하기도 힘들겠지만) 또는 이런 지옥 같은 생활에서 도피하기 위해 일시적인 위안으로 술을 마시는 것을 멈추지 않는다면, 진을 파는 가게는 날로 번창할 것이다. 만약 금주협회가 굶주림, 불결함과 더러운 공기에 대한 대응책을 찾는다면 진을 파는 술집은 저절로 줄어들 것이다."[56]

진과 기타 증류주들의 일부는 집에서 만들어졌고 끔찍한 맛이었으

55 찰스 디킨스, <픽윅 페이퍼스>, 431.
56 디킨스, <보즈의 스케치집>, 187.

며 독성이 높은 해로운 물질을 함유한 것이 많았다. 그래서 금주운동의 목적은 처음에 이것을 막자는 것이었다. 반면에 맥주 소비는 관대하게 다루어졌고 영양적인 가치 때문에 장려되었다. 차를 적으로 보는 사람들도 있었는데 그들은 차가 신경과 소화에 유해할 뿐만 아니라 불필요하며 비싼 물건으로 인식했기 때문에 맥주의 유익함을 극찬했다. 이런 사람 중 하나가 사회개혁가인 윌리엄 코벳이었다. 그는 "차는 사람을 게으르게 하며 체력을 허약하게 만들어 고된 노동을 하는 사람들에게 맞지 않다. 차는 사람을 유약하고 여성스럽게 만들어서 난로 옆을 찾게 하고 침대에 숨어 있으려고 하게 된다."[57]고 주장했다. 그리고 "티 테이블에서 소문이나 가십을 말하는 것은 매음굴을 위한 나쁜 예비학교와도 같다."라고 하였다. 믿기 어렵지만 코벳은 정직하고 선량한 의도에서 이런 말을 한 것이었다. 영양학적으로 좋은 맥주를 마시고(진이 아닌) 비싼 차를 사지 않으면 경제가 더 좋아져서 가난한 농장 노동자들의 경제 상황도 좋아질 것이라는 진지하고 이해심 깊은 언사였다.

코벳은 곧 이러한 온건한 접근이 실패했다는 것을 깨닫고 맥주를 포함한 어떤 알코올도 완전히 절제해야 한다는 극단적인 금주주의자로 변했다. 하지만 역시 영국에서 큰 성공을 거두지는 못했다. 사실 금주운동 자체가 노동계급을 개혁함으로써 그들이 맥주를 마시며 빈둥거리는 대신 일하게 하여 사회의 생산성을 높이기 위한 중산층의

57 코벳, 오두막 경제학, 23.

의도였던 것이다. 노동자들이 차를 마시면 게으르다고 하고 맥주를 마셔도 게으르다고 했다. 하지만 공장 노동자, 세탁부, 굴뚝 청소부에게 있어서 하루의 힘든 노동이 끝나고 값싼 술이나 차 한 잔을 마시는 시간은 빼놓을 수 없는 유일한 유흥이었다. 당연히 그들은 그것을 포기할 생각이 없었다.

선의의 금주운동가들은 알코올 중독에 대해서 사회적 각성을 불러일으키기는 했지만, 반면 차를 완전히 추방할 수는 없었다. 금주 운동이 티파티와 대형 주전자를 사용해 이루어낸 것은 차의 소비를 전에 없는 수준까지 끌어올린 것이었다. 영국 시민들은 결국 차와 알코올 양쪽에 다 얽매게 되었을 뿐이다. 결국 개인 사업가와 정부의 세금 징수원들에게 상당한 이득이 생겼고, 특히 세금 징수원들은 이것을 절대 포기하지 않았다. 1901년 빅토리아 여왕이 사망하여 그녀의 이름으로 불렸던 시대도 종말을 고했다. 차의 연간 소비량은 1인당 5.7파운드에 달했으며 독한 증류주 소비는 거의 3갤론에 이르렀다. 진이 한때 유행했던 때보다도 더 많은 양이었다.

하지만 어떤 문제든 뭔가 해결방법이 있기 마련이다. 설령 차가 중독자들의 악습을 그만두게 할 수는 없었다 해도, 인기 있는 빅토리아 시대의 대중잡지 〈가족 건강의 지혜〉는 다음날 숙취를 쫓는 방법을 알려주고 있다.

연회에 나갔던 사람들의 아침 숙취를 위한 음료[58]

로쉘 소금 2드라크마(약 3.5g),

결명자차 1온스,

카다몸 팅크제 1티스푼,

그리고 (가능하다면) 라타피아 오드 콜로뉴의 리큐르 작은 와인글라스 1잔

이상을 섞어서 마신다. 그리고 아침에 진한 생강 맥주를 한 잔 마신다. 벽난로 시렁에 놓아두었던 카펫 슈즈를 신고 따뜻한 불 옆의 아늑한 안락의자에 앉아서 발을 난로 옆의 발걸이에 올려놓으면 좋다. 무엇보다 가장 중요한 것은 이 자세는 머리를 세우게 되어 뇌의 과잉 혈액이 따뜻한 발쪽으로 내려가므로 기운을 맑게 하고, 영혼을 가볍게하며, 그리고 모든 남자의 정력을 강화시키며 활력을 되찾을 수 있게 만든다.

58 <건강한 가족 식탁>, vol.1, 1824. 드러몬드와 윌버르햄의 <영국인의 음식>, 338.

도자기의 비밀

오, 지금 내게 소원이 있다면 그것은 당신에게

중국 도자기 접시 만드는 법을 배우는 것이다.

- <코리얏의 미완성집>, 1611년

(영국의 여행가 토마스 코리얏이 도보로 대륙을 여행하고 기록한 책).

차가 선풍적인 인기를 모으면서 다른 상품도 덩달아 수입되었는데, 바로 자기였다. 자기는 중국에서 유럽까지 해로를 통해 차, 향신료, 비단과 함께 수입되는 물건이었다. 여러 가지 이유로 자기는 매우 가치 있는 상품이었다. 첫째, 이것은 바닥짐으로 완벽한 물건이었다. 무겁고 물을 흡수하지 않으므로 배 바닥에 가득 채워서 항해하면 배를 안정시키는 역할을 했다. 둘째, 축축한 배의 짐칸에서 자기를 넣은 상자는 습기에 민감한 차를 위한 방수용 받침으로 사용되었다. 셋째, 쓸모없는 돌덩이나 쇳덩이로 배의 무게 균형을 맞추지 않아도 되었다. 자기는 이런 목적을 만족시키면서 이윤을 남기고 팔 수도 있었다.

유약을 바르기 전 푸른색을 칠하는 중, 자기 제조의 24장의 그림 중 하나, 중국, 1820년경, 피바디 에섹스 박물관, 세일럼, 매사추세츠

무역이 증대되자, 동인도회사 사람들은 점점 더 큰 짐칸이 있는 배를 이용해 영국과 네덜란드에서 동방무역에 사용했고 중국에서 유럽까지 소위 '차이나웨어chinaware'라고 알려지게 된 자기들을 싣고 항해했다.

차에 대한 요구가 커지는 것과 함께 대중은 자기와 중국 수입품에 매료되었고 이러한 열정은 온 유럽에 퍼져나가 쉬누와즈리chinoiserie [59] 열광을 불러 일으켰다. 귀중한 자기들을 세트로 맞추는 것은 유럽 귀족들 사이에서 인기 있는 취미가 되었다. 까다로운 고객들은 특별한

59 17~18세기 유럽에서 유행한 복장 가구 건축 등 중국적인 취미 생활을 즐기는 것

요청사항을 추가해서 주문하기도 했다. 색상, 모양, 디자인 또는 집안의 문장을 넣어달라는 요구를 받으면, 지구 반대편의 중국 도공들은 솜씨 좋게 요구대로 물건을 만들었다. 모든 사람들이 중국 자기를 원하게 되자 항해일지의 화물칸에는 대략 수만 개의 찻주전자, 찻잔과 접시가 적혀 있었다. 무역은 점점 확대되었고 시장은 중국 자기로 넘쳐나게 되었다. 물량이 넘쳐나면서 가격이 하락하자, 평범한 가정에서도 자기 세트를 갖출 수 있게 되었다.

유럽인들은 해상무역이 활발해지기 훨씬 전부터 육로를 이용한 아랍 상인들을 통해서 중국 자기들을 접했고, 정교한 형태와 신비스러운 유백색에 매료되었다. 자기는 도기[60]보다 얇고 섬세하면서도 단단하고 열에 강했으며 더 가벼웠다. 그리고 유리로 만든 것도 아닌데 반투명하기까지 했다. 자기란 무엇일까? 어떻게 이것을 만들지? 아마도 약삭빠른 중국 상인이 그들의 비밀을 보호하려는 의도에서 퍼뜨렸을 법한 이야기가 퍼져나갔다. '오, 이것은 매우 길고 복잡한 공정을 거친 것입니다.' 그들은 중국에 최초로 상륙한 포르투갈의 상인들에게 이렇게 말했다. 그리고 1500년대 초 여행자중 하나인 두아르테 바르보사가 이런 이야기를 전한다. "그들은 이 나라(중국)에서 각양각색의 자기들을 이런 방법으로 대량으로 생산한다. 바다 달팽이의 껍데기와 달걀껍질을 모아서 가루로 갈아서 다른 재료와 섞어 반죽을 만들어 80년에서 100년 정도 땅에 묻어서 정제시킨다. 그리고 그 반죽을 자

60 당시 유럽에서는 도기陶器는 만들어졌지만자기磁器는 생산되지 못했다. 자기는 굽는 가마의 화로가 1300도 이상의 고온이어야 가능하다.

왕야정산수호汪野亭山水壺, 중국, 청대, 대만 국립역사박물관

식들에게 재산으로 물려주게 된다. 그들은 항상 선조에게서 물려받은 반죽 일부를 갖고 있으며, 그것이 묻혀 있는 장소를 기억하고 있다."[61] 역사는 실제로 앉아서 엄청난 양의 달걀껍질을 부수고 그것들을 조개껍질과 섞은 사람에 대해서는 기록하지 않았다. 하지만 이 이야기는 유럽 전역에 퍼졌고 많은 사람들이 실제로 그렇게 믿었다.

자기를 생산하는 일과 달걀 껍질이나 달팽이 껍질은 전혀 관련이 없다. 중국인들은 유럽인들이 자기에 호기심을 갖기 이전부터 오랫

61 라무시오, <항해와 여행>, 320.

동안 고급자기를 생산했다.[62] 17세기 중반에는 네덜란드의 도공들이 중국 디자인의 청화 자기를 흉내 내서 델프트웨어라는 것을 생산했다. 델프트는 생산 공장이 있었던 마을 이름이었다. 하지만 이것은 도기이지 자기가 아니었다. 아름답지만 반투명하지도 얇지도 단단하지도 않았고 완전한 순백색도 아니었다. 살짝 튕기면 자기의 특징인 맑게 울리는 소리 대신 둔탁한 소리를 내었다. 유사한 것으로 프랑스와 이탈리아에서 만들어진 파이앙스와 마욜리카 같은 것도 있었다. 이것 역시 아름답지만 진짜는 아니었다. 자기의 반투명함이 주재료가 유리이기 때문일 것이라고 생각한 사람들은 이를 구현하기 위해 점토에 유리질의 재료를 넣기도 했다. 이렇게 해서 중국 자기와 비교적 가까운 부드러운 점토를 사용한 연자기의 일종이 완성되었지만, 아직 완전히 똑같지는 않았다. 비밀은 어디에 있는 것일까?

물론 비밀은 여러 가지였다. 비밀의 첫 번째는 고령토高嶺土였다. 영어로 카올린Kaolin이라고 하는 고령토는 중국 남동부의 고릉高陵, Kaoling 산맥 근처에서 발견된 것으로, 매장지 이름을 딴 것이다. 고령토는 중국 점토China Clay라고 불렸다. 불순물이 극히 적고 가소성이 높은 흰색의 점토를 도토陶土라고도 했는데, 불에 구워도 흰빛을 유지하는 것이 특징이다. 두 번째 비밀은 백돈자白墩子라는 광물로 높은 온도에서 녹으면 유리질화되는 특징을 갖고 있다. 세 번째는 굽는 온도이다. 자기는 도기(약 섭씨 1000도)를 굽는 온도에 비해서 훨씬 더 높은

62 세계에서 가장 유명한 도자기 생산지 중 하나인 경덕진

온도(섭씨 1200~1400도 사이)로 굽는다. 그리고 물론 최고의 비법은 경험이었다. 중국의 도공들은 수천 년 동안 전 세계의 고객, 그리고 완벽하지 않으면 만족하지 않는 황제의 요구에 맞추기 위해 기술을 연마했다.

마침내 1708년 유럽에서 자기의 신비를 풀어낸 사람이 나왔다. 그는 에렌프리트 발터 폰 취른하우스였다. 그의 이름은 운명적으로 마치 그가 이런 일을 위해 태어난 듯 들리기까지 한다. 그는 독일의 수학자이자 물리학자이며 철학자였고 스피노자, 뉴턴, 라이프니츠와 친구였으며, 파리의 왕립과학아카데미에 받아들여진 첫 번째 독일인이었다. 취른하우스는 다년간 자기 제조에 대한 관심을 가지고 유럽 전역을 여행하면서 자기 제조법을 연구했고 다른 사람들의 실패에서 교훈을 얻었다. 드레스덴의 집으로 돌아온 취른하우스는 작센의 선제후이면서 폴란드 왕을 겸한 아우구스트를 설득해서 자기 연구에 필요한 자금을 지원받았다. 그곳에서 그는 수많은 재료와 가마 온도를 실험했다. 아우구스트 공은 중국 자기의 탐욕스런 수집가였으며 유럽에서 최초로 자기를 생산하게 되면 얻을 수 있는 잠재적인 경제적 이득을 알고 있었던 것이 분명하다.

취른하우스의 오랜 연구는 행운과 우연이 겹치면서 마침내 성공적인 결과를 맺게 되었다. 결정적인 것은 자기 생산에 가장 필수적인 요소라고 할 수 있는 하얀 점토, 즉 고령토가 드레스덴 근처 콜디츠에서 발견된 것이었다. 드디어 순수하게 유럽의 흙으로 만든 첫 번째 자기가 탄생한 것이다. 하지만 취른하우스는 비밀을 풀자마자 이질에 걸려 그만 죽어버렸다. 그 결과 일반 대중에게는 취른하우스가 아니라 그의 조수인 요한 프리드리 뵈트거가 발견자로 명성을 얻게 되었다. 그는 자칭 연금술사로 납을 금으로 변화시키는 것이 가능하다고 큰소리치다 감옥에 간 적도 있는 인물이었으며, 스승의 죽음 이후에 짧은 시간 동안 스스로 자기를 발명해 낸 것처럼 주장을 펼친 수상쩍은 사람이었다. 그럼에도 불구하고 그는 유럽에서 최초이자 가장 유명한 자기 공장인 마이센 자기 공장의 공장장으로 임명되었다. 이것이 그의 이름과 유럽 자기의 탄생이 연결된 이유이다.

이 비법은 한동안 마이센에 머물러 있었지만 영원히 지켜지지는 못했다. 1719년 자기 비법의 일부가 비엔나로 새어나갔다. 부가적인 정보는 예수회 수사인 페레 프랑수아 하비에르 뎅트레콜르에 의해 제공되었다. 그는 오랫동안 중국에서 선교사로 일했는데 산업스파이로 활약했던 사람이기도 했다. 뎅트레콜르는 영혼을 구제하는 일을 내세우며 중국으로 들어갔지만, 한편 세계의 자기 수도인 경덕진에서 자기의 원료와 생산과정에 대한 자세한 비법들을 모아서 두 개의 긴 보고서를 파리로 보냈다. 이런 정보들은 유럽의 초기 자기 산업에 있어서 대단히 소중한 것이었다. 고령토 퇴적층이 유럽의 다른 지역에서도 발견되었고 세브르와 리모주, 비엔나와 베를린, 나폴리 근처 카포디몬테, 상트페테르부르크와 독일 다른 지역에도 자기 공장이 생겨났다.

프랑스 백자 찻잔, 1901년, 대만 고궁박물관.

영국은 본차이나라고 불리는 독특한 형태의 자기를 발전시켰다. 이러한 이름은 자기가 뼈처럼 단단하다는 의미가 아니라, 실제로 동물 뼛가루를 50퍼센트 정도 함유하기 때문에 나온 것이다. 19세기 말에는 유럽에서 자기 생산이 매우 일반적인 산업이 되었다. 중국 원산지의 자기를 모델로 해서 유럽인들의 취향에 맞춘 독자적인 양식이 전개되었다. 찻주전자는 처음에는 개인을 위한 작은 크기의 자사호紫沙壺 찻주전자를 모방하여 만들어졌다. 자사호는 유럽에 처음 차가 수입될 때 함께 온 것이었다. 그러다 모양을 변형시켜 좀 더 크고 배가 부풀은 모양으로 만들어졌다. 수입된 뚜껑이 달린 중국 술병은 찻주전자 디자인에 영향을 주었다. 찻주전자의 주둥이가 몸통과 연결되는 부분에 차를 거르기 위한 구멍 같은 것들을 만들기도 했다.

다완은 뜨거운 홍차를 넣고 들어 올릴 때 빼놓을 수 없는 손잡이가 달린 오늘날의 찻잔 형태로 진화했다. 오늘날에도 아시아 국가들은 여전히 손잡이가 없는 찻잔으로 차를 마시는데 온도가 홍차보다 낮은 녹차를 주로 마시기 때문이다. 중국에서도 접시가 있었지만 일반적이지는 않았다. 접시는 유럽의 티세트에서 없어서는 안 될 품목이 되었다. 이것이 유행에 뒤처지고 우아하지 못한 것으로 인식되기 전에는, 차를 접시에 부어서 식힌 뒤에 마시는 것이 매우 일반적이었다. 여기에서 '차 접시'라는 표현이 나오기도 했다. 중국인은 뜨거운 차를 쥐기 위해 손잡이를 고안하고, 차를 식히기 위해 접시를 사용하는 것에 대해서 이상하게 생각했을 것이다. 논리적이건 아니건, 유럽인들과 특히 영국인들은 차와 자기 사용 문제에서 그들 자신의 기호, 취미, 미의식을 가지게 되었다는 것은 분명하다.

한편으로는 유럽 자기의 발전이 곤란한 측면도 있었다. 유럽 자기 산업이 성장하고 세련됨에 따라 영국 동인도회사는 한때 모두가 갈망하였지만 이제는 팔리지 않는, 중국 수입 자기로 가득 찬 그들의 창고를 보아야 했다. 1791년 회사는 비밀리에 수입을 그만두었고 그들은 수년간 쌓인 재고를 신규수입품으로 가장하여 팔았다. 중국에 있어서 이것은 유럽과의 두 세기 동안의 자기 무역에 급브레이크가 걸리면서 멈추게 되었다는 것을 의미했다. 중국의 자기 제조업자들은 그들의 과잉 잉여품의 판매처를 어딘가에서 찾아야 했다. 수천 명의 도공, 점토채굴 광부, 짐꾼, 선적일꾼들은 생계를 위한 대안을 찾기 위해 길을 떠나야 했다. 하지만 자기의 비밀은 풀렸으며, 젊은 유럽은 중국 제국의 오래된 비밀을 또 하나 손에 넣은 것이었다.

버드나무와 연인

높이 나는 두 마리 새,

항해 중인 배,

세 명의 남자가 있는 다리,

바로 위쪽에는 수양버들이 흔들리고 있었으며,

그곳에 중국 절이 서 있다.

모든 땅을 들어 올리는 듯 보이며,

열매가 열린 오렌지나무,

예쁜 울타리는 내 노래의 끝까지 닿아 있네.

- 버드나무 문양을 묘사한 영국의 동시, 19세기

도자기 문양의 세계에서 버드나무 문양[63]은 특별 취급을 받는다. 청화백자의 여왕으로 숭배 받고 있으며, 이러한 문양은 러브 스토리와 연결된다. 버드나무 문양에는 항상 최고의 러브 스토리가 그러하

63 보통 Blue Willow라고 부른다.

듯 비극적이고 아름다운 이야기가 숨어 있다고 믿는다.

옛날 부유한 중국 관리에게 공희라고 하는 어여쁜 딸이 있었다. 공희는 아버지와 강 옆의 2층짜리 탑에서 살고 있었다. 집을 둘러싼 정원에는 공희를 위해 지어진 작은 다실이 있었다. 다실 근처에 심겨져 있는 오렌지나무에서는 항상 그윽한 향이 풍겼고 출입구로 이어지는 인도교는 우아한 버드나무로 둘러싸여 있었다. 공희의 아버지는 대부호였고 수많은 하인이 있었다. 그 하인 중에 장이라고 하는 청지기가 있었다. 장은 집안의 모든 일에 관여할 정도로 유능한 인재였으며, 매우 낭만적인 심성을 갖고 있었고 시문에도 능했다.

하루는 공희와 장이 이른 아침 우연히 마주치게 되었다. 그들은 눈이 마주치는 순간 서로에게 강렬하게 이끌렸다. 하지만 공희는 하녀들이 모시는 주인의 딸이었고 장은 주인을 섬겨야 하는 하인이었다. 흔히 사랑에 빠진 연인들에게 그러하듯, 장소나 신분은 하찮은 장애물에 불과했다. 결국 그들의 간절한 시선은 점점 더 깊고 강렬한 사랑으로 발전하게 되었다.

공희와 장은 새를 좋아했다. 두 마리의 새가 그들의 사랑을 전하는 메신저가 되어 두 연인에게 편지와 시를 배달해 주었다. 하지만 이 밀회는 안타깝게 길지 못했다. 딸과 신분이 낮은 청지기 사이의 바보 같은 연애를 알게 된 아버지는 분노하며 장을 감금해버렸고 딸 역시 정원의 작은 다실에서 나가는 걸 금지시켜 버렸다. 그는 자신의 땅에 울타리를 쳐서 장을 가둬 두고, 딸을 부유하지만 난폭하고 늙은 귀족인

공희와 장의 러브스토리가 들어있는 청화백자 접시.

타진과 약혼시켰다.

금지된 사랑이 그러하듯 젊은 연인들의 사랑은 점점 더 불타올랐다. 장은 밤새 아름다운 시를 써서 아침이 되면 코코넛 껍질 안에 넣어서 연인의 손에 가게끔 흘려보냈다. 공희는 강변 옆의 정원에서 기다리다 그것을 건져 올려 소중한 글을 오렌지나무 아래에서 읽곤 했다. 새들만이 눈물 짓는 그녀 옆을 지켜주었다. 하지만 운명의 날은 다가오고 있었다. 마침내 공희가 늙은 귀족과 결혼해야 하는 그날이 왔다. 무엇을 해야 할까? 공희는 연인에게 메시지를 보냈다. "당신의 꽃을 누군가 훔쳐가기 전에 그 꽃을 따세요." 장은 메시지에 응답했다. 그날 밤 버드나무 아래에서 만난 연인들은 영원한 사랑을 약속했다. 침묵 속에서 그들은 키스하며 서로의 볼을 어루만지고 속삭이고 울고 웃었다.

다음날 결혼식 연회에서 모든 사람이 건배하고 취하도록 술을 마셨다. 공희를 제외하고. 그녀는 긴장 속에서 도망칠 준비를 했던 것이다. 쓰고 있는 베일 아래에 보석 상자를 감추어두었다. 장이 하인으로 위장해서 연회장으로 들어왔다. 그러고는 공희를 건물 밖으로 안내하여 다리를 향해 조용히 걸어갔다. 그들이 거의 다리를 건넜을 때 공희의 아버지는 무슨 일이 일어났는지 알아채고 뒤를 쫓았다. 하지만 장이 준비한 배는 이들을 태우고 하인들이 몰려오기 전에 무사히 출발할 수 있었다.

강물이 그들을 먼 섬으로 떠내려 보냈고, 그들은 그곳에 집을 짓고 새로운 삶을 시작했다. 공희는 보석을 팔고 밭일을 했다. 장은 계속 글을 썼고 곧 그는 시로 명성을 얻게 되었다. 하지만 명성이 연인들의 파멸을 불러오게 되었다. 장의 이름이 먼 곳까지 퍼져나가자 타진의 귀에까지 들어갔던 것이다. 공희의 아버지는 이미 죽었지만 대신 분노한 늙은 귀족은 연인들의 은신처를 찾아 부하들을 섬으로 보냈다. 결국 장은 살해당하고 비탄에 빠진 공희는 집에 불을 질러 스스로 불에 타 죽었다.

모든 것을 지켜본 신들은 서로를 향한 연인들의 헌신적인 사랑에 감동했다. 그래서 그들의 영혼을 영원히 사는 비둘기로 만들어주었다. 연인들의 메신저가 되어 주었던 바로 그 새였다. 창가에 앉아 있으면, 기쁨으로 춤을 추며 입을 맞추는 비둘기들을 볼 수도 있다. 그들은 사랑이 증오와 죽음보다 더 강하다는 것을 현대인에게 상기시키고 있다.

진짜인지는 알 수 없는 이야기지만 청화로 그린 버드나무 문양은 서양에서 자기에 사용되는 가장 인기 있는 문양이다. 일반적으로 문양에는 이야기의 중요한 요소인 버드나무, 오렌지나무, 2층 탑, 작은 건물(다실), 다리를 달리며 건너는 세 명의 인물(연인들과 아버지), 조각배, 섬 그리고 두 마리의 새가 그려져 있다.

이 문양을 창조한 사람이 누구인지에 대해서는 여러 설이 분분하다. 민튼에서는 1780년경 토마스 민튼 & 선즈Thomas Minton & Sons를 설립한 토마스 민튼이 장본인이라고 주장한다. 그가 영국 슈롭셔의 젊은 도제일 때 창조했다는 것이다. 그가 이미 존재하던 중국 디자인에서 영감을 받았다고 말하는 사람도 있다. 어떤 사람들은 민튼이 만든 문양을 후에 중국이 흉내 낸 것이라고 주장하기도 한다. 영국의 스톡 온 트렌트에 자리 잡은 또 다른 유명한 자기 회사인 로버트 코플랜드 오브 스포드는 버드나무 문양을 가진 영국 자기를 처음 생산하기 시작한 게 조슈아 스포드라고 믿는다. 원래 깨진 중국 자기 조각을 수리해 달라는 고객의 주문 때문에 시작했다는 주장이다.

누가 시작했든, 버드나무 문양 자기는 지난 200년 동안 세계적으로 큰 인기를 끌었다. 많은 나라의 도공과 자기 제조업자들은 이러한 문양을 다양하게 재생산했다. 그것에 대해서 쓴 책도 여러 권 있다. 그리고 열광적인 수집가들이 세계적으로 협회를 만들어서 매해 컨벤션에 참가하고 뉴스레터를 구독하고, 수집품을 교환하고 각각의 변형된 세부사항들에 대해 토론한다. 실용주의자들은 연인의 전설이 아무것도 아니며 판촉을 위한 마케팅 도구였을 뿐이라고 믿는다. 푸른색 안료의 근소한 차이 또는 문양의 나무에 열려 있는 오렌지의 개수를 세는 것에서 가치를 결정하기도 한다. 어떤 사람들은 아주 오래전에 만들어진 버드나무 문양 자기 세트를 찾는 끝없는 모험을 하기도 한다. 아마도 공희와 장이 이것을 본다면 아무 말 없이 조용히 웃고 있을 것이다.

물고기를 위한 차 한 잔[64]

그들은 올해 차에 관련하여 큰 소동을 벌였습니다. 아마 이 소동에 대해 들어보셨을 겁니다. 세금과 그 밖의 불만 때문이었죠. 지방정부가 옳았다고 생각하지는 않으며 저를 때려눕히셔도 됩니다. 내가 보기엔 그렇습니다. 어쨌든 저는 그들이 영국에 대항하는 걸 보고 싶습니다. 이제 차를 금지하려는 것은 찬성입니다만, 내가 말하는 것은 일반적으로 그렇다는 것이고, 아주 약간의 차는 아무에게도 절대 해를 끼치지 않습니다. 특히 올해처럼 추운 아침에는 말이지요.

- 제임스 보이드, <드럼스>, 1925년

대서양 반대쪽에서는 차가 운 좋게 성공적인 스타트를 끊었지만 조금 다른 방향으로 전개되었다. 런던 주민들이 차라는 단어를 들어도 특별한 이미지를 떠올리지 못할 때, 뉴요커들은 이미 우아한 티테이블에서 정중하게 날씨와 최근 사교계 정보를 나누면서 차를 마시고 있었다. 어떻게 이럴 수 있었을까? 엄밀히 말하자면, 그들은 당시에

64 미국 초기의 차에 대한 자료는 로스의 글 <18세기 미국에서의 찍다>가 매우 유용하다.

뉴요커가 아니라 뉴암스테르담 사람이라고 불렸다. 네덜란드에서 건너온 뉴요커들은 영국이 차를 알기 훨씬 전에 차의 즐거움을 배웠고 차를 처음으로 신세계에 소개했던 것이다. 델프트웨어 다기와 풍차 장식을 신대륙으로 가지고 온 그들은 헤이그의 사치스러운 티파티를 충실하게 재현했다. 아마도 이것은 식민지로 이주한 사람들이 고향에 대한 향수 때문이었을 것이다. 고향에 있는 것을 똑같이 재현하거나 오히려 그때보다 사치스럽게 티파티를 즐김으로 해서 향수를 달랠 수 있었을 것이다. 게다가 미각의 즐거움도 누릴 수 있으니까. 작가 워싱턴 어빙은 〈슬리피 할로의 전설〉에서 네덜란드인의 티테이블을 감미로운 문체로 묘사하고 있다.

반 타셀의 저택에 들어가면서, 우리의 주인공 눈을 사로잡은 매혹적인 세계에 대해 이야기하려 한다. 붉은색과 흰색으로 화려하게 차려입은 풍만하고 상냥한 젊은 아가씨들에 대한 것이 아니라, 풍성한 가을에 걸맞게 차려진 네덜란드 풍의 시골 티테이블의 모습에 대해서 묘사해 보련다. 식탁 위에는 솜씨 좋은 네덜란드 아낙네들만이 만들 수 있는 이루 다 말할 수 없을 만큼 다양한 케이크들로 가득했다. 커다란 도넛과, 부드러운 올리 코엑과 바삭하게 구워진 꽈배기 도넛과, 달디 단 케이크와 생크림과 과일을 넣은 케이크와 생강 케이크와 꿀 케이크 등 온갖 종류의 케이크가 다 있었다. 그리고 사과 파이와 복숭아 파이, 호박 파이가 있었고, 옆에 얇게 썬 햄과 훈제 소고기가 놓여 있었으며, 우유와 크림이 가득한 그릇이 있었는데, 너무 많은 종류가 섞여 있어서 세어보는 것도 쉬운 일이 아니다. 그리고 가운데 놓여 있는 찻주전자에서 나오는 수증기가 그 모든 것들을 신의 축복처럼 부드럽게 감싸고 있었다. 이 진수성찬에 대해서 더 길게 얘기하고 싶지만 그럴 시간이 없다. 다행히도 이카보드 크레인(이 이야기의 주인공)은 그의 이야기를 쓰는 사람만큼 서두르고 있지는 않으며, 이 모든 진미들을 충분히 즐겼다.[65]

1674년 뉴암스테르담이 뉴욕이 되었을 때, 영국인들은 그들을 기다리고 있던 티테이블을 발견했고 거기에 자신들의 찻주전자를 보태는 것만으로도 충분히 행복해했다. 동기가 된 것이 음료 그 자체건, 첨부된 케이크 또는 고향을 그리는 마음이었든, 차가 미국 사교생활에 빠트릴 수 없는 존재가 되는 데는 오랜 시간이 필요하지 않았다. 차는 환영의 표현이었으며, 티타임에는 구애나 소문을 교환하거나 카드게임을 즐기기도 했다. 최신 유행의 다구 세트를 과시하는 자리가 된 것은 말할 것도 없다. 영국에서처럼 끊임없이 티파티에 초대되지 않는다면 사교계에 들어갔다고 볼 수 없었다. 세귀르 백작 루이 필립은 미국을 여행하는 동안 프랑스에 있는 부인에게 이런 편지를 썼다.

"내 건강은 계속 최고요. 숙녀들에 대한 예의로 대량의 차를 마셔야 함에도 말이오."[66]

65 어빙, <슬리피 할로우의 전설>, 68~9.
66 세구르 백작 루이 필립 <회고, 기념품과 일화>, 1843년. 로스 <18세기 미국에서의 끽다>에서 언급

런던과 마찬가지로 하루 중 어느 시간에도 차를 마실 수 있고 사교가 가능한 뉴욕시 외곽에 영국식 플레저 가든이 공공시설로서 개설되었다. 때때로 그것은 런던에 있는 것과 같은 이름을 갖고 있었다. 뉴욕에는 복스홀 가든이 하나가 아니라 세 개나 있었다. 그중 가장 인기 있는 가든은 지금의 라파예트와 아스토르 플레이스 사이에 있었다. 라넬라 가든은 두앤가와 월스가 사이의 브로드웨이에 있었다. 니블로스 가든은 브로드웨이와 프린스가에 지어졌다. 뉴욕의 이주자들은 차에 대해 까다로웠으므로 차를 끓이기 좋은 물을 얻기 위해 우물에 특별한 펌프를 설치하기까지 했는데, 이것은 목적에 맞게 티 워터 펌프라고 불렸다. 그것은 파크로우와 이스트 브로드웨이 근처 채텀 광장에 있었다. 이 펌프에서는 하루에 14,300갤론의 물을 퍼내어 각 가정에 1갤론에 1페니를 받고 배달되었다. 〈차에 대한 모든 것〉에서 유커스는 물 행상이 뉴욕 거리를 가득 메웠고 '찻물! 찻물!'이라는 외침이 점점 더 커지자 시는 물장수를 규제하는 조례를 만들어야 했다고 쓰고 있다.

차를 향한 열광은 뉴욕에 한정된 것이 아니었다. 보스턴에서 필라델피아, 찰스턴에 이르기까지 식품점들은 활발하게 차를 판매했다. 차는 도시뿐만 아니라 식민지 전역에서 맨해튼 중심지에서와 마찬가지로 열렬한 사랑을 받았다. 한마디로 미국인은 열광적인 차 애호가들이었고, 바다 건너 그들의 친척들보다 더한 것처럼 보인다.

이 생기 넘치는 차의 현장을 유명한 1773년의 차조례茶條例 Tea Act

가 급습했다. 이것은 영국제국이 두 번 다시 돌이킬 수 없는 세계적인 권력이동의 시작에 방아쇠를 당기게 된 계기였다.[67] 이주자들은 이미 그들을 압박하고 있던 다른 법들, 즉 설탕법, 인지세법, 타운센드세법 같은 것 등에 대해 분개하고 있었다. 이런 법들은 설탕, 종이, 페인트, 기름, 유리, 납에 과세하는 것이었다. 물론 차에도 과세했는데 1파운드에 3페니였다. 세금뿐만 아니라 갖가지 제한과 의무에 관련된 부가적인 법률이 이들의 반항심에 불을 붙였다. 통화조례[68]는 식민지가 독자적인 통화 발행을 하는 것을 금지시켰고 숙영법[69]으로 영국 군대에게 병영과 보급품을 제공할 것을 요구했다.

식민지에 광범위하게 퍼진 반항심은 영국 제품에 대한 전면적인 보이콧으로 이어졌다. 소비 물자가 정치적인 목적으로 바뀌어서 차는 저항의 상징으로써 특별한 위치를 차지했다. '영국 차가 아니면 뭐든지'가 모토였다. 차 대용품이 시장에 나타나기 시작했다. 인기 있는 대용품이었던 래브라도 티[70]는 토착 관목의 잎으로 만든 것이었고, 하이페리온 차는 라즈베리의 잎으로 만든 것이었다. 그리고 자유 차 Liberty Tea는 재치 있는 식민지의 부인들이 만들어낸 것으로 딸기 잎, 세이지, 사사프라스 나무[71] 껍질, 열매류와 여러 가지 허브를 섞어 만든 것이었다. 하지만 진짜 차도 있었는데 네덜란드인이 밀수한 차였

67 그레이트 브리튼은 1707년 3월 26일 연합법으로 잉글랜드와 스코틀랜드가 통합되면서 나온 것으로 유나이티드 킹덤 오브 그레이트 브리튼이 정식명칭이다.
68 영국의회에 의해 1764년 제정된 법으로 식민지에서 자신들의 통화를 만드는 것을 금지하고 세금을 지폐 대신 은화 혹은 금으로 내도록 한 법이다.
69 1765년 영국 의회에 의해 제정된 조례로 영국군의 식민지 주둔 비용을 줄이기 위해 만들어졌다. 이 법으로 인해 식민지인들은 영국 부대를 위해 병영과 보급품을 제공할 의무를 지게 되었다.
70 진달래과(Ericaceae)에 속하는 키가 작은 다년생 상록관목으로 한국에서는 백산차를 만드는 재료이기도 하다.
71 녹나뭇과 식물로 북미 원산. 또는 나무의 뿌리 껍질. 강장제나 향료로 쓰인다.

다. 이것은 공식적인 영국 차 가격의 절반이었다. 네덜란드 상인과 그들의 미국인 비즈니스 파트너들은 이 거래로 큰 이익을 남겼다. 식민지에서 소비되는 모든 차의 반 이상이 밀수된 것이었다. 그리고 2500만 명의 이주민이 연간 소비하는 양은 그보다 세 배의 인구를 가진 영국과 웨일스의 차 소비량에 필적했다.[72] 차는 신세계에서 큰 사업대상이 된 것이다.

대서양의 반대편에 있는 왕, 주교, 동인도회사 관리들은 밀수업자의 배를 관찰하고 대경실색했다. 밀수업자의 배는 로테르담에서 뉴욕까지 소중한 뱃짐을 싣고 끊임없이 행복한 항해를 했던 것이다. 이것은 영국의 국고에 있어서는 막대한 세수의 손실을, 동인도회사에게도 막대한 수입의 손실을 의미했다. 1700만 파운드의 팔리지 않는 차가 동인도회사 런던 창고에 보관되어 있었다. 이것은 밀수업자의 과열 경쟁뿐만 아니라 동인도회사의 경영 미숙에도 원인이 있었다. 게다가 정부는 시장의 요구와 무관하게 회사가 매년 규정된 양의 차를 수입할 것을 요구했다. 영국 정부는 차에 매긴 세금에 과도하게 의지했으며, 중국으로부터 수송문제가 생겼을 때를 대비해 충분한 재고를 확보하고 싶어 했기 때문이었다. 그리고 영국 시민들이 차를 끊을 리가 없다고 생각했기 때문이다. 영국에서 차 마시기를 중단하는 일이 발생했다는 얘기는 없지 않은가!

사태는 행동을 필요로 했다. 영국은 1763년 7년 전쟁에서 승리를

72 로슨, <제국을 위한 맛과 영광 A Taste for Empire and glory>, 9.

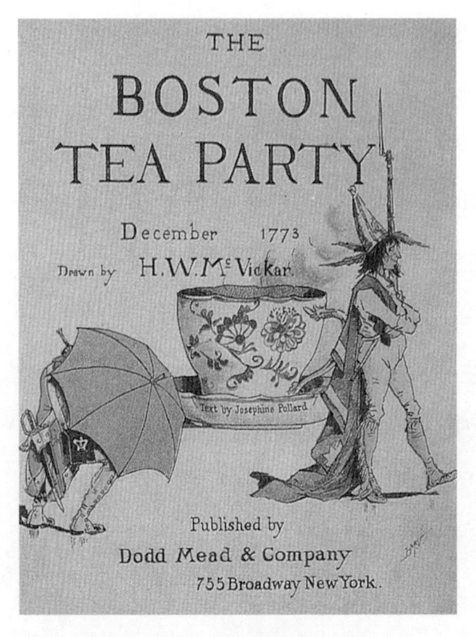

올리버 웬델 홈스(1809-1894), 보스턴 티파티

거두면서 프랑스로부터 캐나다와 미시시피 동부 지역을 획득했다. 하지만 전쟁의 후유증은 정부에게 현금부족과 막대한 부채를 남겼다. 또한 무역 측면에서는 동인도회사가 파산에 이를 지경이었다. 영국 정책 입안자들은 두 가지 문제를 한 번에 해결하는 방안을 생각했다. 즉 동인도회사가 미국 식민지에 초과분의 차를 수출하여 밀수꾼의 차보다 더 낮게 팔도록 허가하고 동시에 거기에 세금을 매기자는 것이었다.

이 차조례는 문제를 해결하기는커녕 두 가지 새로운 문제를 발생시켰다. 이미 불만에 차 있던 식민지 주민들은 '대표 없이 세금도 없다'는 잘 알려진 주장으로 나아갔다. 그리고 그것은 차 사업을 혼란 속에 빠뜨렸다. 이 법률은 밀수한 차를 소비하는 사람들의 기쁨을 빼앗았을 뿐만 아니라 미국 사업가들이 밀수한 네덜란드 차에서 얻고 있던 이득마저 빼앗은 셈이었다. 모든 것이 식민지 주민들에게 불합리했다. 주민들은 무역 독점을 강화하기 위한 목적으로 파견된 동인도회사의 대리인들로부터 공식적인 차를 사야 했고 거기에 더해 세금까지 내야 했다. 무역 독점을 강화하기 위한 목적 이외에 다른 어떤 목적도 없는 것에 말이다. 이 과정에서 대서양을 사이에 둔 양쪽의 소매상과 중간상인은 하룻밤 사이에 일자리를 잃게 되었다. 영국의 소매상들은 오랫동안 동인도회사의 독점에 시달렸기 때문에 이 문제에 대해서는 식민지 측에 섰다. 이 모든 문제들은 혐오스러운 동인도회사가 스스로 만들어낸 재정적인 수렁으로부터 탈출하기 위한 것에서 비롯되었다.

차조례는 물이 넘치려는 컵에 다시 물을 붓는 최후의 한 방울이었다. 미국인은 삼척동자라도 1773년 12월 16일에 보스턴 항에 정박되어 있던 다트머스, 엘리노어, 비버 호에서 일어난 일에 대해 알고 있다. 342개의 차 상자가 배에서 바닷속으로 던져졌고, 약 12만 파운드의 찻잎이 바다에 떠다녔다. 그날 참가했던 조지 휴스는 다음과 같이 그때 일을 기록했다.

"우리는 차를 보관하고 있는 배 세 척에 동시에 올라가기 위해 세 개의 집단으로 나뉘어졌다. 우리의 지휘관은 배로 올라가 차 상자를 모두 끄집어내 바다에 던져버리라고 명령했다. 명령에 따라 즉시 일을 신속하게 해치웠다. 토마호크로 상자를 부셔서 차가 완전히 물에 젖게 만들었다. 우리가 배에 오른 지 약 3시간 만에 배 위의 모든 차 상자는 부수어지고 바닷속에 던져졌다. 다른

1774년의 에든턴 차 사건의 풍자화. 동인도회사의 차를 사용하지 않을 것과 더 나아가 "차 마시는 유해한 습관을 하지 않을 것"을 서명하고 있는 에든턴의 51명의 숙녀들.
애국부인회, 노스캐롤라이나 에든턴, 영국, 1775년, 영국 만화 컬렉션, 국회도서관, 워싱턴DC

배에서도 동시에 같은 방식으로 차가 처분되었다. 우리는 영국의 군함에 둘러 싸여 있었지만 아무도 우리를 저지하려고 시도하지 않았다."

휴스가 집에 가서 부인에게 무슨 일이 일어났는지 말하자 부인이 물었다. "저기 조지, 집에 좀 챙겨오지 그랬어요?" 하지만 애국자 조지는 차를 일체 집으로 가져 오지 않았고, 주머니에 차 약간을 집어넣다 잡힌 시민이 걷어차이고 두드려 맞은 이야기를 자세히 들려주었다. 어떤 노인만이 나이를 고려해서 "가벼운 발차기만 당하고 방면되었다." 물론 주머니를 비운 후에.

그 후 수개월간 소위 보스턴 차 사건을 본뜬 소규모의 차 사건이 다른 도시들에서도 일어났다. 뉴저지의 그린위치에서는 항의자들이 마을 광장 한가운데서 차를 불태웠다. 필라델피아에서는 시민들이 항구로 배를 인도하려던 도선사들을 습격하고 선장을 설득해서 런던으로 배를 돌려보냈다. 사우스캐롤라이나의 찰스턴에서는 대중의 분노를 염려한 선주들이 배를 구하기 위해서 직접 차 상자를 파괴하고 수장시켜버렸다. 메릴랜드의 체스터타운 시민들도 보스턴의 예를 따라서 차를 수장시켜버렸다. 뉴욕 시민들도 배 바닥에 차가 없다고 우기던 선장의 말이 거짓이라는 걸 알게 되자 똑같은 일을 했다. 그리고 애너폴리스에서는 흥분한 군중이 배와 차를 동시에 파괴하려고 쌍돛대 범선 페기 스튜워드 호의 주인을 협박하여 배에 불을 붙이게 했다.

열광적인 차 애호가였던 미국인은 불과 몇 년 사이에 차를 끊어버

보스턴 차 사건. 인디언으로 변장한 시민들이 300상자의 차를 대서양으로 던져버린 이 사건은 미국독립전쟁의 계기가 되었다.

렸다. 대신 "물고기들에게 세상에서 가장 큰 잔으로 차를 만들어준 것을 생각해 보면 정말 즐겁다"라고 열여섯 살의 대장장이였던 조슈아 와이어스가 보스턴 차 사건에 참여했던 때를 회상하며 말했다. 이제 동인도회사의 관리들은 다른 곳에서 사업을 위한 기회를 찾아야 했고, 그들은 실제로 그렇게 했다. 그들은 동양의 중국과 인도에 관심을 기울였다. 이 두 나라는 대내적으로 불안정한 요소를 안고 있었으며, 동인도회사처럼 강력한 존재의 힘과 모략에 대항할 준비가 되어 있지 않았다. 그들은 차를 대신할 사업으로 한 나라를 마약 생산자로, 다른 나라는 마약 소비자로 만들었고 양쪽에서 막대한 수익을 끌어내게 된 것이다.

아편 중개인[73]

나른한 여름 게으른 구름이

나의 눈을 흐릿하게 하고, 나의 맥박을 점점 더 느리게 만든다.

고통은 둔감하고 환희의 화관에는 꽃이 없었다.

오, 너는 왜 녹아서

허무 이외의 아무것도 내 감각에 남아있게 하지 않는 것인가?

- 존 키츠, <나태에 대한 송시> 1819

18세기가 끝나갈 무렵, 영국은 세계 최대의 해상 세력과 식민 제국을 이루고 있었다. 그 원동력의 하나는 동인도회사가 아시아에서 이룬 거대한 성공 덕분이었고, 그중에서도 차 무역은 핵심적인 요소였다. 하지만 차 무역은 제국의 건설을 도운 한편 예기치 못하게 제국을 약화시키는 결과를 초래하기도 했다. 대표적인 예가 아메리카 식민지의 상실이다. 그리고 차는 중국 무역에서 발생한 새로운 문제의

73 UCLA에서 인도사를 가르치는 사학자 산자이 수브라마니암이 큰 도움을 주었다. 아편연구에서 올바른 방향을 제시해 주고 다른 역사학적인 지식을 제공했다.

근본적인 원인이기도 했다.

좋은 소식은, 동인도회사의 효율적인 상업 활동 덕분에 영국에서 차의 소비가 전대미문의 수준으로 증가했다는 사실이었다. 1730년에서 1790년 사이에 차 수입량은 연간 100만 파운드(약 450톤)에서 거의 2천만 파운드(약 9,000톤)로 늘어났다. 이러한 사업의 확장은 막대한 세수의 원천이 되었기 때문에 회사뿐 아니라 정부에도 이득이 되었다. 한편 나쁜 소식은 중국은 여전히 시장의 주도권을 쥐고 있으면서 차와 다른 상품들을 교환하고자 하는 회사의 요청에 관심을 보이지 않았다. 중국의 상인들은 오직 현찰, 그것도 가급적 은괴의 형태로만 결재하기를 원했다. 스페인이 신대륙에서, 특히 페루와 멕시코에서 은을 발견한 이후 유럽의 은 비축량은 풍족했다.

1793년에 매카트니 경이 국왕 조지 3세의 대사로서 청 황제에게 영국과의 교역을 확대해 주도록 청원하기 위해 자금성을 방문했다. 하지만 그의 임무는 실패했고, 그 뒤 1816년에 다시 파견된 암허스트 경 역시 실패하고 말았다. 매카트니 경의 방문 이후 건륭제는 영국 왕실에 보낸 서신에서 명확하게 밝혔다.

> "짐은 쓸모를 알 수 없는 고가의 물건에 관심이 없다. 귀하의 대사가 직접 보았듯이 우리는 모든 것을 가지고 있다. 짐은 괴이하거나 기이한 물건은 가치가 없다고 믿으므로 귀하의 나라의 생산품은 필요가 없다."[74]

74 슈르만, <중국 제국>, 107

중국은 유구한 자급자족의 문화와 발전된 기술 덕분에 서방에서 받아들일 만한 것이 별로 없었다. 유럽인들은 샤르트르 대성당을 건설할 때 처음으로 손수레를 사용하기 시작했으나(중세에 재발견됨. 로마시대에 이미 사용했음 - 역주) 중국에서는 그보다 천여 년 전부터 손수레를 이용하고 있었다. 중국인들은 등자도 발명했는데 이것이 없었으면 훗날 영국인들이 폴로를 제대로 즐길 수 없었을 것이다.(등자는 중국이 아니라 기원전 4세기경 북방 유목민족이 발명했다고 함 - 역주) 물론 종이, 철의 주물법, 현수교 등도 모두 중국의 발명품이었다. 그 외에 유럽이 암흑시대에서 겨우 빠져나올 무렵에 중국은 이미 성냥, 우산, 낚시용 릴, 요지경, 시계 등등 다수의 의학, 과학, 농업 기술들을 보유하고 있었다.

이처럼 중국에 무역으로 상품을 판매하는 것이 명백히 불가능했기 때문에, 영국은 만성적인 대중국 무역 불균형 상태를 보이고 있었다. 영국은 중국에 다소의 면화를 수출하기도 했지만 무역 격차에는 의미 없는 양일 뿐이었다. 게다가 영국은 아메리카의 식민지를 잃게 되면서 남아메리카의 은 공급원과의 연결이 끊어지고 말았다. 또한 이 모든 사건들이 1757년까지 성공적으로 운영되었던 동인도회사가 막대한 비용이 드는 인도 정복을 수행하면서 엄청난 부채를 떠안은 와중에 진행되었다. 영국은 어떻게 이 추세를 뒤집을 수 있었을까?

해답은 바로 아편이었다. 가볍고 쉽게 상하지 않고, 수익성이 높은 아편은 무역상품으로 매우 이상적이었다. 포르투갈과 네덜란드는 영국에 앞서서 몇십 년 전부터 아편을 거래하면서 큰 수익을 얻고 있었

창고, 월터 S. 셔윌 선장, 아편 생산을 보여주는 7장의 판화 시리즈 중 5번 째, 영국, 1851년.

다. 중국인들은 8세기 경 아랍을 통해서 아편이 전래된 이후 주로 의학적인 용도로 사용하고 있었다. 하지만 네덜란드 사람들이 담배와 파이프를 중국에 들여오게 되자, 담배와 아편을 혼합해서 흡연하는 풍습이 생기게 되었다. 그래서 수요가 점차 증가했고 그에 따라 아편 수입량도 증가했다.[75] 1729년 아편의 증가에 경각심을 느낀 중국은 아편 흡연을 금지하는 조칙을 내렸다. 하지만 아편 흡연은 불법이 됐어도 수입은 여전히 불법이 아니었다. 그래서 조칙은 별반 효력이 없었고, 상인들은 고객들이 원하지 않는다면 아편은 팔리지 않을 것이

75 웨이크만, <중국 제국의 몰락>, 125.

라는 식으로 스스로를 합리화했다. 당시에는 이런 식의 순환 논리가 많은 사람들의 양심을 달래곤 했다.

그리하여 서구 제국주의 역사에서 가장 추악한 부분이었던 영국의 차-아편 교역의 균형 유지가 시작되었다. 역사학자이자 아시아 연구자인 프레드릭 웨이크먼 주니어 교수는 〈중국 제국의 몰락〉에서 다음과 같이 설명했다.

> "아편과 차를 교역한 수익으로 동인도회사는 채무를 청산하고 국가에 관세를 납부하게 되었고, 세수의 규모는 영국 재정 수입의 6분의 1에 달했다."

거래 방식은 간단했다. 아편을 현금으로 바꿔서 그 돈으로 차 대금을 치르는 것이다. 회사는 1720년대부터 중국에 소량의 아편을 판매해 왔었는데, 이제 목표는 차 무역과 균형을 맞출 정도로 아편무역을 확대하는 것이 되었다. 말하자면 본국의 차 중독을 유지하기 위해 중국에 아편 중독을 퍼트리는 격이었다. 동인도회사는 탁월한 효율성을 발휘해 순식간에 아편무역의 최대 거래자로 부상했고, 국제적인 마약 거래의 규모를 물량으로 보나 정교한 생산과 분배 시스템의 관점에서 보나 전대미문의 수준으로 끌어올렸다.

인도 총독이었던 워렌 헤이스팅스는 전부터 소규모의 양귀비 재배가 이루어지고 있었던 벵골 지방에서 시간을 들여 작전을 준비하고 있었다. 1773년에 헤이스팅스는 인도 아편 밀수조직을 해체하고, 아편의 재배, 생산, 판매를 동인도회사가 독점하는 체제를 구축했다. 그로 인해 이익이 적은 다른 작물들의 재배는 중단되었다. 인도의 농부들은 최소의 임금으로 수탈당했으며, 종종 그들 자신이 아편 중독의 희생자가 되곤 했다. 재배자들이 수확물을 회사 이외의 곳에 파는 것을 금지당했고, 회사는 생아편을 파트나Patna와 베나레스Benares에 있던 회사 소유의 공장에서 정제했다. 공 형태의 아편 완제품은 상자에 포장되어서 갠지스 강과 후글리 강을 따라 캘커타까지 운반된 뒤 중국으로 향하는 배에 실렸다. 오래 지나지 않아 벵골은 주요한 아편 산지가 되었고, 고품질의 파트나 아편은 중요한 국제 교역 물자가 되었다.

중국은 아편 소비를 근절하기 위해서 1796년 아편의 흡연뿐 아니라 수입까지도 불법으로 규정한 조치를 발령했다. 그래서 동인도회사 혹은 다른 국가나 회사가 중국에 아편을 들여오는 것은 공식적으로는 불법적인 행위가 되었다. 하지만 동인도회사는 현지 상인들, 또는 대리점이라고 불리는 자영밀수업자의 효율적인 조직을 이용해서 지금까지 해왔던 대로 마약을 광동으로 운반했다. 이들 중 일부는(예를 들어서 자딘 매디슨 상회Jardine, Matheson & Co같은 곳은) 훗날 국제적인 상사로 성장한 후, 사업을 다각화해서 현재까지도 영업을 하고 있다. 많은 수의 부패한 관리들은 막대한 뇌물을 받고 중국의 항구들이 밀수업자들이 마약을 들여오는 것을 눈감아 주었다. 하버드대 교수이자 저명한 중국사 전문가인 존 킹 페어뱅크는 저서 〈차이나 워치〉에서 다음과 같이 설명했다.

"중국 내에서의 외국인들의 활동은 중국인들의 협조가 없다면 이루어질 수 없었다. …… 당연히 서구의 중국 침탈에 기여한 중국인들은 무뢰한, 기회주의자, 최악의 부류인 반체제파로 구성되어 있었다."[76]

아이러니하게도 뇌물은 '티 머니tea money'라고 불렸는데, 오늘날까지도 대가를 기대하고 뇌물을 주는 행위를 가리키는 영어 관용구로 남아있다. 소매상들은 공짜 샘플을 뿌려서 고객을 늘리는, 지금 우리들에게도 익숙한 수법을 사용했다. 중간상인, 운반책, 소매상 등에게 거래를 떠넘기는 것은 동인도회사에 이중으로 득이 되었다. 그것은 아편무역으로 막대한 이익을 계속 유지하는 한편, 그들의 손으로 직접 중국에 아편을 반입한 것이 아니었기 때문에 중국에서 아편 중독이 창궐하는 것에 대해서도 공식적인 책임을 회피할 수 있었다. 그래서 동인도회사는 문자 그대로 정통 영국기업으로서 합법적인 차 무역을 유지할 수 있었다.

1800년대 초에서 20년 정도 사이에 동인도회사는 차 수입과 아편 수출의 균형을 유지하기 위해 아편 생산을 연간 280톤으로 제한해 왔다. 하지만 이것으로 끝은 아니었다. 많은 경쟁자들이 아편무역이 가져다 주는 환상적인 이익의 한 조각이라도 차지하기를 갈망했다. 회사가 말와Malwa 아편의 판매 규제를 해제하자 중국의 아편 수입은 연간 7백 톤으로 늘어났다. 1834년에는 동인도회사가 중국 무역의 독

76 페어뱅크, <차이나 워치>, 15~16.

아편선, 월터 S. 셔윌 선장, 아편 생산을 보여주는 7장의 판화 시리즈 중 여섯 번 째, 영국, 1851년.

점권을 잃고 모든 경쟁자들에게 교역이 개방되자 연간 수입량은 2천 5백 톤으로 치솟았다. 찰스 캐벗, 존 커싱, 존 제이컵 애스터, 러셀 앤 컴퍼니 등등 이익에 굶주린 미국 상회들이 경쟁에 뛰어들었고 이들은 누구 못지않게 공격적이었다. 인도에서 아편을 공급받을 수 없었던 그들은 터키 아편으로 눈을 돌려서 큰 수익을 올렸다. 터키 아편의 수출은 1805년에 7톤에서 1830년에는 1백여 톤으로 늘어났다. 이렇게 시장 규모가 커지는 동안 네덜란드 동인도회사는 그들의 근거지인 자바를 통해서 연평균 5톤에서 7톤의 아편을 지속적으로 팔았다.

격심해진 경쟁에도 불구하고 영국 동인도회사는 차 수입에서 발생했던 심각한 무역 불균형을 해소하는 데 성공했다. 웨이크먼의 기록에 따르면, "18세기의 첫 10년 동안 중국의 무역은 은으로 2천6백만 달러가 순유입되는 흑자 상태였다. 하지만 아편 소비가 증가한 1830년대에는 3천4백만 달러가 아편 대금으로 해외로 유출되고 있었다." 모든 것은 영국 정부의 승인 하에 진행되고 있었다. 1832년의 인도 경영에 대한 의회 보고서는, 벵골의 아편 산업은 영국령 인도 GNP의 약 6분의 1을 차지하고 있으므로 이러한 중요한 수입원을 포기하는 것은 바람직하지 않다고 권고하고 있었다. 당시 외무장관이었던 파머스톤 경은 중국이 규제할 능력이 없다면, 영국도 규제를 존중할 필요가 없다는 이유로 중국의 아편 금지 칙령의 타당성을 인정하지 않았다. 워렌 헤이스팅스는 "아편은 삶에 필요한 필수품이 아니라 유해한 사치품이므로 오직 해외 무역을 위해 필요한 경우를 제외하면 허용될 수 없으며, 국내 소비에 대해서는 정부의 주의 깊은 규제가 필요할 것"이라면서 영국 시민이 아편을 사용하는 것을 규탄하면서도 수출은 장려하는 식민지주의의 이중 잣대를 적용했다.[77]

영국은 너무나도 다양한 방식으로 지나치게 많은 수익을 얻고 있었다. 동인도회사는 적어도 1834년까지는 대중국 무역을 독점하고 인도 식민지를 경영하면서 아편 시장의 80퍼센트를 점유하고 있었다. 모든 거래에서 영국 정부는 환상적인 세수를 거둬들이고 있었다. 회계 장부가 양심을 찍어 눌렀다. 그리고 양심의 목소리를 내야 할 사

77 마틴부스, <아편>, 128.

람들은 아편 문제에 대해서 일종의 왜곡된 시각을 갖곤 했다. 이를테면 당시 중국을 여행했던 성공회 사제인 조지 뉴웬햄 라이트는 다음과 같이 썼다.

"이토록 나라의 심장을 파먹는, 개탄할 만한 죄악에 해결책은 없는 것인가라는 질문을 해볼 수 있다. 그렇다, 중국 사람들이 전제정치를 타도하고 인민의 자유를 확대해서 관세를 철폐하고 무역을 활성화시킨다면, 자선 기관을 늘릴 수 있고 복음이 전파될 것이다. 그러면 미덕과 악덕, 진리와 거짓, 명예와 불명예를 사람들이 배우게 되고 공공의 질서 유지가 잘 확립되어 더욱 가치 있는 일이 될 것이다."[78]

1830년대에 들어서면 중국 인구의 1퍼센트에 해당되는 약 3백만 명이 아편에 중독되었던 것으로 추산된다. 그들 중 대부분은 청년과 장년의 남성들이었고, 마약의 수급이 용이했던 해안 지방 주민들이었다. 중독에 의해 노동력의 기반이 흔들리기 시작했다. 아편 대금 지불로 인해 국가의 은 보유고가 감소해서 통화에도 악영향을 미쳤다. 아편 중독은 사회 계층도 가리지 않았다. 농부들, 상인들, 관리들, 시인들, 그리고 고관대작들도 똑같이 아편의 영향을 받았다. 아편굴에는 흐린 눈과 야윈 얼굴을 하고 그날 피울 아편 말고는 다른 어떤 것도 염두에 두지 않는 사람들로 꽉 들어찼다. 생계수단을 잃고 파탄이 난

78 라이트, <중국 제국의 역사와 기술>, 182.

가정은 흔하게 볼 수 있는 모습이었다. 토지는 경작되지 않고 국사는 방치되었다. 중국의 사회 구조가 서서히 붕괴되어 가고 있었다.

아편 중독의 말기가 되면 중독자의 머릿속은 한 대 더 피우는 것 말고는 아무것도 남지 않는다. 대만의 실태를 파악하기 위해 파견된 한 중국 관리는 다음과 같이 기록했다.

> "사지는 비쩍 마르고 마치 닳아 없어져가는 것 같았다. 몸의 내장은 내려앉았다. 중독자는 죽기 전까지는 흡연을 그만두지 않을 것이다."

아편의 사용이 광범위하게 퍼진 이유로 세상에서 가장 중독성이 강한 물질일 뿐만 아니라 강력한 식욕 억제 작용을 가지고 있다는 것을 꼽는 자료도 있다. 기아가 덮친 중국의 인구 과밀 지역에서는 일시적으로 식량보다 아편이 가격 대비 효과가 높을 정도였다. 어찌 보면 굶어 죽는 것보다는 아편 중독으로 죽는 것이 더 행복한 죽음이었을지도 모른다.

중국 황제 도광제의 신하들은 아편무역을 합법화하는 것이 문제 해결에 어느 정도 도움이 될 것이라고 수차례에 걸쳐 간언했다. 합법화를 통해서 아편무역의 수익성을 제거한다면 중국에서 서양 오랑캐 상인들의 해악이 줄게 되고, 극에 달한 관료들의 부패도 줄일 수 있다는 이유에서였다. 아편 공급을 통제하면 아편의 남용도 어느 정도 제한을 할 수 있고, 정당한 수입에 관세를 부과하면 국고를 다시 채울

<노동팽다도盧仝烹茶圖> 중국, 송, 전선錢選, 종이에 채색, 대만 고궁박물관

수도 있을 것이었다. 하지만 황제는 그런 제안을 받아들일 수 없었다. "사실 그 말이 맞다. 짐은 이기적인 자들과 부패한 자들이 짐의 뜻을 거역하고 탐욕스럽게 독약을 나라에 퍼트리는 것을 막을 방법이 없다. 하지만 짐이 백성들을 비참하게 만드는 아편으로부터 수익을 얻을 수는 없다!" 황제 자신도 아편 때문에 아들을 잃었다.

1839년 상황은 간과할 수 없는 국면에 도달했다. 사태는 절박했고 뭔가 조치를 취해야만 했다. 도광제는 결단을 내리고 최후의 시도로 아편 문제 해결을 위해 청백리로 이름이 높았던 임칙서林則徐를 황제가 임시권한을 부여하여 중요한 사건처리를 위해 파견하는 흠차대신으로 임명하고 광동에 파견했다. 광동의 외국 상인들은 그다지 걱정을 하지 않았다. 이전에 파견되었던 관리들도 모두 매수할 수 있었는데 임칙서라고 뭐 다를 게 있겠는가? 하지만 임칙서는 달랐다. 그는 용감하고, 유능하고, 충성스럽고, 매우 도덕적인 인물이었다. 황제는 적임자를 골랐던 것이다. 하지만 황제가 미처 예측하지 못했던 것은 영국이 그에 대응하기 위해 준비한 무력이었다. 임칙서에게 무장한 마약 제국을 상대하도록 한 것은 마치 쓰나미 앞에 성냥개비로 쌓은 방벽을 세우는 것과 같았다.

차이나, 강제로 열리다

개와 중국인 출입금지

- 서양 무역 상인들이 거주한 이후 상하이의 어느 공원 입구에 걸려 있던 경고 문구

청대말엽, 상하이항의 차 수출

아편 액

1839년 6월 3일 25만 파운드라는 아편구阿片球가 파괴되었다. 이것은 중국 시장에 수입되던 아편 1년 치의 반에 해당되는 엄청난 양이었다. 공처럼 뭉쳐져 있는 아편 덩어리를 부수어서 석회와 소금에 뒤섞자, 이루 말할 수 없이 고약한 냄새가 진동했다. 외국 무역상인이 소유하고 있는 아편을 모두 폐기하기 위해 특별하게 만들어진 돌을 두른 도랑에 구역질나는 그것을 물에 용해해서 부었다. 끈적끈적한 찌꺼기를 광동의 강어귀로 흘려보냈다. 수백 명의 인부가 긴 작대기로 이 혼성액을 휘저어가면서 작업을 끝내는 데만 23일이 걸렸다. 노동자들은 기계적으로 검열을 받았는데, 만일 아편을 조금이라도 숨겨둔 것이 발견되면 그 자리에서 처형되었다. 메시지는 분명했다. 중국은 이제 아편의 재앙을 완전히 일소할 것이다. 이제 서양의 야만적인 상인은 드디어 깨달을 것이다. 이제부터는 정당한 무역으로 전환하여 아편이 아니라 합법적으로 얻은 은으로 지불해야 한다는 것을.

황제가 아편 문제를 풀려고 선택한 흠차대신 임칙서는 이에 만족했다. 53살의 학자이자 고위관리인 임칙서는 지금까지 다른 현에서 엄격한 아편금지법의 집행과 중독자 갱생임무를 성공적으로 수행했다. 그는 유능했을 뿐만 아니라 공정하고 청렴했으며, 심지어 자신의 집 문지기가 약간의 뇌물을 받는 것도 허락하지 않았다. 임칙서가 광동에 온 지 두 달도 되지 않는 사이에 아편무역에 관계된 모든 사람들에게 임칙서가 전임자들과는 완전히 다르다는 것을 분명하게 인식시켰다. 그에게는 뇌물도 통하지 않았고 진심으로 아편을 금지시키려고 했다.

임칙서는 아편무역에 관련되어 있는 광동에 있는 유명한 대외무역 특별허가 상인조직인 광동 13행의 상인 몇 명을 체포하고, "금후 중국인이냐 외국인이냐를 묻지 않고 아편법을 위반하면 사형에 처하겠다"고 선포했다. 외국 상관을 폐쇄하고 그중 가장 악명 높은 15명의 외국 아편 상인들을 그들의 사무실에 감금했다. 그중에는 최근에 중국에 들어온 영국의 무역 감독관 찰스 엘리엇 대위도 포함되어 있었다. 그리고 광동의 모든 무역상에게서 아편 비축분을 모두 인계받았다. 그는 무력을 동원하지 않고도 이러한 시도에 성공했고, 줄지어 쌓여 있던 아편 상자 총 2만 283통이라는 믿기 힘든 양의 아편을 폐기하기에 이르렀다. 황제가 준 임무는 완벽하게 수행되는 듯 보였고 그도 꽤 만족스러웠다. 적어도 그때까지는 그렇게 생각했다.

해신에게 고하다.

한편 임칙서는 아편을 물에 용해해 폐기하는 것은 가장 효과적이고 정치적인 해답이었지만 그것을 바다로 흘려보내는 것은 자연과의 조화를 깨는 행위라고 생각했다. 그는 시문에 정통했으며 도교의 원리가 머릿속 깊이 새겨져 있는 유학자적 입장에서 이러한 문제를 생각했다. 그는 〈해신에게 고하다〉라는 시를 지어 이러한 행동에 대해 용서를 구하고 폐기가 시작되기 이틀 전에 희생제를 지냈다. 그의 일기에는 이렇게 기록되어 있다.

> "오늘 이른 아침 해신에게 제사를 지냈다. 나는 빨리 아편을 처리해야 하고, 이제 그것을 대양으로 흘려보내므로 해신께서 바다의 모든 생명체들에게 잠시 오염에서 피할 것을 알려 달라고 부탁했다."[79]

그는 바다를 오염시키는 문제에 사과하고 해신에게 중국에서 양이洋夷를 일소하도록 도와달라고 기원했다. 그는 그가 일으킨 사건이 중국의 종말을 불러오게 된다는 것을 알아차릴 수가 없었다. 아편의 폐기는 마약과 외국인을 몰아내기는커녕 양쪽의 전면적인 충돌을 촉진시키게 되었던 것이다.

중국 당국으로 아편 이양이 성공적으로 이루어진 데에는 찰스 엘리엇 대위의 노력이 크게 작용했다. 엘리엇은 개인적으로는 아편무역에 반대였지만, 공개적으로 아편무역을 반대하는 영국 신하의 말로가 어떻게 될지 잘 알고 있었다. 그의 전임자 조지 로빈슨 경은 "우리 정부가 상선들의 부정거래를 막도록 명령한다면, 그러한 취지에 부합하여 영국 상선의 수송을 막을 수 있다. 하지만 보다 확실한 방법은 영국령 인도에서 양귀비 재배와 아편 생산을 금지하는 것이다"라고 제언했다.[80]

그는 이러한 말 때문에 경질되었다. 엘리엇 대위는 그의 결정이 개

79 웨일리, <중국인의 눈으로 본 아편전쟁>, 44.
80 부스, <아편>, 125.

인적인 신념에 기초한 것이든 아니든, 자딘, 매디슨, 덴트 등의 밀무역 대리인들을 설득하여 그들에게 영국 정부가 손해를 배상해 줄 것이라고 약속하고, 아편을 중국에 넘겨주도록 했다. 상인들은 임칙서의 단속 때문에 재고가 잔뜩 쌓여 있었기 때문에 확실히 보증된 지갑을 가진 고객, 즉 영국 정부가 통째로 재고를 사주는 것은 더 바랄 게 없는 기쁜 일이었던 것이다.

충돌 과정

분쟁은 단순히 아편의 유포와 차 거래의 흥정 문제에서 끝나지 않았다. 영국은 몇십 년 동안 중국에게 자유무역이라는 서양의 개념을 받아들이라고 설득하려 했지만, 번번이 퇴짜를 맞자 모욕감을 느끼고 있었다. 그 정점이 1793년 매카트니 경과 1834년 네이피어 경의 실패였다. 중국 황제는 외국인을 중화제국에 조공을 받치러 오는 자로 간주했고, 특히 상인은 더 낮은 계층으로 보았다. 이런 관점에서 본다면 그들이 특별한 대우를 받을 이유는 아무것도 없었다. 중국은 쇄국을 계속했고 양이가 상관에 갇혀 있는 것이 당연한 것이었다.

영국은 정반대로 중국을 보고 있었다. 영국에게 있어 중국은 3억이라는 고객을 의미한 것이다. 웨이크먼은 〈중국 제국의 몰락〉에서 "중국은 만족을 모르는 영국의 무역상과 맨체스터의 사업가들에게 무한한 잠재성을 가진 시장으로 보였다. 잉글랜드 중부지방의 공장주들은 유럽 시장에서 독일인 경쟁자들과 투쟁해야만 했다. 이들에게 중국은 무한한 경제적 기회를 제공할 것처럼 생각되었다."[81]라고 했다. 하지만 안타깝게도 중국 정부는 결코 협조하려 하지 않았다. 군사적 경제적 힘이 당시 최고조였던 영국에게는 중국의 완고함은 너무나도 참기 어려운 것이었다. 근본적으로 완전히 다른 경제 개념을 가진 두 개의 다른 세계가 정면으로 맞닥뜨리게 된 것이다. 중국의 유교 대 빅토리아 시기의 실리주의였다. 하나는 고대로부터의 정적인 중앙집권적 조공무역제도이고, 다른 쪽은 공격적이고 이윤에 움직이는 식민지 팽창주의 시스템이었다. 긴급한 아편 문제가 서서히 축적되어 더 큰 긴장관계가 상호작용을 일으켜 다이너마이트의 점화를 촉발시킨 것이다. 그리고 점화용 성냥은 머지않아 현실화되었다.

구룡에서 술 취한 영국 선원들과 중국 농부들의 싸움이 일어나 중국 농민 임유희가 사망하는 사건이 일어났다. 흠차대신 임칙서는 청의 형법에 따라서 재판하기 위해 용의자 인도를 요구했다. 엘리엇 대위는 치외법권 지역이라는 이유로 그것을 거부했다. 임칙서는 아편 재고의 폐기가 일시적 효과를 가져왔지만, 문제 해결은 아직 멀었다는 것을 깨달았다. 상인들은 아편무역을 금지하고 위반자는 교수형에 처해질 것이라는 문서에 서명을 거절했고, 홍콩을 경유하여 밀무역을 계속했다. 공급 부족과 중독자들의 자포자기에 의해 아편 가격은 천정부지로 치솟았다. 거기다 이러한 사건으로 긴장상황은 극에 달했다. 임칙서는 다시 상관을 봉쇄하고 모든 무역을 정지시키고 영국인

81 웨이크먼, <중국 제국의 몰락>, 132.

이 도망가 있는 마카오 주변에 수척의 군선을 전개시켜 영국 배를 봉쇄하기에 이르렀다.

여왕에게 보내는 편지

임칙서는 폭력 없이 이러한 정치적 난국을 타결하려는 최후의 수단으로 빅토리아 여왕에게 명쾌하지만 상대를 약간 무시하는 편지를 보냈다. 여왕은 그때 스무 살로 즉위한 지 불과 2년밖에 되지 않았을 때였다.

> "자신의 이익을 추구한 나머지 타인을 해하는 것을 주저하지 않는 사람은 천리天理에 의해 관용될 수 없고 인류가 마땅히 증오하여야 합니다. 감히 질문을 허락하신다면 묻고 싶습니다. 귀국의 양심은 어디에 있습니까? 귀국에서 아편을 피우는 것은 매우 엄격하게 금지되어 있다고 들었습니다. 아편의 해독을 분명하게 이해하고 있기 때문일 것입니다. 그러니까 아편이 귀국에 해를 끼치는 것은 허락할 수 없으면서 어떻게 다른 나라들에 해를 끼치는 것을 두고 볼 수 있단 말입니까? …… 만약 다른 나라에서 아편을 팔기 위해 이를 영국으로 가져와서 귀국의 국민들이 아편을 사서 피우도록 유혹한다면, 고결한 통치자인 여왕 폐하께서는 반드시 그것을 증오하시며 분노하시겠지요? 우리는 여왕 폐하가 매우 친절하며 자비롭다고 익히 전해 들었습니다. 자신도 원하지 않는 것은 다른 사람들에게 권하지 않아야 한다는 것을 아시는지요? (이하 생략) [82]"

82 텡과 페어뱅크, <서양에 대한 중국의 응답>, 25.

편지는 영국 상인에 의해 런던으로 전달되었지만 여왕이 읽었는지는 명확하지 않다. 일부 기록에 의하면 당시 외상이자 '무력외교'라는 별명이 붙어 있던 파머스톤 경이 그것을 여왕에게 가지 못하게 했을 거라고 확신한다. 그는 중국을 강제로 개항할 수 있는 좋은 기회로 보았고 군사 작전을 위해 의회를 설득하기 시작했다. 그의 관점에서 중국은 문명화된 공정한 자유무역의 제안을 완고하게 거부하며 교역을 중단해서, 영국 사업가들을 매우 곤란하게 만든다고 보았다. 사실 아편이 교역품 중 하나라는 것을 특별히 언급하지도 않았다.

임칙서

존 킹 페어뱅크는 〈차이나 워치〉에서 다음과 같이 묘사하고 있다.

"군사행동의 계획은 영국의 대표적인 자유무역업자이자 주요 아편상인인 윌리엄 자딘 박사로부터 직접 파머스톤에게 전달되었다."[83]

그리고 준비 과정을 묘사하고 있다.

"인도에서 원정군을 싣고 가기 위해 아편선이 함대에 편입되었다. 아편을 운반하는 배의 선장은 안내인이자 통역자로서 아편 회사에 고용되었다. 원정대의 군사적, 외교적 지도자들은 아편 무역인으로부터 환대와 조언을 받았다. 처음부터 중국에서 뜯어낼 배상금으로 원정에 든 전체 비용을 충당할 의도를 가지고 있었다. 전쟁 자체로도 비용을 충당할 수 있는 것이었으며 이차적인 이익을 만들 수 있는 것이다. 그야말로 투기 그 자체였다."

전쟁

보수당의 젊은 의원 윌리엄 글래드스턴은 중국에서의 군사작전에 반대한 소수의 사람 중 한 명이었다. 그는 "이것보다 더 의롭지 못한 명분과 우리나라를 치욕스럽게 만들 비윤리적인 전쟁이 있었다는 이야기를 들어본 적도 읽어본 적도 없다."라고 말했다. 그는 자신의 누이가 아편 중독이었던 것과 빅토리아조 영국사회에 만연해 있는 아편 사용에 대한 우려가 전쟁을 반대한 강한 동기였을 것이다. 토마스 드 퀸시, 새뮤얼 테일러 콜리지, 존 키츠, 엘리자베스 바렛 브라우닝 같은 작가들과 시인들조차 아편에 중독되어 있었다. 하지만 이런 것들로 그는

83 페어뱅크, <차이나 워치>, 14.

파머스톤을 저지할 수 없었다. 게다가 빅토리아 여왕은 중국의 행위가 그녀의 제국의 존엄성에 상처를 입힌다고 단언했다. 의회는 9표 차이로 전쟁을 지지했고, 1840년 6월 열여섯 척의 영국 전함과, 네 척의 무장한 증기선, 그리고 4천 명의 병사가 광동만에 입항했다.

이것이 400년 전이라면 영국군은 환관 정화의 선단과 대적하여, 급히 퇴각해야 했을지도 모른다. 하지만 현재 중국의 지배자는 지난 두 세기에 걸쳐서 중국을 고립 상태로 만들어 세계의 발전을 알아채지 못하고 통치해 온 스스로도 외국인이었던 만주족이었다. 그들의 해군력은 영국에 상대가 되지 않았다. 임칙서가 미국 배를 구입하여 무기를 장착하는 등 군을 재정비하려 했지만, 영국의 화력과 전쟁 기술이 훨씬 우세하다는 것이 소규모의 접전에서 증명되었다. 영국 함대는 중국 연안을 북상하여 도시들을 약탈하고 상해를 함락하고, 마침내 중국의 항복을 압박하여 1842년 8월 최초의 '불평등 조약'인 난징조약을 맺게 만들었다. 조약은 중국에 광동 외에 복주福州·하문廈門·영파寧波·상해上海 등 네 개의 항을 통상무역을 위해 개항할 것을 명시했다. 항구들에서 무역 조계지는 중국 사법권에서 면제되었다. 게다가 중국은 당시로서는 놀랄 만한 액수인 은화 2천100만 원元을 전쟁 배상금과 폐기한 아편 보상금으로 지불해야 했다. 그리고 홍콩 섬을 영국 정부에 이양했다. 중국이 유일하게 수용을 거부한 요구는 아편의 합법화였다.

에필로그

전쟁이 끝나기 전에, 흠차대신 임칙서는 파면되었다. 분노한 황제는 충돌을 피하지 못한 것에 대해 임칙서를 질책하고 중앙아시아의 러시아 변경인 이리伊犁로 추방했다. 하지만 십 년 후 임칙서의 진정한 공헌이 인정받아 복직되어 운귀雲貴 총독으로 임명되었다. 임칙서가 아편 폐기를 시작한 날인 6월 3일은 중국의 아편 금지 기념일이 되었다. 엘리엇 선장은 중국과 협상이 충분하지 않았다는 이유로 해직되어, 텍사스 영국 대사로 보내졌다. 자딘은 정부로부터 아편 보상금을 받고, 국회의원이 되었으며 동남아시아에서 기업제국을 구축했다.[84]

자딘 메디슨의 젊은 공동 경영자 도널드 매디슨은 아편무역에 대해 양심의 가책을 느낀 영국인의 한 사람으로 1849년에 회사를 그만두었다.

파머스턴 경은 제2차 아편 전쟁(애로우 사건)을 일으켜 중국의 개항을 앞당겼다. 영국의 희망대로 아편은 마침내 1858년에 합법화되었다. 1차 아편전쟁 때 연간 2500톤이었던 아편 수입량은 합법적으로 4800톤으로 증가했고, 최전성기인 1880년에는 7000톤에 달했다. 웨이크먼은 19세기 후반에는 중국 총인구의 10퍼센트가 마약을 사용했을 것이라 기록하고 있다. 홍콩은 남지나해 귀퉁이의 황량한 바위섬에서 세계 굴지의 무역 중심지로 발전했다. 실질적으로 이곳에서 모

84 이러한 거래를 기록한 원래 문서는 자딘 매디슨의 기록 보관소에 보관되어 있으며, 회사는 런던과 홍콩에 본사를 둔 다국적기업이다.

든 구역의 상행위가 직간접적으로 아편무역에 관여하고 있었던 덕이다. 합법적인 거래로서의 아편무역은 1917년에 들어서서야 종료되었는데, 그것은 중국에서의 아편생산이 증가하여 인도 아편이 경쟁력을 잃었기 때문이었다. 페어뱅크는 〈차이나 워치〉에서 인도에서 중국으로의 아편무역이 "근대에 있어서 가장 오래 지속된 체계적인 국제 범죄였다"라고 정의했다.[85] 홍콩은 1997년까지 영국 식민지로 남아 있다가 중국으로 반환되었다.

제2차 아편전쟁 중 당초 영국의 입장을 정당화하는 이유가 된 상품인 차는 지속적으로 영국에 공급되었다. 그래서 빅토리아 시대에 모든 가정의 거실에서 빼놓을 수 없는 오후의 티타임은 유지되었다. 전투가 격화될 때는 수입이 줄어들기도 했지만, 전투가 소강상태에 들어갈 때마다 차 수입량이 다시 회복되었다. 중국은 그때까지 전 세계에서 유일한 차 공급자였지만 이것도 오래가지 못할 운명에 처했다. 아편이 온 나라에 범람한 후에, 영국은 중국을 차 거래에서 배제시키는 것에 골몰했다. 차는 그 후 머지않아 영국제국의 생산품이 되었다.

85 페어뱅크, <차이나 워치>, 13.

서양에서 온 차 스파이

동양의 학문에는 그 근본에 정신이 있다.
서양의 학문에는 그 근본에 물질이 있다.

- 양계초, 중국 학자, 1873~1929

"양귀신, 양귀신!" 분노한 군중들이 외치고 있었다. 중국 소년과 남자들 수십 명이 광동 외곽에서 길을 가던 키 큰 인물을 둘러쌌다. 그들은 손에 돌이나 벽돌을 쥐고 던질 태세였다. 그 인물은 열려 있는 공동묘지의 문을 향해 재빨리 움직였지만 사람들은 그를 뒤쫓아 와서 공격했다. 벽돌이 '이국의 악마' 등에 맞자 그가 중심을 잃고 쓰러졌다. 군중은 그 사이 그의 모자와 우산을 잡았고 몇 개의 손은 주머니 속에 들어갔으며 또 다른 손은 그의 팔을 잡아 움직이지 못하게 했다. 그는 적대적인 군중 속에서 있는 힘을 다해 간신히 공동묘지 밖으로 빠져나왔다. 그는 비록 죽을 만큼 얻어맞았지만 광동 중심부로 살아서 돌아왔다.

1848년에 벌어진 일이었다. 아직 아편전쟁의 기억이 생생했고 영국에 대한 중국인의 원한은 여전했다. 문제의 키가 큰 인물은 스코틀랜드 사람인 로버트 포천으로, 그는 왕립원예학회의 식물학자였다. 유럽이 파리의 시민혁명과 비엔나, 밀라노, 베를린 등의 혁명의 혼란 속에 있는 동안, 영국의 관심사는 오직 차였다. 그는 매우 특별한 지령을 부여받고서 중국에 파견되었다. 바로 영국을 위한 차 스파이 활동이 그의 임무였다.

19세기 중반까지 영국은 차 무역에 있어서는 일대 제국을 건설했다. 차는 영국 경제에서 중요한 아이템이었고 동시에 차와 관련된 산업은 국내총생산의 5퍼센트를 차지할 정도였다.[86] 하지만 그 무렵에는 몇 가지 불안정한 요인이 실제하고 있었다. 영국에 대해 적대적인 분위기를 가지고 있는 중국은 안정적인 차 공급지가 될 수 없었다. 동인도회사는 이제 중국과의 차 무역에서 독점적인 지위를 잃었으며, 전 세계의 경쟁자들에게 시장이 열려 있었다. 그 결과 독자적인 차 공급을 확립하는 것이 가장 시급한 문제로 대두되었다. 게다가 회사 관리들은 왜 대영 제국이 중국 상인들에게서 대량으로 차를 사서 그들을 부자로 만들어주어야 하는지, 자신들만의 독자적인 차 생산은 불가능한 일인지를 고민했다. 멀리 산맥 너머에 있는 인도는 그런 목적을 위해 개척할 만한 완벽한 식민지로 보였다. 일부 실험이 이미 그곳에서 진행되었지만 결과는 그다지 좋지 않았다. 영국이 필요로 하는

86 홉하우스, <변화의 씨앗>, 97.

것은 중국차의 종자와 고도의 전문지식이었다.

생각을 실행에 옮기는 것은 간단하지 않았다. 중국인은 오랫동안 차 재배와 생산에 극단적인 비밀유지를 성공적으로 수행하고 있었다. 나아가 외국인에게 중국어를 가르치는 것조차 엄벌에 처해지는 행위였다. 그 가운데 종자를 몰래 가져가 자바 섬의 농장에서 재배한 네덜란드인 야곱슨 같은 사람도 있었지만 결과는 기대에 못 미쳤다. 영국인 조지 고든도 캘커타로 종자를 보내는 데 성공했지만, 이식은 성공적이지 못했다. 무엇이 잘못된 것일까?

동인도회사의 간부들은 로버트 포천이 이런 의문에 답을 찾아줄 수 있는 사람이라고 믿었다. 당시 포천은 첼시 피직 가든의 큐레이터였다. 34살이었던 그는 이미 한 번 중국 여행을 한 적이 있었다. 그는 서양의 식물학계에 알려지지 않았던 다양하고 진귀한 나무, 관목, 관엽식물들을 갖고 돌아와서 유명인사가 되었는데, 그가 가지고 온 식물들이 원예 가게에서 인기 상품이 되었기 때문이었다. 포천의 유명한 더블 옐로우 종은 나무를 타고 올라가며 자라는 노란 장미로 많은 사랑을 받았다. 진달래, 국화, 진달래 속의 각종 꽃나무들, 작약, 잎이 부채꼴인 야자수, 사이프러스나무, 플럼, 금귤나무, 홀리그레이프[87] 등 오늘날까지 그의 이름을 담고 있는 식물이 많이 있다.

동인도회사 관리가 포천에게 중국으로 가서 차를 찾아오라는 임무를 의뢰하는 데는 별다른 설득이 필요치 않았다. 포천 스스로가 이러

87 북미의 태평양 연안의 관상용 상록 관목.

한 일에 식물 사냥꾼의 영혼을 불태웠기 때문이다. 그는 첫 번째 중국 여행 후 2년도 되지 않아 흥분과 기대에 설레며 항해 길에 올랐다. 그가 스스로 의식했건 하지 않았건 간에 이러한 일에 고용됨에 따라 근대의 국제산업스파이 활동 무대에 있어서 첫 번째 주역이 된 것이다. 그는 씨앗과 식물을 수집하고 경작과 생산 기술을 관찰하여, 매일같이 일기(회사의 자산으로 인식됨)를 적어야 했으며 심지어 인도로 이민할 의도가 있는 차 전문 일꾼을 모집해야 했다. 포천은 모든 일에 제국의 성실하며 효과적인 도구로써 임했고 후에 그의 이야기를 기록한 여러 책들이 나왔다. 책들은 기대하던 대로 식물학자의 보고서라기보다는 인디애나 존스 모험담의 빅토리아 판처럼 읽혔다.

아편전쟁은 중국의 장벽을 붕괴시켰다. '불공정한' 남경조약으로 강제 개항을 한 중국은 굴욕적인 상처를 받은 용이 되었다. 상해, 영파, 광동으로 용의 아가리에서 이윤을 얻기 위해 전 세계에서 몰려들었다. 그렇지만 용은 약해져 있을지언정 죽은 것은 아니었다. 적어도 중국은 외국인이 항구 너머 내륙의 시골 지역으로 접근하는 것을 거부할 수 있었다. 따라서 산간지역의 차 농장에서 차에 관련된 정보를 얻는 것은 도전적인 행동이었다. 하지만 포천은 외국인의 내륙 접근을 제한하는 법을 '중국의 어리석은 법"이라고 무시하고 금지된 영역으로 발을 들였다.

그가 방해받지 않고 내륙으로 여행할 수 있었던 것은 자신을 북쪽 지역에서 온 중국인 관리로 위장했기 때문이다. 그곳 사람들은 중국인보다는 코카서스 인종에 더 가까운 외모였다. 그는 싱와라고 불리던 가마를 이동수단으로 선택했고, 중국 옷을 입었다. 그리고 머리를 민 것은 중국 여행에서 가장 고통스러운 일이었다. "나는 그 이발사의 첫 번째 고객이었음이 틀림없다. 내가 마지막 사람이었으면 좋았을 것이라고 기원할 만큼 가련한 위치에 처했다."[88] 초보 이발사가 비누칠을 하지 않은 채 포천의 머리를 밀어서 거의 벗겨내다시피 했었던 것이다. 두려움을 모르는 식물학자는 "뺨으로 눈물이 줄줄 흘러내리며 고통으로 울부짖었다"고 적고 있다. 지난 여행 중에 몇 번이나 경험한 목숨을 건 모험에서도 그가 이런 반응을 보인 적은 없었다.

로버트 포천의 저서<중국차 재배지역 두 차례 여행기>

그는 멧돼지 덫에 걸려 그 안에서 천천히 죽어가다가 간신히 나뭇가지를 잡고 기어나왔을 때조차 울부짖지 않았다. 한밤중에 깨어보니

88 포천, <중국차 재배지역 두 차례 여행기>, 2:8.

강도가 배를 약탈하고 강 가운데 표류했을 때조차도, 우기에 대만 해협을 통과하다가 태풍을 만나 선실이 물에 잠겨 정성들여 모은 표본을 못 쓰게 되었을 때조차도 이런 일은 없었다. 식물학자로서 표본을 잃어버린 것에 대해 한탄했지만, 자신이 어떤 기적에 의해 목숨을 건진 데 대해서는 자문해 보지도 않았다.

유명한 일화가 있다. 무장한 남자들을 가득 채운 다섯 척의 해적선이 중국 정크선을 공격했다. 그때 그는 열병으로 쓰러져 땀을 흘리며 누워 있었다. 해적선이 보이자마자 두려움에 찬 선원들은 정크선의 선실로 도망쳤다. 포천은 절망적인 상황과 혼자 마주해야 했다. 그날이야말로 그는 울부짖을 만한 충분한 이유가 있었다. 하지만 그는 우는 대신 거친 스코틀랜드 남자가 해야 할 일을 했다. 산탄총과 권총을 갖고 갑판으로 나가서 적이 가까이 접근하자 두 명의 키잡이를 정확하게 쏘아 쓰러뜨렸다. 그 덕에 해적선 선원들 사이에 공포가 퍼지고 남아 있던 침입자들은 사기를 잃고 안개 속으로 도망쳤다. 그리고 그는 다시 침대로 돌아가 쓰러졌다.

두 번째 여행은 전보다 위험하지는 않았지만 식물학적인 관점에서는 많은 결실을 얻었다. 포천은 체계적으로 차의 씨앗과 나무, 관련 정보를 수집했다. 그는 실로 꼼꼼하고 철저한 스파이였다. 그는 중국 남동부의 가장 유명한 차 생산지를 방문했다. 유럽에 수출한 홍차를 생산하는 복건성의 절경을 자랑하는 무이산맥을 포함하여, 최고의 녹차 발상지인 혜주惠州 지역과 북쪽 지역, 그리고 절강성의 상해와

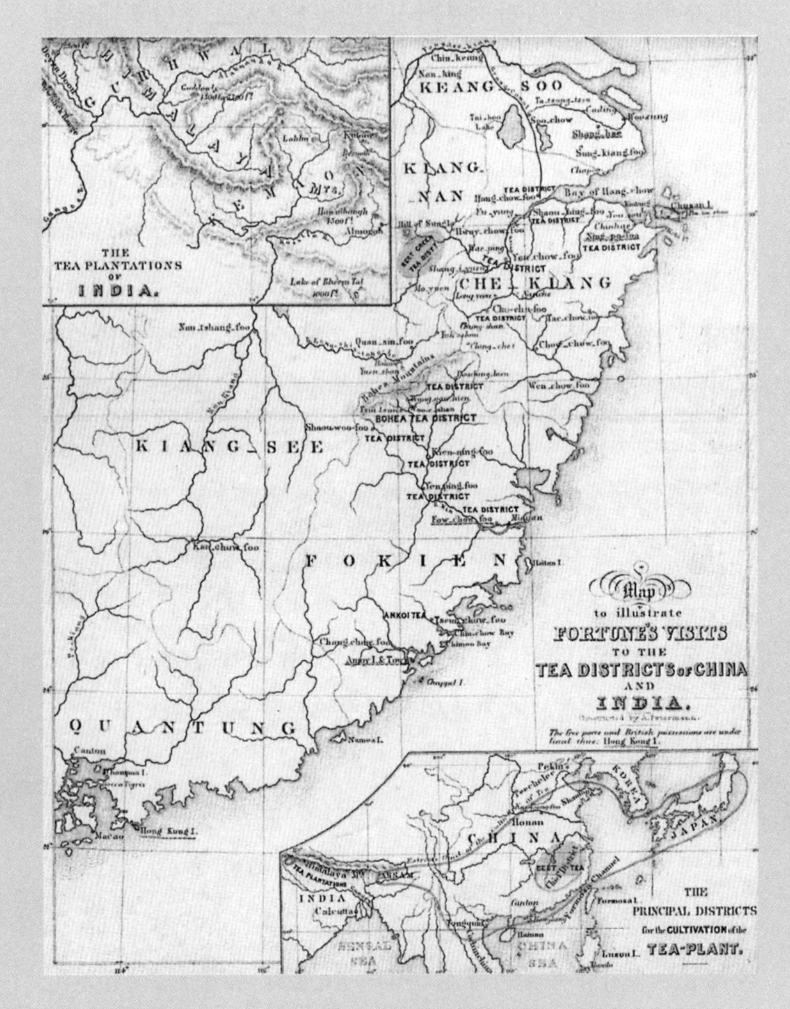

로버트 포천의 <중국차 재배지역 두 차례 여행기>, 차 재배지역을 나타낸 지도, 1853년.

영파, 저우산 군도에 있는 다원들도 포함되어 있었다. 포천은 토양의 질, 가지치기, 차 따는 절차, 건조법, 나아가 농장에서 물건을 선적하는 항구까지 차 상자를 운송하는 특수한 방식까지 끈기 있게 관찰하고 기록해두었다.

중요한 의문에 대한 해답을 발견해 냈을 뿐 아니라 몇 가지 작은 미스터리를 해결했다. 예를 들어 당시 유럽에서 높은 인기를 누리던 유명한 '블루 티'의 비법을 찾은 것이다. 블루 티는 고작 녹차에 프러시안 블루의 안료를 써서 착색시킨 것에 지나지 않는다는 것을 알아냈다.

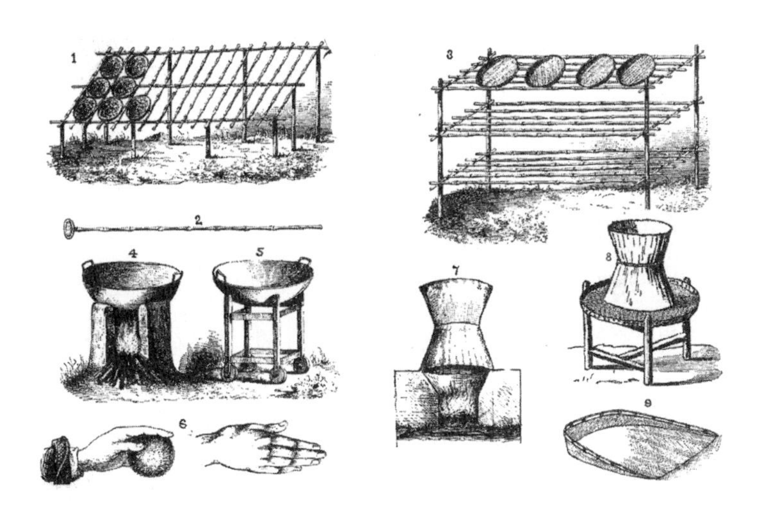

차 제조를 위한 고대 중국의 기구들 1. 햇볕에 말리기 위한 건조대와 소반 2. 소반을 내리고 올리는 데쓰는 막대기 3. 그늘진 곳에서 찻잎을 건조하기 위한 도구. 4. 잎을 덖는 데 쓰는 무쇠 냄비 5. 운반차 6. 손으로 뭉치기 7. 숯불 위에서 건조하기 위한 도구 8. 말리거나 불에 구운 차를 위한 도구 9. 차를 선별하기 위한 기구. 유커스의 <차에 대한 모든 것> 1935년.

중국인은 절대 염색한 차를 마시지 않고 유럽으로 수출하기 위해서만 만들었다. 착색차의 맛에 대해 포천은 중국인 편을 들었다. "문명인이 자연 녹색을 한 차보다 이런 염색된 차를 좋아하는 것을 보면 참으로 어리석다. 중국인이 서구인을 야만족이라고 생각하는 것도 당연한 일이다." 한편 그는 음식에 있어서만큼 야만인이라는 욕을 중국인에게도 적용했다. 그래서 이런 글을 덧붙였다. "하지만 중국인들은 고양이, 개, 쥐를 먹는다고 착색차를 마시는 자들에게 말해 준다면, 그들은 깜짝 놀라며 두 손 들고 가련한 중국인을 동정할 것이다."

포천은 3년 동안 중국의 차 재배지역을 종횡으로 찾아다니며 종자와 묘목에 대한 지식을 수집했다. 1851년 봄 어느 안개 낀 날, 네 척의 범선이 홍콩에서 캘커타를 향해 출발했다. 그 배에는 2천 개의 묘목, 1만7천 개의 발아한 종자, 숙련된 차 일꾼들 한 팀이 타고 있었다. 수천 년 동안 중국에서 지켜졌던 차의 비밀이 남지나해를 통해 멀리 항해하고 있었다. 로버트 포천은 동인도회사에서 받은 임무를 완수했다. 적어도 그는 그렇게 생각했다. 하지만 그가 수집하느라고 바쁜 와중에 히말라야의 반대쪽에서는 별도의 차와 관련된 역사가 모습을 드러내고 있었다. 그는 차에 대한 지식의 유용함을 증명했지만 아이러니하게 그가 가져간 차의 종류는 인도 초기의 차 산업을 촉진하기보다 오히려 위험하게 만들었다.

포천은 차 임무 이후 동방을 세 번 더 여행했고 일본과 인도를 방문했지만 중국에서 대부분의 시간을 보냈다. 여행 중 한 번은 미국 정부를 위해 일했다. 아마도 영국의 성공적인 이야기에 고무되어 미국 또한 포천을 고용해 중국으로 보내서 미국에서도 차 농장을 시작하기 위해 필요한 물건들을 갖고 오게 한 듯하다. 포천은 임무를 수행했지만, 현대에 알려진 것처럼 차 산업이 모든 식민지에서 성공한 것은 아니었다. 유일하게 사우스캐롤라이나에 있는 찰스턴의 작은 다원만이 오늘날까지 남아 있다.

은퇴 후에 포천은 스코틀랜드의 농장에서 노년을 보냈지만 나중에 런던으로 이주해 책의 인세와 동방의 골동품을 판 돈으로 생활했다. 그는 식물학 연구와 탐험으로 생애를 바쳤는데 영국제국의 동기에 의문을 갖지 않았으며 세계의 모든 나라에 대해 도덕적이며 자비로운 권위를 가진 나라는 영국밖에 없다고 생각했다. 그는 중국인이 영국에 대해 분개할 만한 어떠한 이유도 없다고 생각했다. 그들이 자신을 공격했을 때 불량배로 묘사했고, 그의 접근을 제한했을 때나 정보를 주지 않았을 때 기만적이라 생각했다. 그는 당시 중국 상황을 있는 그대로 볼 수 없었다. 그에게 중국은 전쟁에 패배했지만 패자의 역할에 익숙하지 않은 사회였고, 외국인이 자유롭게 산맥을 돌아다니거나 금지된 도시를 출입하는 것을 원치 않는 사회였으며, 아편에 파괴되고 불평등 조약과 막대한 전쟁 배상금을 지불해야 하는 무력한 사회였다. 포천은 흔히 식민지 경영이 가져다 준 생활수준에 익숙해진 빅토리아 시대에 성장한 많은 사람들처럼, 영국제국이 중국에 행하고 있는 것은 식민지를 경영하는 초강대국에게 신이 부여한 권리라고 생각했다.

아삼의 야생에서

다원에서 일하는 노동자가 처한 상황은 해방되기 전 미국 흑인 노예들의 처지만큼 열악하지는 않더라도, 그것과 비교될 만한 수준이다.

- 인도 연맹 부서기, 1886년에 아삼의 다원들에 대한 근로 조건을 실사한 후

고지高地인 아삼 지역에서 싱포Singpho 부족의 족장 중 한 명이었던 비사 가움Bisa Gaum은 최근 정글을 배회하던 하얀 피부의 이방인과 이야기를 하고 있었다. 때는 1823년이었고 벵골 포병대의 소령 출신이었던 로버트 브루스는 한 밑천 벌어볼 기회를 찾아 헤매는 모험가였다. 로버트 포천이 중국에서 정보를 훔쳐오기 한참 이전에 같은 스코틀랜드인이었던 브루스는 순진한 싱포족의 족장에게서 합의를 받아내었다. 이 합의로 인해 영국 기업에게 전례가 없는 거대한 경제적인 이익을 주면서 동시에 수많은 토착민들과 더 나은 삶을 위해 인도로 건너온 많은 가난한 유럽인들은 비탄에 빠지게 되었다.

그들의 합의라는 것은 브루스가 다음에 아삼을 방문할 때 차나무

와 종자를 그에게 건네주겠다는 내용이었다. 모든 서양 사람들은 오로지 중국에서만 차를 생산할 수 있다고 확신하고 있었지만, 실은 싱포 부족이나 산Shan 족, 나가Naga 족 같은 서남아시아의 토착 부족들은 수백 년, 어쩌면 천여 년 가까이 그들이 살던 고원 지대의 무성한 정글에 자생하는 차를 이용하고 있었다. 그들은 오늘날에도 이웃 나라인 미얀마(버마)에서 하는 것처럼 찻잎을 씹거나, 절여서 먹기도 하고, 치료를 위한 습포제를 만드는 일에도 찻잎을 사용했다. 아마도 족장인 비사 가움은 주변의 숲에서 차나무를 채집해서 브루스에게 주는 일이 단순한 호의의 징표라고 생각했을 것이다. 하지만 브루스는 신의가 없는 사람으로 주요 관심사는 돈벌이였다. 브루스에게 찻잎은 분명 더없이 귀중한 노다지로 보였을 것이다. 그는 아마도 차를 독점하고 있던 중국이라는 나라를 패퇴시킨 최초의 서양인으로 자신의 이름이 역사에 남을 것이라고 생각했을 것이다. 그리고 전형적인 식민지 사업의 관점으로 보더라도 이러한 발견이 막대한 부를 가져다 줄 것이라고 예상했을 것이다.

설령 브루스가 그런 꿈을 꾸었다고 하더라도 꿈은 오래 가지 못했다. 그는 합의 후 얼마 지나지 않아 사망했기 때문이다. 하지만 로버트 브루스의 동생인 찰스 알렉산더 브루스가 로버트가 남긴 사업을 이어받아 싱포 족장의 선물을 인수했다. 그는 차 씨앗을 그가 머물고 있던 랑푸르Rangpur의 정원에 심었고, 인도에서 차를 재배할 수 있다는 가능성을 확인받기 위해 아삼의 장관이었던 데이비드 스코트에게 약간의 씨앗을 보냈다. 이전에도 여러 사람이 그런 제안을 했었다. 잉글랜드의 자연사학자였던 조지프 뱅크스는 이미 1788년에 이런 주제에 대한 글을 남긴 적이 있었다. 1815년에는 사하란푸르Saharanpur의 식물원장이 벵골에서 차를 재배하는 실험을 할 것을 권고했으며, 같은 해 래터 대령은 아삼의 야생 차나무에 대해 언급했다. 일 년 후에는 어떤 잉글랜드인이 카트만두에서 차나무 관목처럼 보이는 나무를 발견하고는 이를 확인하기 위해 잎을 캘커타에 보내기도 했다. 하지만 왕립 식물원장이었던 나다니엘 월리히 박사는 그것은 찻잎이 아니라 동백나무과의 신종 식물이라고 판정했다. 이 일을 포함하여 인도에서 차 재배에 관한 모든 시도가 묵살당한 이유는 동인도회사가 중국과의 차 무역에 대한 독점권을 가지고 있는 한 경쟁을 용납하지 않았을 뿐만 아니라, 동인도회사는 세계의 다른 곳에서도 차가 자란다는 사실을 인정하길 원치 않았기 때문이다.

한편 인도에서 영국의 확장 정책은 서서히 진행되고 있었다. 당시 유럽 식민주의 열강들이 사용한 공통된 수법들은 분쟁 중인 어떤 부족의 한쪽 편에 서서 군사적인 지원을 해준 대가로 승자에게 토지를 획득하는 것이었다. 1826년에 아삼에서도 영국은 정확히 그렇게 했다. 영국군은 13세기부터 아삼을 지배하고 있던 아홈Ahom 왕조가 버마인들을 격퇴하는 것을 도왔다. 아홈은 처음에 그것을 고맙게 받아들였다. 하지만 영국은 그 다음 단계로 아삼의 일부를 영국령 인도의 일부로 합병했다. 즉 아홈의 땅이 영국 정부의 소유가 되었다는 뜻이다. 처음에는 동인도회사가 외지고 위험하고 모기가 들끓는 정글에서 무슨 이득을 얻을 지 알 수 없었다. 영국의 관료들은 당시 스물다섯 살이었던 푸란다르 싱을 영국의 말을 잘 듣는다는 이유로 그 땅의 공식적인 지배자로 앉히는 것으로 만족했다. 싱은 그 대가로 동인도회사에 매년 5만 루피의 세금을 납부하기로 했는데, 4인 가족의 한 달 생활비가 3 루피였던 시절에 버마와의 전쟁으로 인해 아삼의 인구가 감소했기 때문에 그런 거액을 징수하는 데는 어려움이 따를 수밖에 없었다.

하지만 1834년에 동인도회사가 차 무역 독점권을 잃음에 따라 상황이 바뀌게 되었다. 이에 따라 차의 새로운 공급원을 찾는 것이 시급한 문제가 되었다. 동인도회사는 이미 독점 무역 회사는 아니었지만, 그들은 여전히 인도를 관리하는 주체였다. 그때서야 야생 차나무에 대한 보고서들을 서랍 속에서 모두 꺼내 다시 검토하였다. 당시 인도의 총독이었던 벤팅크 경은 차 위원회를 구성해서 인도에서 차 재배 가능성을 검토하도록 요청했다. 차 플랜테이션의 후보지로 아삼을 탐사하기 위해 과학 위원회가 파견되었는데, 위원회에는 일찍이 전달되었던 표본을 차나무가 아니라고 단정했던 월리히 박사도 포함되어 있었다. 찰스 알렉산더 브루스는 그들을 맞이해서 안내했다. 이번에는 월리히 박사도 고개를 끄덕였고, 위원단은 캘커타로 보고서를 보냈다. "우리는 고지대 아삼에 차 관목이 존재한다는 사실에 의심의 여지가 없음을 각하께 보고하게 되어 지극히 기쁘게 생각합니다. …… 우리는 이 발견이 제국의 농업과 상업 자원에 관한 현재까지 가장 중요하고 가치 있는 발견이라는 것을 확신합니다." 로버트 브루스가 비사 가움과 만난 지 11년 만에 위원회의 보고서는 식민지 사업에 본격적인 발동을 걸게 되는 점화용 불꽃이었다.

동인도회사는 돌연 모기가 들끓는 정글의 영토에서 무엇을 해야 할지 깨달았다. 찰스 브루스와 조사 위원들은 계속해서 야생 차나무가 풍부하게 분포하고 있는 지역을 탐색하면서 다원을 열 준비에 들어갔다. 그와 동시에 군사·행정 차원에서는 수백 년간 토지에 대한 권리를 누려오던 토착민들로부터 땅을 강탈하는 작업을 추진했다.[89] 이미 영국의 통제 하에 들어온 영토에 대해서는 간단한 일이었다. 세금을 납부하지 못한다는 구실로 푸란다르 싱을 권좌에서 쫓아냈다. 영국이 통제하고 있지 못했던 땅에 대해서 정부는 경제사를 전공한 무함메드 아부 시디크의 표현을 빌리면 '금철金鐵 정책'이라고 하는 것을 시행했다. 이것은 부족들에게 토지대금으로 현금(황금)을 지불하겠다는 제안인데, 만약 그들이 '제안'을 거부하면 군대가 총칼로 설득하는 것이다. 총이라는 철로서.

일단 토지가 확보되자 동인도회사는 토지 분양을 시작했고, 분양을 관리하는 규칙도 제정되었다. 그런 규칙들 중 하나는 분양 신청자에게 에이커당 3루피의 분양가격을 요구하는 것이었는데, 분양할 토지의 최소 크기는 1백 에이커였다.[90] (나중에 5백 에이커로 늘어났다) 3백

89 시디크, <무상토지불하의 전개>, 7 이후.
90 1838년에 정착된 이 법규들은 인도차 산업이 어떻게 시작됐는지 설명해주고 있다. 인도차 산업은 기본적으로 중국차 산업과 달랐다. 중국차는 작은 규모의 차 농장이 나라 전역에 엄청난 규모로 만들어져 있었지만 아삼차는 해외에서 효율적으로 조절하는 거대한 규모의 법인과 자본에 의해 시작되었다.

루피는 고사하고 30루피를 가진 아삼인들도 거의 없었기 때문에 법규는 명백하게 그들을 없애고 유럽인 정착자들을 끌어들이기 위한 것이었다. 브루스에게 싱포족과 차나무를 소개한 장본인이었던 현지의 부유한 귀족 마니람 두타 바루아는 예외적인 경우였는데, 그는 토지 분양을 신청했다가 거부당하자 직접 토지를 구매한 뒤 그 땅에 다원을 만들었다. 하지만 그도 오래 지나지 않아 유럽 이주자들의 적대와 압력에 굴복할 수밖에 없었다.

동인도회사의 목표는 차 재배를 상업화할 수 있는 수준으로 육성하여 개인 자본에 문을 여는 것이었다. 찰스 브루스는 회사의 차 재배 담당자가 되었는데, 원래 선박의 함장 출신으로 야생 차나무에 대해서는 아는 것이 많았지만 차 재배에 대해서는 거의 아는 것이 없었다. 2백여 년간의 중국차 교역으로 인해 생긴 고정관념, 즉 아삼의 차나무는 중국 것만큼 좋을 수는 없고 중국 다원의 노동자들만이 차를 재배하는 방법을 제대로 알고 있다는 것이었다. 그래서 여러 해 동안 동인도회사는 중국에서 차 종자와 다원 노동자들을 몰래 빼내기 위해서 노력했다. 로버트 포천은 이러한 일에 처음으로 성공한 사람은 아닐지라도 가장 성공적인 사람이었다. 이때 중국에서 유입된 종자는 '인도차 산업의 재앙'으로 불리게 된다. 왜냐하면 중국의 종자들과 인도산 야생종들 사이에 타가수분이 일어나면서 야생종들의 순수성을 영원히 훼손시켰기 때문이었다.[91] 브루스가 이러한 문제에 우려를 표방

91 '인도차 산업의 재앙'이라는 말은 H.H.만이 쓴 <북동 인도의 차 산업 초기사>, 캘커타, 1918년에 썼던 문구로 유커스,

했지만 무시당했다. 반면에 브루스는 중국인 다원 노동자들에게서 적지 않은 지식을 얻었다. 그리하여 1838년 처음으로 여덟 상자의 아삼차가 런던에서 경매에 붙여졌다.

차의 품질은 그다지 좋다고 할 수 없었지만, 새로운 산업을 태동시키기에는 충분했다. 그로부터 1 년 뒤, 런던의 투자자들이 자본을 대고 캘커타에 이사회를 둔 아삼회사가 설립되었고 영국 정부가 개발했던 다원 시험장들의 3분의 2를 인수했다. 싱포족은 최초의 차를 생산하는데 관여하고 있었지만 협력 관계는 오래 가지 못했다. 그들은 생계를 위한 농업과 물물교환에 의지해 생활하고 있었기 때문에 해외시장에 판매하기 위한 상품을 생산하는 것을 이해하지 못했다. 돈은 그들에게 추상적이고 쓸모없는 물건에 불과했다. 게다가 동인도회사로부터 쓸데없는 일을 하도록 요구받게 된 아삼인들이나 싱포족에게는 사회적 계급 제도라는 문제가 있었다.

식민지 개척자들 입장에서 보면 아삼의 토착민들은 모두 그저 갈색 피부의 미개인들일 뿐이었다. 하지만 여러 부족들의 중간 계급과 상류 계급 사람들은 남을 위해 노동에 종사한 경험이 없었다. 그들은 필요한 만큼만 노동을 했으며, 변변찮은 임금을 위해 여자들과 아이들을 장시간 땡볕 아래서 일하도록 내몰 생각도 없었다. 그래서 식민지 개척자자들은 그들을 '게으름뱅이'라거나 '추레한 아편쟁이 아삼인들'이라고 평했다. 브루스는 이러한 문제에 대해서 다음과 같이 언급했다.

"이것만으로도 노동자들을 보다 우수한 부족으로 채용해야 한다는 것을 알 것이다. 찻잎을 따고 분류하는 일은 사기들뿐 아니라 여자와 아이들도 유용하게 활용할 수 있을 것이다. 하지만 나는 아삼인의 우두머리에게 이런 생각을 주입할 수 없었으며, 그들은 자신들의 처가 다원에서 일하도록 허용하지 않을 것이다."[92]

실제로 차 재배에는 아주 많은 노동력이 필요했고, 브루스는 아삼회사에 다음과 같이 경고했다.

"더 많은 노동자를 구할 수 없다면 현 단계에서 많은 양의 차를 기대할 수는 없습니다. 지난 수확 철에 찻잎을 채취하기 위한 일손을 구하는 데 큰 어려움을 겪었습니다."

차 산업이 성장하면서 아삼인들이 점점 일을 하지 않으려 들자 노동력 부족은 더 중요한 문제가 되었다. 영국 식민 정부가 이러한 문제를 해결하기 위한 초기의 조치들 중 하나는 원주민들이 농사를 지속하기 힘들 만큼 토지세를 인상해서 다원으로 일하러 올 수밖에 없도록 하는 것이었다. 이런 정책이 결과적으로 충분하지 못한 것으로 판명되자 농장주들은 인도의 다른 지역으로부터 노동자들을 들여오게 되었다. 그래서 현대의 아삼 지역에 영향을 미치고 있는 노동의 역사

92 C.A.브루스, <아삼의 차 산업과 차 농장의 확대와 생산 보고서>, 1839. 앤트로버스, <아삼회사의 역사>, 466.

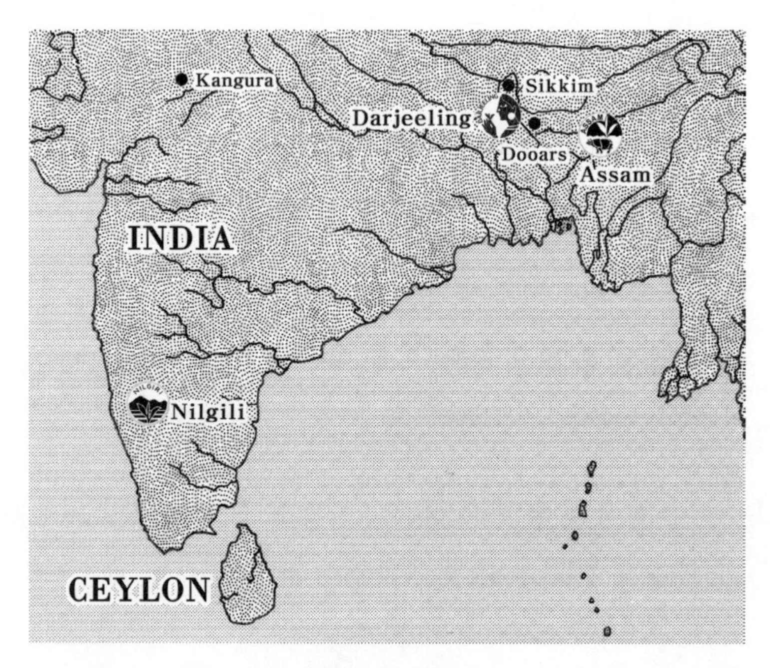

인도의 주요 차산지

상 가장 비참한 시대의 한 장이 시작되었다.

새로 도입된 시스템은 계약 노동 또는 채무 노동이라고 불려졌다. 공식적으로는 아르카티arkati라고 불리는 고용 대리인이 대부분 문맹인 노동자들로부터 계약을 받아냈는데, 대개 서명은 그저 지문을 찍는 것에 불과했다. 하지만 공식적인 계약서는 노예 계약이나 다름없었고 때로 더 비참했다. 아르카티들은 처음에는 인근의 벵골이나 비하르로 파견되었고, 나중에는 오리사Orissa나 마드야 프라데시Madhya

Pradesh에도 파견되었다. 그들은 인구 과잉 상태인 시골을 찾아다니며 고임금과 더 나은 생활을 미끼로 극빈자들을 유인했다. 대리인들은 충분한 수의 지원자를 모으면 캘커타로 데리고 가서 끔찍한 생활 조건의 창고에 수용했다가, 브라마푸트라 강을 따라 6주 내지는 8주가 걸리는 끔찍한 여정을 위해 그들을 가혹한 환경의 배에다 실어 보내곤 했다. 사람으로 가득 찬 배에서 충분히 영양을 공급받지 못하고 습지의 기후에도 적응하지 못했던 그들 중 많은 수가 목적지에 도착하기도 전에 콜레라, 이질, 장티푸스 등으로 목숨을 잃었다. 채찍을 든 관리자들은 항해에서 살아남은 이들을 건네받아서, 굶주렸건 병들었건 간에 굳은 땅에 괭이질을 하여 정글을 개간하고 찻잎을 수확하도록 몰아댔다. 그리고 밤에는 초라한 오두막에 몰아넣고 밖으로 나오지 못하도록 했다.

'쿨리'라고 불리는 노동자들은 만성적인 영양실조와 저임금에 시달렸는데, 다원들의 임금은 제국 영토의 다른 플랜테이션과 비교해도 낮은 편이었다. 게다가 굶주림과 저임금이 최악의 문제는 아니었다. 노동자들은 매일 가해지는 신체적인 폭력을 견뎌야 했고, 관리자나 감독관이 이들의 아내에게 성적인 추행을 하더라도 막을 방도가 없었으며, 자신이 이해하지도 못하는 일방적인 계약에 의해 맺어진 임금과 채무의 잔혹한 사이클에서 빠져나올 수도 없었고, 병이 들면 임금도 받지 못하고 죽든지 살든지 방치되곤 했다. 설령 쿨리들이 도주하려는 마음을 먹더라도, 호랑이와 킹코브라가 득실거리는 주변의 끝

없는 정글은 그들의 용기를 꺾는 데 충분했다. 한번은 두 명의 대담한 쿨리들이 탈출을 시도했는데 그들을 추격해 온 경비가 돌아오지 않으면 사살하겠다고 위협하자 "쏴라!"고 대꾸했다.[93] 그들은 참혹한 다원에서 사는 것보다 차라리 단숨에 목숨을 잃는 것을 택했던 것이다.

영양실조 및 물과 공기로 전파되는 각종 전염병들로 인해 노동자들의 사망률은 극히 높았다. 인도 북동부의 채무노동에 대해 연구한 역사학자 쟈에 의하면 1863년에서 1866년 사이에 다원으로 보내진 8만 4천명의 노동자 중 3만 4천명이 사망했다.[94] 아삼의 총독이었던 헨리 코튼은 회고록에서 그 실태를 생생하게 묘사했다. "나는 시장이나 길옆의 도랑에서 이미 죽어 있는 쿨리들과 죽어가는 쿨리들을 보았다."[95] 그리고 죽어가는 것은 다원 노동자들만이 아니었다. 열광적인 차 애호의 시대였던 1860년대에는 차 플랜테이션들이 수익을 내기 시작했고 많은 사람들이 차에 투자 하고 싶어 했기 때문에 부동산 투기꾼들은 땅을 값싸게 얻어 쉽게 부자가 될 수 있다며 많은 유럽인들을 아삼으로 유혹했다. 아삼행 배에 몸을 실은 사람들은 대개 잉글랜드에서는 신분의 벽 때문에 지위 상승의 길이 막혀 있거나, 지주가 되기를 꿈 꾸던 사람들, 또는 노후를 위해 재산을 마련하려던 사람들이었다. 하지만 불행하게도 모기와 세균은 피부색을 가리지 않았기 때문에, 좀 더 잘 살아보겠다는 쿨리들의 소망과 마찬가지로 백인들의 꿈 역시 브라마푸트라 강가에서 스러졌다.

93 강굴리, <영연방에서의 노예제>, 39.
94 쟈, <계약 내지 이민의 단면>, 145.
95 시디크, <무상토지불하의 전개>, 152.

하지만 제국의 차 산업은 멈추지 않았다. 19세기가 끝나갈 즈음 아삼에서는 거의 34만 에이커의 정글이 다원으로 바뀌었고, 그와는 별개로 땅 투기꾼들이 구입해서 놀리고 있던 땅도 수만 에이커나 되었다. 원주민들에게는 자급자족을 위한 식량 재배나 땔감 채집이 금지되었다. 개간된 토지의 97퍼센트는 유럽인 소유가 되었고 인도인들이 보유한 토지는 1만 에이커에도 미치지 못했다. 독자적으로 다원을 개발했던 아삼의 호족 마니람 두타 바루아는 여기에 끼지 못했는데, 그의 적들이 1857년의 세포이 항쟁의 혼란 상황을 이용해 마니람을 제국에 대한 반역 혐의로 고발해서 형식적인 재판을 거쳐 1858년에 교수형에 처했기 때문이었다.

차 재배는 인도 북서부와 남부로도 확산되었다. 다아질링이 스타로 부상했고, 실론(스리랑카)도 독자적으로 차를 발전시켰다. 영국령 인도는 중국을 제치고 세계 차 시장의 최대 공급국으로 부상해서 중국의 점유율을 100퍼센트에서 10퍼센트까지 끌어내렸다. 1900년에 북인도의 플랜테이션에서 영국으로 수출한 차의 양은 1억 4000만 파운드 이상이었다.[96] 윌리엄 유커스는 〈차에 대한 모든 것〉에서 단언했다.

"차는 머나먼 인도에서부터 차를 재배하거나 마시는 세계의 모든 나라들로 퍼져 나갔다.……인도의 차 제국은 결코 해가 지지 않을 것이다."

96 브리태니커 백과사전 2003.'대영 제국의 힘, 1858~1947 경제 정책과 발전'항목.

콜롬보 다원에서 일하는 쿨리들

영국제국의 차는 오십 년도 안 되는 짧은 기간에 중국차가 수백 년 동안 누려오던 국제적인 지위에 도달했다. 하지만 식민지에서 새롭게 얻은 부는 파운드와 에이커로 계량할 수 있었을지는 몰라도 인간의 희생은 계량할 수 없는 것이다. 인간의 비탄에 수치를 부여할 수 있는 척도가 언젠가는 만들어져야 한다.

실론티의 탄생

그들은 그를 사미 도라이(신이신 주인님)라고 불렀다.

- 실론 홍차의 진정한 아버지 제임스 테일러에 대해서

스코틀랜드인은 차에 매료되는 경향이 있는 듯하다. 중국의 차 스파이 로버트 포천도 스코틀랜드인이었고, 인도의 아삼지역에서 차나무를 처음 발견한 브루스 형제 역시 스코틀랜드인이었다. 그리고 또 다른 두 명의 스코틀랜드인이 매혹적인 섬의 해안에 상륙해서 차 산업을 일구어내었다. 인도의 눈물이라는 의미를 가진 '실론'으로 불리던 스리랑카에서 그들은 섬의 모든 산골짜기를 진녹색의 차나무로 덮어버렸다. 그들이 도착한 후, 20~30년 남짓한 동안 실론이라는 단어는 전 세계적으로 차와 동의어로 인식되었다. 둘 중 한 사람은 실제로 일을 했고 다른 한 사람은 돈을 긁어모았다. 예상대로 역사는 천재가 아니라 백만장자를 기억하고 있다.

실론 차의 이야기는 커피로 시작한다. 잎병 Hemileia vastatrix은 마치

고대 로마의 전쟁과 파괴의 여신 같은 이름과 유사하다. 이것은 커피 녹병이라고도 불리는 것으로, 잎병은 주홍색 가루의 형태를 띠는 파괴적인 녹병균이다. 균은 커피 잎의 줄기 부분을 공격해 광합성을 막아서 고사시킨다. 커피 재배자들이 가장 두려워하는 질병인데, 1860년대 실론 섬에서 발생했다. 크기는 현미경으로 볼 수 있을 정도로 작지만 피해범위는 막대해서 십 년에 걸쳐 25만 에이커의 커피 농장을 파괴하기에 이르렀다. 커피녹병이 파괴한 것은 단지 커피나무만이 아니었다. 커피녹병은 커피 채취자나 투자자, 짐꾼, 매니저 등 커피 농장과 관련된 사람들의 삶까지도 파괴했다. 희망을 안고 실론으로 왔던 많은 유럽인들은 무일푼의 신세로 전락했다. 하지만, 그들 중에서 유럽으로 돌아갈 수 있는 티켓을 마련할 형편이 되는 사람은 소수에 불과했다. 그곳에 남겨진 사람들의 미래는 커피나무와 같았다. 완전히 메말라버린 절망적인 상황이었다.

제임스 테일러 역시 이렇게 남았던 젊은이 가운데 하나였다. 그는 이 이야기의 첫 번째 스코틀랜드인이며, 실질적인 일을 한 인물이다. 테일러는 1852년 16살의 소년으로 섬에 도착했다. 사촌의 권유로 스코틀랜드 하일랜드에 있는 작은 고향 마을을 떠나 3년 간 커피 농장에서 일한다는 계약서에 서명했다. 호기심 많은 제임스는 무엇이든 배우는 것에 관심이 많았다. 그는 열심히 일했고 성실했으며 쉽게 적응했다. 길을 닦는 일이든, 방갈로를 짓는 일이든 크고 작은 농장에 관련된 모든 일을 익숙하게 해냈다. 호기심 많은 그는 고용되어 있던 로올레콘데라 농장의 길가에 갓 도착한 중국 차나무의 씨앗을 심었다.

커피녹병이 죽음과 파괴를 퍼트리는 동안 사람들은 가라앉는 배의 쥐처럼 섬을 포기하고 있었지만 테일러는 문제 해결에 집중했다. 그는 처음 기나幾那나무를 심었다. 기나나무는 말라리아 치료제인 키니네를 뽑아내는 식물로, 힘든 시기 동안 농원을 하는 데 도움이 되었다. 그 후 제임스 테일러는 차에 눈을 돌렸다. 그는 물어볼 수 있는 곳이라면 어디든 가서 의문을 해소했고 흙의 특성을 연구했으며 가지치는 기술을 시험하고 차 따는 법을 배웠다. 테일러가 몇 년 후 어느 편지에서 회상한 내용을 보면 최초의 결과물은 실망스러웠던 것 같다. "오래전에 내가 만든 첫 번째 차는 거의 지독한 독에 가까웠습니다."[97] 하지만 테일러는 강한 의지력을 지니고 있었다. 테일러의 사전에 포기라는 말은 없었다. 그는 몇 년이나 시험을 계속했다. 한 번 망치면 다시 시도했다. 그의 작은 방갈로는 작은 차 공장이 되었다. 그곳에서 찻잎을 말리기 위해 펼쳤다가 이를 식탁으로 옮겼다. 식탁 위에서 손목을 방망이처럼 사용하여 잎을 펼치며 차를 만들었다.

테일러가 농장에 차를 심게 된 배경은 확실하지 않다. 그가 상관인 해리슨과 마틴 릭에게 부탁해서였는지 실론에서 발견한 차 재배에 관련된 보고서에 고무되었는지 모르지만, 그는 아삼종 차나무를 수입하기로 결정했다. 진정한 빅토리아 시대의 신사답게 테일러와 릭은 나중에 그 아이디어의 제창자가 상대방이었다고 서로 양보했다. 그러나

97 포레스트, <실론 차의 백 년>, 71.

명예의 일부는 실론 중심부에 있는 페라데니야 식물원의 조지 트와이츠에게 돌려야 한다. 커피녹병에 대한 경고를 계속 무시당한 트와이츠는 소중한 아삼종 차 씨앗을 수입하는 것을 도왔다. 첫 번째 아이디어를 제기했던 게 누구든 1867년에 씨앗이 도착하여, '세심한 농부인 제임스 테일러에게 맡겨졌다'는 것이 사실이다. 테일러는 묘목 재배에 있어 누구보다 앞서간 사람이었다. 그는 묘목에서 차 만드는 법까지 모든 과정에 정통했다. 아니, 최후의 과정에는 약간 서툴렀을지도 모른다. 그는 사회성이 부족했다고 전해지는데 특히 티테이블의 숙녀들 앞에서는 더욱 심했다. 아마도 농장에서 거친 삶을 살며, 주로 술을 마시는 남자들을 많이 상대했기 때문일 것이다.

그 이전에도 실론 섬에 차나무 관목을 심었던 사람들이 있었다. 그 중에는 믿을 수 없을 만큼 부유한 유서 깊은 독일 은행가 가문 로스차일드가의 사촌이기도 한 보름스 형제들도 포함되어 있었다. 사람들은 보름스 또는 로스차일드가 원시적인 열대 섬에서 거칠게 사는 것은 상상도 할 수 없을 것이다. 오히려 베를린 오페라 하우스에서 연미복 차림으로 샴페인을 홀짝거리는 모습이 떠오를 것이다. 하지만 그들은 실론 섬의 산간벽지에 위치해 있는 7천 에이커의 농원에서 직접 손을 더럽히고 있었다. 하지만 그들의 목적은 커피였다. 모리스 보름스가 중국에서 갖고 와서 농원에 심은 몇 개의 차나무 관목 꺾꽂이는 형제의 눈에는 실제로 아무 의미도 없는 것이었다. 그들은 커피 농장을 운영하다가 커피녹병이 오기 직전에 엄청난 이윤을 내고 농장을 팔아치웠다.

1867년 테일러가 차를 심기 위해 개척한 19에이커는 오늘날까지 'No.7 밭'으로 유명하다. 이곳은 실론 섬에 만들어진 첫 번째 상업적인 차 농장이었다. 테일러는 그 이후 수년 동안 생산 공정을 완성시켜 조수와 일꾼들을 훈련시켰다. 그의 차는 섬 전역에서 높이 평가받았고 적은 양이지만 런던과 멜버른에서 팔리기도 했다. 그는 자신의 일에 일생을 헌신했다. 그가 농원을 떠난 것은 딱 한 번인데, 그때도 차를 연구하기 위해 차의 여왕의 지위에 올라 있는 다아질링에 가기 위해서였다. 테일러는 새로운 작물을 시험해보려는 농장주들에게 기꺼

차 상자 담기, 존 애버크롬비 알렉산더의 24명의 차 농사 사진 중 1매. 영국 1920년대.

이 자신의 지식을 나누었다. 키가 크고 거칠고 무성한 턱수염을 기른 당당한 풍채의 남자는 일꾼들에게 사랑받고 동료들에게 존경받았다. 말하자면 차의 성자가 되었다. 그 시대의 한 작가는 그를 두고 "테일러 씨보다 지적이고 노련한 재배자는 존재하지 않는다"고 했다.

한 청년의 작은 오두막의 작업에서 시작된 일은 머지않아 국가적 산업으로 성장했다. 커피 병충해로 손해를 본 것을 회복할 기회를 찾던 농장주들은 전광석화의 속도로 작물을 전환했다. No.7 밭이 시작된 지 8년 밖에 안 된 1875년에는 대략 천 평의 땅이 차로 전환되었다. 20년 후에는 3만 천 에이커로, 1930년경에는 거의 5백만 에이커로 늘어나게 되었다. 차 생산이 이렇게 확대되자 1883년 콜롬보에 차 경매장이 세워져서 전 세계로 차를 팔게 되었다. 이 경매장은 오늘날까지도 운영되고 있다.

테일러의 활약 외에도 이런 발전을 가능하게 한 것은 두 가지의 일이 있었기 때문이다. 하나는 커피녹병으로, 이로 인해 실질적으로 새로운 차의 역사가 만들어진 셈이다. 데니스 포레스트는 실론차에 관한 저서에서 이렇게 단언한다. "영국이 지금 차를 마시는 사람들의 나라가 된 것은 커피녹병 덕분이다."[98] 또 하나는 튼튼한 아삼종 씨앗이다. 인도 북동부 정글에서 온 종자는 전 세계에 훌륭한 혜택을 주었다. 아삼종은 네덜란드령의 자바 다원에서도 그때까지 크게 조명 받지 못한 자바차를 차라고 불러도 부끄럽지 않을 정도의 수준으로 끌

98 R.W. 레이너, <세계 작물>, 1960, 80.

어올렸다. 아삼차는 나중에 아프리카에서 농원을 개척하는 데도 사용되었다. 아삼종 씨앗 덕분에 실론차는 세계에서 가장 유명한 차 가운데 하나로 알려지게 된 것이다.

여러 가지 문제가 해결되고 실론차가 제대로 궤도에 올랐을 무렵, 두 번째 스코틀랜드인이자 백만장자가 된 인물이 나타난다. 결과적으로 보면 백만장자라는 사람들은 돈 냄새를 맡는 아주 예민한 코를 갖고 있는 모양이다. 토마스 립톤 역시 이런 예에서 빠지지 않는 인물이었다. 립톤은 15살의 나이로 이민을 가는데 고향인 글래스고를 떠나 그가 도착한 곳은 열대의 미개척지가 아니라 미국이었다. 그곳에서 그는 사업과 광고하는 법을 배워 스코틀랜드로 돌아왔다. 그는 배운 것들을 활용하여 식료품 체인점을 열어 부를 축적했다. 그가 실론에 도착했을 때 그는 이미 백만장자였고 남아 있는 허약한 커피 농장들을 거의 헐값에 주워 담았다. 그곳에서 그는 중간상인을 배제하고 노동계급이 구입할 수 있는 저렴한 가격의 차를 생산할 목적으로 차 농장을 시작했다. 그의 슬로건은 '다원에서 차 주전자로'였다. 하지만 대중 취향의 차라는 대대적인 선전에도 불구하고 립톤은 실론에 많은 땅을 소유한 것은 아니었다. 그의 5500에이커 땅에서 생산되는 차는 세계적인 배급망에 조달하기에는 너무 적은 양이었다. 물론 대부분의 차는 다른 농장주에게서 사들인 것이었다. 그는 자신이 중간상인이 되기 위해 기존의 중간상인을 배제시킨 것이다. 립톤은 개척자가 아니었다. 개척자는 테일러이며, 그보다는 못 미치지만 트와이츠이며,

타밀 족의 차 따는 여인, 실론, <더 그래픽>지의 일러스트, 영국 1886년, 브라마 차와 커피 박물관, 런던

이미 20년 전에 위험을 알면서도 사업에 뛰어든 해리슨과 리키를 비롯한 농장주들이었다. 하지만 광고는 허구를 사실로 만드는 힘이 있다. 포레스트가 기록하고 있는 것처럼 일반 대중은 실론을 영국 식민지라기보다 립톤과 동의어로 간주하게 되고 이 섬을 "염소수염을 기르고 요트 모자를 쓴 푸른색 점박이 문양의 나비넥타이를 멘 아버지 같은" 인물이 총괄하는 하나의 거대한 다원으로 그리게 되었다. 그리고 이것은 정확하게 립톤이 사람들이 그렇게 인식하도록 의도한 것이었다.

실론차와 인도차의 인기에 따라서 런던과 파리의 만국박람회에서 립톤의 마케팅은 화룡정점을 찍었는데 영국제국의 관점에서는 인도차의 성공담이 되었다. 19세기 말, 차라는 단어는 더 이상 중국의 비밀스럽고 신비로운 것이 아니라 열대의 무성한 숲과 인도와 실론의 매혹적인 풍경을 연상시키게 되었다. 이제 차는 완고한 중국 상인의 손에서 억지로 얻어내는 생산품이 아니라 '영국인'의 식민지 다원에서 얻은 친근한 생산품이었다. 빅토리아 시기의 중산층 계급에게 있어서 인도나 실론에서 생산된 최상급의 홍차를 마시는 것은 즐거운 경험이었다.

립톤과 실론이 동의어가 된다는 것, 그리고 뒤이은 국제적인 차 붐을 목격하지 않았더라도 제임스 테일러는 차 산업의 성장을 예견하고 있었다. 말년에 큰 회사들이 차례로 작은 다원을 매수하는 것을 지켜보면서 젊은 시절의 흥분은 환멸로 바뀌었다. 큰 회사의 정장을 입은 사람들은 콜롬보에 있는 호텔에 머물면서 차밭에 와보지도 않았고 작은 농장주를 몰아냈다. 동시에 북인도에서처럼 대농원 시스템이 실론 섬에서 재현되었다. 그 결과 남인도에서 이주해온 차 노동자들은 견디기 힘든 환경에 처해졌다. 테일러가 가동시킨 시스템은 제멋대로 굴러가고 있었다. 일단 대자본이 들어오면 멈출 방법이 없었다. 테일러는 자신의 일에서 약간의 이익을 얻으려고 시도했으나 실패를 하였다. 자신의 다원을 열기 위해 몇 번이나 토지불하 신청을 했지만 심사는 모두 각하되었다. 그는 내내 로올레콘데라에서 임금을 받고 일하는 감독으로 남아 있었다. 그리고 그것조차 끝이 좋지 못했다. 토지 합병의 열기 속에서 로올레콘데라는 오리엔탈 이스테이트 컴퍼니가 소유할 때까지 여러 번 주인이 바뀌었다. 이들은 테일러가 염려했던 대로 차와는 너무나 동떨어진 존재였다. 이 회사는 차나 다원 생활에 대해서 무지했으며 그들은 40년 동안 그가 살고 일했던 로올레콘데라의 불규칙하게 펼쳐진 토지에 대한 테일러의 깊은 애착에 대해 알아야 할 이유도 없었다. 하지만 그들은 결정권을 갖고 있었다. 테일러의 이웃에 따르면, 1892년에 회사는 테일러에게 6개월의 긴 휴가를 권했다. 테일러는 이것을 자신을 몰아내려는 시도라고 해석했다. 그는 자신이 건강을 완벽하게 유지하고 있다고 답하며 떠날 것을 거부했다. 그에 대한 답으로 회사는 그에게 사직을 요구했다. 이야기의 대단원은 허먼 멜빌의 소설 〈필경사 바틀비〉의 마지막 장면을 연상시킨다. 영미 문학 중에서도 매우 독특한 주인공 바틀비 씨의 미래의 상사에 대한 조용한 저항은 그의 확고한 답에 추상적으로 표현되어 있다. “나는 그렇게 하지 않을 것입니다.”

제임스 테일러도 그렇게 하지 않았다. 그는 이질에 걸려 불과 며칠 뒤 죽었다. 그를 따르던 부하 24명이 교대로 그들의 사미 도라이(신이신 주인님)를 메고 칸디에 있는 공동묘지까지 18마일을 이동했다. 제임스 테일러는 그곳에 묻혀서 다시는 그의 고향 스코틀랜드를 보지 못한 채, 그가 사랑하던 차나무로 덮인 언덕들 사이에 누워 있다. 스리랑카는 오늘날 세계에서 가장 많이 차를 수출하는 나라이다.

티 레이스

낡은 클리퍼 시대는 끝났고 하얀 돛을 단 범선도 더 이상은 없다.
바다 위를 나는 하얀 날개의 선단은 이미 사라졌다.
선주기船主旗가 대양의 바람을 맞으며 펄럭이던 곳에
이제 주전자처럼 배가 볼록한 꼴사나운 화물선이 흔들거리며 달리고 있다.

- <옛날 보스턴의 상인과 선장>, 1918

약 200년 동안 동인도회사의 이스트 인디아맨이라고 불리는 거대하고 육중한 상선이 대양을 건너 갑만을 돌아 사랑받는 중국차를 영국으로 충실하게 날랐다. 적재능력을 최우선으로 한 이스트 인디아맨은 거대한 선창을 가졌으며 다수의 선원이 승선했다. 아편전쟁 이전 유일하게 외국인에게 개방된 항구였던 광동의 강어귀에 있는 황포항에 정박하여 몇 만 상자의 차를 싣고 고국을 향해 느긋하게 일 년 또는 그 이상 걸려 여행 하곤 했다. 당시 동인도회사처럼 경쟁 상대가 없는 무역의 지배자는 서두를 필요가 없었기 때문이다. 하지만 최강이었던 동인도회사는 시대의 변화에 조금씩 타격을 입기 시작했고, 선박 항해술 역시 호화로운 시대로 진입하고 있었다.

1834년 대중국 무역 독점권을 잃기 이전부터 동인도회사는 서서히 쇠퇴해가는 중이었다. 인도 무역에서 배제되어 분개하고 있던 상인들의 청원과 로비에 의해서 1813년 동인도회사는 인도 무역의 독점권을 잃었다. 마침내 글래스고부터 맨체스터까지, 그리고 리버풀에서 버밍엄까지 영국제국 도처의 사기업들에게 인도가 개방되었다. 동인도회사는 영국 정부의 대리 자격으로 계속해서 인도를 통치했지만 더 이상 인도 무역을 독점할 수는 없었다. 그리고 20년 후, 아메리카 식민지를 상실했을 때와 마찬가지로 계속 증가하던 회사의 막대한 부채가 논란의 도마 위에 오르면서 중국 무역에 대한 독점도 마감하게 되었다. 처음에는 합자무역회사로 출발해서 세계 최대의 무역회사로 성장했던 동인도회사는 1834년 이후에는 인도의 공공 업무만 담당하는 왕실 대리 식민지 관리자의 입장으로 전락했다.

이러한 변화와 함께 세계질서에도 거대한 변화들이 들이닥쳤다. 아편전쟁은 중국이 다섯 개의 항구들을 개방하도록 강요했다. 그중 한 곳은 인도가 차의 최대 수출국으로 부상하기 전까지 세계 최대의 차 교역 중심지였던 복주였다. 그리하여 어느 나라, 어느 기업이든 자유롭게 중국과 무역을 할 수 있게 되었다. 더불어 영국의 무역선단이 국제 운송 사업에서 우위를 점할 수 있도록 제정되었던 항해 조례가 1849년에 폐지되었다. 즉 영국 국적의 선박뿐 아니라 어떤 나라의 선박이든지 영국제국을 출입하는 화물을 운송할 수 있게 된 것이다. 인도가 개방되었고 중국이 개방되었으며 영국제국의 항구들도 개방되어 동인도회사는 경쟁에서 물러나게 되었다. 몇 세기에 걸쳐 금지되어 있었던 통상로와 이익 창출의 기회가 모두에게 열린 것이다. 이제 본격적인 자유경쟁에 돌입하게 되었다.

19세기 전반기의 무역 세계에서 결정적인 요소는 속도가 되어버렸다. 이제 누가 더 화물을 많이 보내는가 보다는 누가 보다 빨리 목적지에 갔다가 돌아오는가가 중요했다. 그리고 서구에서 가장 진취적인 새로운 강국으로 떠오르고 있던 미국은 경쟁에 참여할 준비가 되어 있었다. 1840년대는 크지만 느린 선박과 빠르지만 작은 선박뿐이었다. 미국의 식민지 시절에는 작고 빠른 배들이 독립전쟁 당시 영국의 프리깃 봉쇄를 몰래 피하는 데 유리했고, 짧은 연안 항로의 운행에도 편리했으므로, 차나 다른 물자들을 밀수하는 데 주로 사용되었다. 한편 이스트 인디아맨과 같은 크고 느린 배들은 대서양을 오가는 화물 운송에 사용되었다. 두 가지 종류 이외의 대안은 존재하지 않았고, 상상할 수조차 없었다. 그래서 뉴욕의 해운회사인 홀랜드&애스핀월Howland and Aspinwall이 중국차 무역에 뛰어들 기회를 얻기 위해 크고 빠른 배의 건조를 결정하자, 사람들은 그것을 미친 짓으로 여기고 그 배를 '애스핀월의 헛짓거리'라고 조롱했다.

하지만 레인보우Rainbow라는 이름이 붙게 된 배는 헛짓거리가 아니라, 당시의 통상적인 선박 설계에 대한 관념을 뒤바꾼 혁신적인 선박 형태를 선보였다. 레인보우호는 매끈하고 빨랐으며 날카로운 뱃머리와 돛을 최대한으로 펼칠 수 있는 높은 돛대를 가지고 있었다. 이 배는 진정한 클리퍼형 범선으로 불리게 되는 최초의 배가 되었다. 진짜 클리퍼들은 속력 위주로 건조되었지만, 설계의 원형이 된 작은 볼티모어 클리퍼들과는 달리 경량의 화물을 대량으로 실을 수 있도록 정교하게 설계된 외양 화물선이었다. 1844~1845년에 걸쳐 레인보우와 그보다 늦게 설계되었지만 먼저 진수하게 된 호우콰Houqua는 차를 실어오기 위해 중국으로 보내진 첫 번째 미국 클리퍼선이 되었다.

오래 지나지 않아 뉴잉글랜드 연안과 뉴욕의 조선소들은 클리퍼를 건조하기 위해 분주해졌다. 수익성 높은 중국 무역과 그에 못지않게 짭짤한 무역 사업들 때문에 클리퍼에 대한 수요는 더욱 높아졌다. 그중 하나는 아편무역으로 몇몇 보스턴과 뉴욕의 유력 가문들이 재산을 형성하는 기반이 되었다. 이런 사업들과 함께 캘리포니아의 골드러시는 샌프란시스코를 세계에서 가장 붐비는 항구로 탈바꿈시켰다. 1848년에는 샌프란시스코에 기항을 요청한 배들은 단지 몇 척뿐이었는데, 1849년에는 775척으로 늘어났다. 차와 아편, 황금은 미국 조선업계에 건조 붐을 불러일으켰는데, 단순히 건조된 선박의 수만 늘어난 것이 아니라 속력에 치중한 과감한 설계를 채용한 익스트림 클리퍼로 알려지게 되는 배들도 건조되었다. 그중 하나였던 라이트닝Lightning 호는 물 위를 날다시피 달려서 하루에 436해리를 질주했는데, 이것은 마치 20세기 사람들이 우주선의 속도에 놀란 것처럼 19세기의 사람들을 놀라게 했다.

배불뚝이 이스트 인디아맨 호가 항구에서 뭉기적거리고 있을 때 미국의 빠른 배들은 대양을 불티나게 오갔다. 차를 실어나르던 구시대의 배들의 시대는 저물어가고 있었다. 이런 쾌속선 중의 하나인 오리엔탈 호는 1850년 12월 3일, 런던에 차를 배달하는 첫 번째 미국 배가 됨으로써 무기력한 영국을 조롱했다. 이것은 항해조례가 폐기된 지 일 년 후의 일이었다. 오리엔탈 호가 홍콩에서 런던까지 91일 걸렸는데 이것은 이스트 인디아맨 호의 절반밖에 되지 않았다. 1921년 랄프 페인이 그의 책에서 미국이 가진 모든 상선에 대해 보고하자, 〈런던 타임스〉는 당황스럽게 다음과 같이 보도했다.

> "우리는 속박에서 갓 풀려난 거대한 적과 경쟁해야만 한다. 우리의 숙련된 기술, 꾸준한 노력, 강건한 의지력으로, 젊고 재능 있고 열정적인 적에 대항해야만 한다. 우리의 조선기사와 고용주들이 방심하지 말 것을 재촉하는 바이다. 짧은 항해용으로 빠르고 좋은 배는 항상 풍부하게 공급되는 것 같다. 하지만 우리에게는 긴 항해를 빠르게 할 수 있는 배가 필요하다. 그렇지 못하면 모든 것이 미국인 손에 넘어갈 것이다."

그리고 경쟁이 시작되었다. 영국의 조선업자는 오래지 않아 미국 설계를 모방하여 만든 자신들의 쾌속선을 중국으로 보냈다. 불과 몇 년 만에 영국의 클리퍼는 미국에 뒤떨어지지 않는 우아하고 빠른 배가 되었다. 곧 상업적인 운송이 국제적인 스포츠 이벤트처럼 진행되었다. 이것을 티 레이스라고 부르며 지금은 티 클리퍼라고도 불리는 클리퍼가 영국에서 중국까지 왕복하여 런던 경매장에 신선한 차를 누가 먼저 갖고 돌아오는가를 두고 경쟁했다. 항해는 정말 대서양 횡단 보트경기처럼 진행되었고, 팬클럽을 두고 경쟁을 했으며, 내기 도박도 벌어졌다. 그리고 승자에게는 프리미엄도 주어졌다. 선장과 선원은 프로 경기 팀처럼 준비와 훈련을 했고 스톱워치 대신 달력에서 시선을 떼지 않았다. 클리퍼는 목적지에 도착하는 데 80일에서 90일 정도 걸리는데, 클리퍼 사이에 불과 몇 분 차이로 순위가 결정되는 경우도 있었으므로, 런던 시민이 부두를 가득 메우고 그들을 응원하기도 했다. 사교계에서는 갓 도착한 티 클리퍼에서 신선한 차를 누가 먼저 얻는지 그리고 우선 순서를 예약하는 것이 자랑거리가 되는 속물근성을 드러내기도 했다. 새 차를 맛보는 최초의 인간이 되려는 소동은 19세기 런던 판 보졸레 누보 이벤트와 같은 것이었다.

티 클리퍼의 시대는 차의 역사에 대한 서구의 공헌 중에 흥미진진했고 아름다웠으며 아마도 가장 천진하며 낭만적인 면이 있었다. 하지만 이것은 매우 단명했다. 세상은 더 빠르게 움직이고 있었기 때문이다. 바다의 그레이하운드라고 불리던 클리퍼는 오래가지 못했다. 와트의 발명품인 증기기관이 대륙과 바다를 정복해 가고 있었던 것이다. 익스트림 클리퍼도 속도와 적재량에서 새롭게 등장한 대서양 횡단 정기증기선과 비교할 수 없었다.

수에즈운하의 개통을 알리는 신문 일러스트

확실하게 간격을 벌리게 만든 것은 1859년 수에즈운하의 개통이었다. 운하는 대형 범선은 지나가기 너무 좁았지만 증기선에는 딱 맞았다. 대서양을 날아다니며, 희망봉을 돌아 마다가스카르 섬을 따라 북상하여 인도양과 남지나해를 가로질러 시즌 최초의 녹차나 보헤아차를 싣고 반짝거리던 파이어리 크로스 호, 플라잉 스퍼 호 또는 스핀드리프트 호 등과 함께 좋았던 그 시절은 가버렸다. 이제 아킬레스 호와 아약스 호, 아가멤논 호가 털털거리는 엔진 소리를 내며 지중해와 수에즈운하를 가로질러, 클리퍼가 걸리는 시간의 절반으로 왕복했다. 클리퍼가 이스트 인디아맨의 소요시간을 절반으로 축소시킨 것이 불과 20년 전의 일이었다. 1세대(약 30년) 동안 한 해 또는 그 이상 걸렸던 여행은 3개월로 단축되었다. 이것은 오늘날 우리가 런던에서 로스앤젤레스까지 비행 소요시간 열 시간이 두 시간 반만으로 축소된 것과 같은 것이다.

수에즈운하를 통해 운송된 차의 신상품을 광고하는 차 상표, 영국, 19세기, 브라마 차와 커피 박물관, 런던.

티 클리퍼는 1870년대 후반 마지막 차 여행을 끝냈다. 그 후 일부는 해체되었고 다른 것들은 여객선으로 사용되었고 아주 소수는 다른 무역에 투입되었다. 이 시기의 유일하게 살아남은 것은 유명한 커티샥 호로, 가장 나중에 건조된 엑스트림 클리퍼였다. 배는 수에즈운하가 개통되기 직전인 1869년에 진수되어 소유자들을 파산시켰다. 커티샥 호는 중국차 무역과 오스트레일리아의 양모 무역에 몇 년 종사하고 난 후 포르투갈 회사에 팔렸고, 배는 어느 영국 선장에게 되팔려 수리를 받았다. 오늘날 커티샥 호는 그리니치 자오선에서 멀지 않은 영국 그리니치의 도로에 보존되어 해양 박물관으로 사용되고 있다.

티 클리퍼의 종언은 여러 가지 의미에서 한 시대의 종말을 뜻했다.

커티샥호, 1866년 티 레이스를 위해 건조되고 1869년 진수되었으나 수에즈운하의 개통으로 기능을 상실했다.

중국차는 끝났고 거대 다원에서 대량으로 생산되는 영국제국의 차가 중국의 무수한 소규모 생산자들을 눌렀다. 지구를 가로지르는 모험적 투자자들이 생산과 판매를 지배했다. 범선의 시대는 저물어갔고 인도 지역에서 온 차는 속도와 이윤을 추구하여 증기선으로 운송되었다.

동양에서 서양으로 이동하는 과정에서 차는 의미 깊은 변화 과정을 거쳤다. 문학적인 정진과 예술적인 성취, 정신적인 탐구의 중심에 있어 숭배의 대상이었던 차는 서양의 나라들에 부를 만들어주는 다른 식민지 생산품과 함께 대중적인 상품으로 격하되어 버렸다. 전에는 절대 볼 수 없을 정도로 엄청난 양의 상품을 운송하는 거대한 증기선의 이미지인 차갑고 기계적인 '배불뚝이 화물선'이 그 변화를 상징하고 있었다.

티 클리퍼, 그리고 중국차와 함께 동인도회사 역시 종말을 맞이했다. 아이러니하게 동양에서 서양으로 차가 더 빨리 운송될수록 회사의 지배도 점점 더 약화되었다. 한때는 차 무역의 개척자였고 2세기 반 동안 동방 무역을 지배했던 거대기업이 이제 차와 아무 관련도 없는 인도의 관리와 통치업무를 맡게 되었다. 인도와 중국에서 독점권을 잃은 동인도회사는 1858년 인도 세포이 항쟁에 의해 치명적인 타격을 받는다. 동인도회사에 고용된 인도인 용병인 세포이의 반란을 잔혹한 방법으로 진압했는데, 이 사건은 인도와 영국을 뒤흔들었다.

동인도회사는 인도를 통치하는 데에 무능했고, 특히 자신들의 군대를 관리하는 데 허점이 많았다. 무엇보다 폭동을 일으킨 주체가 회사의 병사들이었기 때문에 비난을 피할 수 없었다. 대중은 동인도회사가 오랫동안 특권적 지위를 가진 것에 불만을 품고 있었다. 첫째, 동인도회사는 200년간 독점권을 행사하면서 경쟁자를 배제하였으며, 대중이 받아들일 수 없는 비싼 가격을 일방적으로 밀어붙였다. 둘째, 회사 경영에서 부패, 탐욕, 족벌주의와 관련된 복잡한 이해 충돌 등이 계속해서 불협화음처럼 튀어나왔다. 셋째, 주주(1836년에는 불과 3천6백90명이었다)가 소수 특권자였으며, 특히 회사가 1834년에 무역을 그만

둔 이후에도 주주는 1783년부터 받고 있던 10.5퍼센트의 고정 배당금을 보장받았던 점 때문에 대중의 격분을 샀다. 고정 배당금은 40년 동안 계속 받을 수 있게 되어 있었다. 배당금을 생산할 만한 무역이 없음에도 불구하고 배당금은 인도의 세금으로 보증되어 있었던 것이다. 이는 인도의 납세자가 동인도회사 주주들의 막대한 이익을 보장했음을 의미한다. 후에 마침내 회사가 해산될 때 주주들은 정부의 연금을 받거나 보유 중인 100파운드의 기명주식 당 200파운드를 받거나 둘 중 하나를 선택할 수 있었다. 동인도회사를 향한 원한이 큰 것은 당연했다.

이리하여 회사는 인도의 통치권도 잃었다. 1858년 9월 1일, 인도 통치권은 본국으로 이관되었다. 조금이라도 품위를 지키기 위해 동인도회사의 관리자들은 이관하는 날 다음과 같이 공식 표명을 남겼다. "여왕 폐하가 선물을 기쁘게 받으시어 광대한 영토와 인도의 수백만 명의 사람들을 폐하의 직접 통치 아래 두시길 바랍니다. 하지만 폐하가 받기 이전, 위대한 회사가 있었음과 성공에서 배운 교훈을 잊지 않으시길 바랍니다." 또한, 여왕은 당혹스럽게도 회사의 부채 1억 파운드를 떠안았지만, 이것을 인도 정부로 이전시켰다. 결국 다시 인도의 납세자가 부담하게 된 것이다.

2세기 이상 유지되던 동인도회사의 본부인 리든홀 가의 거대한 이스트 인디아 하우스는 무너지고, 배당금의 지불이 끝나는 1874년까지 총무부장 1명과 사무원 1명이 작은 건물로 이전하여 업무를 보다가 마침내 해산했다. 이리하여 275년 동안 차 무역과 상거래 세계를 지배하며 자신의 군대를 소유하고 자신의 통화를 주조하고 동양과 서양의 관계를 결정짓고 여러 가지 점에서 당시 지구인의 운명을 결정하던 존재는 종말을 맞이했다. T.S. 엘리엇의 유명한 말을 빌리자면, "세상은 이렇게 종말을 고하리, 굉음이 아닌 흐느낌으로"

3부
신기한 것, 모호한 것, 잘못 알려진 것

티와 테, 차와 차이

중국인들이 '차Cha'라고 부르고, 다른 나라에서는 타이Tay, 또는 테Te라고 하는 모든 의사가 인정한 훌륭한 중국 음료가 런던의 왕립 거래소 근처에 있는 스위팅 렌츠의 〈술탄 여왕의 머리〉 커피하우스에서 팔리고 있습니다.

- 최초의 차 신문광고, 1658년 9월 30일 <정치통신Mercurius Politicus>

말은 예상치 못한 경로를 통해 시공을 여행한다. 그렇기 때문에 어원사전이 역사의 복잡한 길을 엿보는 흥미로운 창이 되기도 한다. 차Tea라는 영어 단어와 이탈리아어의 테tè, 독일어의 테Tee, 불어의 테thé 같은 유럽어의 어원은 중국어이다. 그리고 이란, 러시아, 인도, 일본, 아랍 국가들과 놀랍게도 포르투갈에서는 차를 가리키는 단어로 차Cha 또는 차이Chai를 사용한다. 후자인 차이는 인도에서 홍차에 우유, 설탕과 카르다몸, 계피, 말린 후추, 정향, 생강 등을 섞어 만든 흔한 음료를 뜻하며, 이러한 음료는 최근 서구에서 꽤 인기를 얻고 있다.

차라는 단어의 어원은 역시 중국어이다. 왜 중국어에서 똑같은 물건을 뜻하는 두 개의 다른 단어가 파생하게 된 것일까? 왜 대부분의 아시아와 아랍 국가들이 차라는 단어를 사용하는 반면에 서양의 유럽 국가들은 tea라는 단어를 쓰게 되었을까? 그리고 왜 포르투갈만 유럽 국가들과 다른 단어를 사용하게 된 것일까?

이런 의문에 답을 주는 것은 무역로다. 무역로는 어떤 상품을 어디로 수송하는지 또는 그 이상을 결정하기도 한다. 중국에서 처음 차를 마시기 시작한 이후로 차를 뜻하는 단어는 두 개 이상 있었다. 8세기에 이미 육우는 〈다경〉에서 차를 의미하는 다섯 개의 단어인 차茶, 치아茶, 쉐蔎, 밍茗 그리고 추안荈을 언급했다. 당시 중국에서는 지역마다 다른 방언을 사용하고 있었다. 치아 그리고 후에 차가 광동어와 북경어 양쪽에서 차를 의미하는 단어로 사용될 때, 복건성의 하문廈門 방언에서는 이것을 테te로 발음하면서 테이tay로 사용하고 있었다. 이런 이유로 무역 루트가 어디냐에 따라서 발음이 나뉘게 된 것이다.

아랍 상인들은 낙타 대상을 조직하여 실크로드 북로를 통해 중국으로 와서 찻잎과 함께 북경어의 ch'a라고 하는 단어를 갖고 돌아갔다. 하지만 17세기 초 서유럽에서 차를 대중화시켰던 네덜란드인은 해양 무역로를 통해 복건성의 상인들과 교역했다. 그들은 처음 익혔던 복건성의 방언을 지속적으로 사용하였고, 그 결과 테te로 정착하여 영국과 유럽 다른 국가들에도 소개되었으며, 영원히 차용하게 된 것이다. 하지만 문자는 다양하게 thea, tey, tay, tee 등으로 사용되다가 18세기 중엽에 tea로 정착되었다.

전서篆書에서'茶'는 두 개의 다른 글자로 구성되어 있다. 꼭대기에는 '풀'을 의미하는'艸'자가 있고 아래에는'木'이다. 두 단어는 차가 나무와 잎에서 나는 약초라는 것을 의미한다. 전서는 중국 서예에서 돌이나 금속 도장에 쓰이는 서체이다.

그런데 왜 포르투갈만은 예외가 되었을까? 그 이유는 그들이 네덜란드보다 먼저 중국에 갔기 때문이다. 포르투갈의 공주로 찰스 2세의 비가 된 브라간자의 캐서린은 영국 왕실로 시집오기 전에 이미 차에 익숙해져 있었다. 네덜란드인이 복건성의 하문에 가기 이전에, 포르투갈인은 복건성의 하문이 아니라 마카오와 광동 지역에 입항했으므로 광동어인 치아ch'a를 사용하게 되었다. 그리고 그들이 가져간 '치아ch'a'는 수출용이 아니고 포르투갈에서 소비되었다. 만약 당시 포르투갈 상인이 유럽무역을 지배하고 있었더라면 서구 세계는 오늘날에도 'ch'a'라는 단어를 썼을지도 모른다. 그리고 't'e'는 아마 중국 오지의 방언에 지나지 않았을 것이다. 하지만 포르투갈인은 그들의 배에서 일하던 유럽 선원들에게 ch'a라는 단어를 퍼뜨리기도 했다. 그런 까닭으로 오늘날까지 영어와 아일랜드 방언에 char라는 단어가 남아 있게 되었다.

현대 러시아에서 차를 주문하면 김이 펄펄 올라오는 훈연향이 나는 진한 홍차 한 잔이 나온다. 이란에서 차를 주문하면 작은 유리잔에 진한 향의 차가 각설탕과 함께 나온다. 차를 마시면서 각설탕을 깨물어 먹는다. 모로코에서는 민트 잎이 든 녹차를 금속 주전자에서 유리 잔으로 정확하게 따르는 감탄스러운 광경을 볼 수 있다. 일본에서는 밝은 녹색의 거품이 이는 말차 또는 우아한 센차가 든 다완이 나온다. 도시의 카페 메뉴에는 라테와 에스프레소 사이에 끼어 있는 달콤하면서 향이 강한 인도식 밀크티인 차이chai를 쉽게 찾아볼 수 있다. 이 특별한 차이chai는 실은 불과 십수 년 전에 인도에서 곧바로 미국 커피 체인의 메뉴로 포함된 것이다. 이렇게 해서 포르투갈의 범선과 상관없이 차이가 현대 영어권 국가에 나타났다.

카멜리아의 수수께끼

이렇게 기이한 향기의 정령을 숨긴 잎은,

어떤 마법에 걸린 낙원에서 왔는가?

아담 이전의 인간이 최초로 본 꽃일까,

비탄에 잠긴 영혼의 시름을 잊게 만드는 감미로운 약이여.

- 프랜시스 S. 살투스, <차> 19세기

요즘 차 가게에 가면 압도당할 정도로 다양한 차를 볼 수 있다. 녹차, 홍차, 백차, 가향차, 훈연차, 전차, 백호은침, 주차, 센차, 첫물차, 두물차, 운남, 기문, 아삼, 닐기리…… 너무 많아서 무엇을 살지 결정하기 어렵다. 생산지도 인도에서 중국, 아르헨티나, 케냐, 터키에서 타이완, 인도네시아까지 지구 전역에 퍼져 있다. 게다가 찻잎 크기와 모양도 다양해서, 길고 좁고 짧거나, 가루로 되어 있거나 꼬여 있거나 말려 있는 것도 있다. 그리고 연한 회백색에서 다양한 녹색, 적갈색, 암갈색, 검정색까지 색도 다양하다.

사람들은 종종 차가 세계 여러 지역의 다양한 식물들로 만든다고 생각하고, 그것을 물어본다. 하지만 차는 한 종류이다.(한국에서는 차나무에서 딴 찻잎으로 만들지 않은 것들도 차라고 하나 영어에서는 그것을 tea라고 표기하는 대신 tisane, infusion 같은 단어를 사용한다. 이 책에서 다루는 모든 차는 차나무에서 나오는 것을 의미한다. - 역주) 정원에 심는 동백과의 친척이기도 한 카멜리아Camellia의 한 종류인 카멜리아 시넨시스Camellia sinensis가 바로 그것이다. Sinensis는 라틴어로 '중국의'를 의미하고 camellia는 모라비아 예수회 수사이자 식물학 개척자였던 게오르그 요세프 카멜(라틴어로 카멜리우스)의 이름에서 딴 것이다. 극동 지역의 식물에 관한 카멜의 책은 17세기 유럽에서는 잘 알려져 있었다. 세계에서 차라고 불리는 온갖 종류의 음료는 모두 카멜리아 시넨시스를 원료로 하며, 중국인은 수천 년 전부터 이 식물을 잘 알고 있었다. 하지만 유럽에서는 많은 노력 끝에 온갖 혼란과 가짜 정보를 거친 후에야 아주 최근에서야 겨우 얻은 귀한 정보였다.

17세기 후반 유럽인들은 차를 음료로 즐기는 것을 배웠지만, 그전에는 중국에서 온 기이한 허브라는 정도만 알고 있었다. 독일인 의사 시몬 파울리와 네덜란드인 코르넬리우스 본테코, 또는 프랑스의 필리페 실베스트르 뒤포르 같은 약사는 차에 관한 논문을 썼지만, 차의 식물학적 지식은 일반 대중 수준이었다. 네덜란드 외과의사 빌렘 텐 린과 독일의 박물학자 엥겔베르트 캠퍼는 둘 다 일본을 여행했다. 그 후 린은 1678년, 캠퍼는 1712년에 차나무의 형태와 역사에 관련된 책

차나무와 종자, 꽃

을 출간했다. 그들은 그것을 'thea'라고 불렀지만 식물학적 기원이나 동백과의 관련에 대해서도 전혀 몰랐다. 캠퍼는 차나무에 긴 라틴어 이름인 'Thea frutex folio cerasi flore rosae sylvestris, fructu unicocco, bicocco & ut plurimum tricocco'라는 이름을 지어 주었다.

동시대에 유명한 스웨덴 식물학자인 카롤루스 린나이우스 또는 우리가 흔히 부르듯 린네가 종의 학명을 나타내기 위하여 라틴어로 속명과 종명을 조합시키는, 잊혔던 이명법 체계를 되살림으로써 생물학계 체계를 잡았다. 이것은 오늘날에도 사용되고 있다. 1753년 그는 〈식물의 종〉을 출간하여 체계에 맞춰서 식물을 분류했는데, 그는 차나무를 한 권에서는 테아 시넨시스Thea sinesis로, 다른 권에서는 카멜리아camellia로 정의했다. 같은 해 영국 작가 존 힐이 그 혼란에 한몫했다. 그는 18세기 유럽에 수입된 차의 대부분이 홍차와 녹차였기 때문에 차나무에 두 가지 종이 있다고 생각했다. 테아 보헤아Thea bohea는 대부분의 홍차가 수입되던 중국의 복건성과 강서성의 경계에 있는 무이 산맥에서 이름을 따온 것이고 테아 비리디스Thea viridis는 라틴어의 녹색을 뜻하는 viridis를 차용한 것이었다. 린네는 이런 의견을 받아들였지만 직접 차나무를 관찰하기 위하여 진짜 차나무를 수입하게 되었다.

린네는 그의 학생인 피터 오스벡에게 중국에서 차나무를 가지고 돌아와 달라고 의뢰했다. 배가 희망봉에 도착할 때까지만 해도 오스벡은 성공적인 듯 보였으나, 갑작스런 돌풍에 식물들이 날아가 버리는 바람에 실패했다. 린네는 곧 마그누스 폰 라게르스트롬에게 그 일을 맡겼고 웁살라로 두 그루의 나무를 갖고 돌아왔다. 이 식물은 정원 장식용 동백나무임이 밝혀지기 전까지는 한두 해 동안 각별한 보살핌을 받았다. 그 후 마침내 차나무 관목이 예테보리에 도착했다. 이 특별한 식물은 제한된 접촉만이 가능한 안전한 장소에 보관되었다. 하지만 안타깝게도 린네가 그것을 손에 넣기 전에 안전한 장소에 살던 한 떼거지의 쥐가 먼저 맛보았고, 꽤 즐겼던 모양인지 모두 갉아 먹어치웠다.

린네는 포기하지 않았다. 그는 중국 무역에 종사하던 엘케베리 선장에게 한 번 더 부탁했다. 선장은 성숙한 나무가 아니라 차 씨앗을 심어서 스웨덴으로 돌아오는 항해 기간 동안 싹을 틔웠다. 예테보리에 도착해서, 심은 종묘의 반은 웁살라로 보냈지만 이송 중에 말라버렸다. 아마도 그것들은 하자가 있는 씨앗에서 자란 것이었을 것이다. 중국 여행객의 기록에 보면, 중국 상인은 그들의 무역을 보호하기 위해, 종자를 끓여서 싹이 트지 못하게 하거나 상태가 나쁜 것을 판다고 했다. 하지만 중국 상인들의 노력에도 불구하고 엘케베리 선장은 묘목의 나머지 반을 직접 이송하여 마침내 성공했다. 바로 이 나무의 열매는 지금도 스웨덴 자연사 박물관에 표본으로 보존되어 있다. 린네는 식물을 주의 깊게 연구하여 꽃을 피우는 데 성공했지만 분류상의 혼란은 수습되지 못했다.

중국인의 끊임없는 방해에도 불구하고 수 년 후 유럽에 차나무가

북경 남동부 통주通州현의 고양이 장사와 차 장사, 토마스 알롬, 영국, 1840년대

들어왔다. 1768년 영국 큐 가든에 테아 보헤아가 선보였으며, 차나무가 파리의 식물원에 도착했다는 기록이 남아 있다. 유럽 전역에서 연구가 이루어졌지만 1818년 영국의 식물학자 로버트 스위트가 테아와 동백나무과가 같은 종이라는 걸 밝혀낼 때까지 큰 결실은 없었다.

차나무는 동백나무과라고 결론지었지만, 품종의 차이에 대해서는 혼란이 계속되었다. 얼마 뒤 영국이 인도의 아삼 지방에서 야생 차나무를 발견하자, 아삼의 차나무와 중국의 차나무가 같은 속인가를 두고 문제가 제기되었다. 녹차 차나무와 홍차 차나무, 인도의 차나무와 중국의 차나무, 동백나무과 또는 전혀 다른 과, 이런 논쟁이 계속되었다. 식물학자들의 의견은 일치하지 않았고 때로는 격렬하게 대립했다. 논쟁은 1905년 국제식물학회에서 최종적인 결론에 도달했다. 국제식물명협회는 차나무가 어디서 자라든 어떤 차를 만들건, 차나무는 한 종류이고 이것을 카멜리아 시넨시스로 부른다고 포고했다. 이렇게 해서 차가 유럽에 처음 도착한 지 250년이 지난 후에야 차나무에 대한 수수께끼가 풀리게 되었다.

오늘날 차나무는 두 가지 변종이 인정되고 있다. 첫 번째 소엽종인 중국종은 억센 관목으로 여러 개의 줄기에 작고 단단한 잎사귀를 갖고 있으며 야생에서는 3미터 이상으로 자란다. 중국 차나무는 추운 겨울에 잘 버텨서 매우 오래 살며 생산량이 많고, 하나의 관목이 백 년 동안 차를 생산할 수 있다. 중국 남서부 운남성의 야생에서 발견된 일부 고대 차나무는 나이가 약 1700년이나 되었을 것으로 추정된다. 두 번째 대엽종인 아삼종은 비교적 키가 크고 큰 줄기를 가지며 잎이 크고 부드럽다. 아삼종은 수명이 약 40년 정도로, 중국종에 비해 짧지만 18미터에서 25미터 높이까지 자란다. 아삼종은 중국 남부의 정글에서도 자생하였을 것으로 보이는데, 육우가 〈다경〉에 썼던 "차는 남부의 거대한 나무에서 채취한다"라는 내용은 아마도 이 나무를 염두에 두었을 것으로 추정된다. 캄보디아종은 캄보디아와 라오스에서 발견되었는데 아삼종의 아종으로도 알려져 있다. 이러한 변종으로부터 수백 개의 잡종과 변종이 다양한 상업적 목적에 따라 개발되었지만, 이것들을 모두 Camellia sinensis, 즉 차나무라고 부른다.

오늘날 비누, 샴푸, 연고와 화장품의 원료로 사용되는 '티 트리tea

tree'라는 식물은 차나무와 상관없는 전혀 다른 식물이다. 티 트리는 오스트레일리아에서 기원하는 Melaleuca alternifolia라는 학명을 가진 나무로 키가 크고 얇은 잎사귀가 무성하며 유칼립투스와 유사하다. 오스트레일리아의 원주민들은 다양한 치료용 목적으로 잎사귀를 끓여서 사용했다. 잎은 강한 방부작용과 살균작용을 갖고 있다. 쿡 선장이 오스트레일리아의 원주민들에게 사용법을 배운 뒤에 '티 트리'라는 이름을 붙이고 선원들의 괴혈병을 막기 위해 진한 차로 만들어서 먹였던 것이다.

하이티, 로우티

우리의 문제는 차를 너무 많이 마신다는 점이다. 나는 이것이 동방의 느릿한 복수라고 생각한다. 우리의 목을 타고 내려가는 황하…….

- 존 보인튼 프레스틀리, 영국 소설가이자 극작가, 1894~1984

오후 늦게 또는 이른 저녁에 먹는 가벼운 식사인 하이티high tea로는 보통 홍차와 샌드위치를 먹는다. 그런데 왜 이것을 하이티라고 부르게 된 것일까? 그 기원을 찾아 거슬러 올라가면 놀랍게도 하이티는 실제로 로우티low tea였다. 하지만 로우티는 소위 말하는 상류층인 귀족층에서 기원한 단어이고 하이티는 소위 먹고살기 위해 일을 해야 하는 사람들인 하류층과 연관 있는 단어이다. 물론 이것은 좀 복잡하지만 역사는 다음과 같이 설명하고 있다.

애프터눈티가 유럽 귀족층에 정착한 것은 17세기 후반이었다. 윌리엄 유커스는 〈차에 대한 모든 것〉에서 마담 드 세비그뉴(1626~96)의 서간문 중에 '5시의 차'라는 말을 소개하고 있다. 네덜란드인과 캐서린 왕비에게서 습관을 배운 영국인은 오후에 차를 마셨다. 1700년대 초에는 차 예절도 어느 정도 관례화되어 있었다. 예를 들어 당시 많았던 예절 중에 컵을 드는 동안에는 약지를 쫙 펼쳐서 우아함을 표시해야 했으며 차를 그만 마시고 싶을 때는 컵 위에 티스푼을 걸쳐 놓았다. 또한 차는 컵이

귀족들의 에프터눈티, 월터 베산트Walter Besant

아니라 접시채로 마셨으며, 후루룩 소리를 내고 킁킁 냄새를 맡는 것이 주인에게 좋은 차를 대접받았다는 기쁨을 점잖게 표현하는 방법이었다고 적고 있다.

18세기에서 19세기로 세기가 바뀔 때 살았던 베드포드의 공작부인 안나(1783~1857)는 어떤 이유에서인지 애프터눈티의 창시자로 알려져 있다. 애프터눈티는 점심과 저녁 사이에 차와 함께 먹는 간단한 식사로, 안나 공작부인은 점심과 저녁 사이에 배고플 때 친구들을 초대해서 작은 샌드위치, 토스트, 케이크 등과 함께 애프터눈티를 즐기

곤 했다. 당시의 유한계급은 이상한 시간 규칙을 갖고 있어서 저녁을 매우 늦게 먹었다. "식사시간은 완전히 혼란스러워 저녁식사가 아침 식사에 흡수되어 버릴지도 모를 정도이다"라고 했다. 공복감이 이 시간대의 푸짐한 간식을 정당화시켰을 것이다. 안나 공작부인이 차와 뭔가를 같이 먹은 첫 번째 사람은 아니었을 것이다. 애프터눈티는 현대에는 하이티로 부르게 되었으나, 스낵과 핑거푸드(샌드위치 같이 손으로 집어먹는 가벼운 음식)가 곁들여진 가벼운 식사였으며 보통 '로우티'라고 불렸다. 여기서 '로우'라는 단어는 보통 애프터눈티가 응접실의 낮고 작은 티 테이블에서 차려졌기 때문에 나온 말이라고도 하고, 오후의 늦은 시간에 먹었기 때문이라고도 한다.

반면에 하이티는 당시의 심각했던 사회 문제와 밀접한 관련이 있다. 육체노동자는 오후에 샌드위치를 먹으며 시간을 허비할 수 없었다. 그들은 공장이나 광산, 밭에서 해가 질 때까지 바쁘게 일해야만 했다. 일을 마치고 돌아와 그날의 식사를 준비해야 했는데, 이것이 미트티meat tea라고도 불리는 하이티였다. 고기, 햄, 베이컨, 감자, 달걀, 치즈, 빵과 버터, 어떤 것이든 차와 함께라면 배불리 먹을 수 있는 저녁 식사였다. 커피 테이블보다 더 높은 식사용 테이블에서 주로 먹었기 때문에 하이티라고 불리게 되었다고 한다. 물론 모든 사람이 이런 식사를 할 수 있는 것은 아니었다. 베이컨 한 조각과 감자밖에 없더라도 미트티 또는 하이티라는 식사의 이름은 변하지 않았다. 그리고 어느 집에나 반드시 가지고 있던 찻주전자가 테이블을 지배했다. 저녁 식사로서 하이티의 잔재는 영국의 북쪽 일부, 호주와 뉴질랜드에서도 발견되는데 차라는 단어가 아직도 저녁 식사를 의미하는 것으로 사용되고 있다.

당시에 식사를 일컫는 단어는 현대처럼 정착되어 있지 않았다. 이를 테면 저녁은 원래 그날의 중간에 먹는 식사였는데 저녁으로 옮겨가고, 늦은 저녁 식사였던 만찬과 섞이게 되었다. 그 와중에 하이티는 오후로 되돌려져서 오늘날 흔히 알려진 간식 정도가 되었다.

하이티, 로우티는 영국에서 영어권의 다른 나라로 퍼져 나가게 되었다. 오후든 저녁이든 차는 빠지지 않았고 오늘날까지 유지되고 있다. 뉴질랜드 사람들은 "일어나서 큰 컵으로 차 한 잔을 마시고 아침 식사 때 다시 큰 컵으로 차 한 잔을 마신다. 11시에 아침 차, 점심에는 인구의 최소 90퍼센트가 차를 마신다. 4시에 다시 차 한 잔, 저녁에 더 많은 차를 마시고 9시 또는 9시 반에 뉴질랜드 사람들은 만찬이라고 하는 식사를 하는데, 그날의 마지막 식사를 하는 가장 큰 이유는 차를 마시기 위해서라고 할 수 있다"고 적고 있다. 영국 또는 그 연방국이든, 지위가 높건 낮건 간에, 너무나 많은 차가 서구인의 목으로 흘러 들어가고 있었다.

우유 먼저? 차 먼저?

나는 최근에 알프레드 드 로스차일드 남작의 초대로 시모어 플레이스를 방문했다. 아침 일찍, 제복 차림의 하인이 거대한 바퀴 달린 테이블을 내 방으로 밀고 들어왔다. 그는 "손님, 차가 좋으십니까, 복숭아가 좋으십니까?"라고 물었다. 내가 차를 선택하자 즉시 다른 질문을 퍼부었다. "중국, 인도, 실론 중에선 무얼 고르시겠습니까?" 내가 인도차를 선택하자 그가 재차 물었다. "레몬, 크림, 우유 중에 무얼 넣을까요?" 나는 우유를 선택했다. 하지만 그는 어떤 종류의 소에서 짠 우유를 좋아하는지 알고 싶어 했다. "저지, 헤레포드, 숏혼 중에서는요?" 이렇게 좋은 차를 마셔본 것은 처음이었다.

- 세실 로스(1899~1970), 영국 역사가[99]

우유 먼저Milk in First의 머리글자인 'MIF, please'라는 말이 존재한다는 것 자체가 논쟁이 얼마나 가열했는지 보여준다. 어떤 사람은 컵에 우유를 먼저 넣고 어떤 사람들은 컵에 차를 먼저 따른다. 이런

99 버지스, <차의 책>, 156.

The PERFECT NIPPY

Cap correctly worn, monogram in centre.
Ribbon clean and pressed.
No conspicuous use of make-up.
Teeth well cared for.
Hair neat and tidy.
Clean and well laundered collar correctly sewn in.
Dress clean and tidy.
Badge clean and securely sewn.
All buttons sewn on with red cotton.
Fastening to have Hooks, Eyes and Press Studs, which should be securely sewn on and fastened.
Clean and well laundered cuffs, correctly sewn in.
Point well pressed.
Clean hands. Nails well manicured.
Clean, well laundered apron, correctly worn.
Dress correct length.
Plain Black Stockings.
Well polished plain shoes. Medium heels for comfort.
J. Lyons & Co. Ltd.

검정색 원피스와 하얀 앞치마를 걸친 여종업원은 20세기 전반,
영국에서 대중적인 다방 체인이었던 라이언스 코너 하우스의 트레이드마크가 되었다.
완벽한 여종업원, 영국, 1930년경, 브라마 차와 커피 박물관, 런던.

것으로 논쟁을 하는 것을 보면 논쟁거리를 만들어내는 것은 인간의 본능인 듯도 싶다. '우유 먼저MIF' 논쟁은 인간이 얼마나 복잡한 종인지 말해 주는 좋은 예라고 할 수 있겠다.

역사적으로 'MIF'파의 가장 큰 논점은 우유는 뜨거운 차가 섬세한 도자기에 닿을 때의 충격을 완화시켜 금이 가는 것을 방지해준다고 주장했다. MIF파는 우유를 처음에 붓는 게 좋은 교육을 받았다는 증거라고 주장하며 그렇게 하는 것이 차가 더 맛있다고 단언한다. 게다가 그들은 뜨거운 차를 차가운 우유에 부으면 우유를 적당하게 데우고 잔에 차 얼룩이 생기는 것을 피하는 두 가지 이점이 있다고 주장한다. 또한 차를 우유 위에 부으면 중력 때문에 저절로 휘저어져서 따로 저을 필요가 없는 것도 이점이라고 강조한다. 실용적인 면에서도 우유가 상했을 때 미리 눈으로 확인하거나 냄새를 맡을 수 있어서 좋은 차를 낭비하지 않을 수 있다는 것이다.

한편 TIFTea in First파는 '차 먼저'로 '우유 먼저'의 모든 이점을 무시하고 차에 우유를 부어야 차와 우유의 비율을 조절할 수 있다고 주장한다. 조지 오웰이라는 필명으로 유명한 에릭 아서 블레어는 20세기 문학의 거장으로 역사적, 정치적으로 현대 세계의 어두운 사건들을 조명하는 작품들을 남겼다. 그는 확고한 TIF파였고 자신의 글에서도 감추지 않았다.[100] 1946년에 쓴 재미있는 에세이에서 오웰은 완벽

100 오웰, <서한집: 조지 오웰의 저널리즘과 에세이>, 3:41~3. 오웰은 차에 대한 그의 지식보다 차의 이야기에 간접적으로 관련되어 있다. 그는 1903년 벵골의 모티하리의 촌락에서 태어났다. 아버지 리처드 월메슬리 블레어는 인도의 총독부 아편부서의 하급관리였다. 중국 수출을 위한 아편을 생산하는 지역에서 아편 생산자들을 감독하고 품질을 유지하는 일을 했다. 중국 시장에서 최고의 아편은 벵갈산으로 수백만 명의 중독자들이 좋아했다. 제1차 아편전쟁 이후, 50년이 훨씬 더 지났지만 제국은 아직도 식민지에서의 안전한 수입원으로 아편 생산에 매우

한 차 한 잔을 만드는 방법에 대해서 11가지의 포인트를 정리했다. 오웰이 권하는 몇 가지 예를 보자. 우선 인도나 실론 산 차를 사용하고, 미리 찻주전자를 따뜻하게 데워두며, 물은 완전히 끓어야 하며, 거름망이나 티백, '또는 차를 가두는 어떤 도구'도 사용해선 안 된다. 또한 설탕 사용을 피해야 한다. 설탕을 넣으면 차의 향을 파괴하는데 어찌 진정한 차 애호가라고 할 수 있겠는가? 이것은 후추나 소금을 넣는 것과 같다는 것이다. 그리고 그가 가장 중요하다고 주장하는 것이 차를 컵에 먼저 붓고 우유를 첨가한 후 저어야 한다는 것이다. 차를 처음에 넣고 저으면 우유의 양을 정확하게 가감할 수 있지만, 반대로 하면 우유를 너무 많이 넣기 십상이다. 그리고 그는 이렇게 덧붙였다. "내 논거에 반론의 여지가 없을 것이다."

논쟁은 2003년 영국에서, 오웰의 탄생 100주년 기념으로 왕립화학협회RSC가 언론에 '우유 먼저'의 과학적 찬반양론을 포함해서 완벽한 차 한 잔을 만드는 법을 발표함으로서 다시 표면에 떠오르게 되었다. 영국의 신문 가디언은 "영국 인구의 반은 이것을 선전포고로 받아들일 것이다."라고 왕립화학협회의 발표에 대해 논평했다.[101] "수개월의 연구 후에 왕립화학협회는 수세대 동안 가정을 분열시키고, 우정을 가르고, 인간관계를 분열시켰던 문제에 대한 답을 발표했다. 우유를 먼저 넣어야 한다고." 왕립화학협회에 따르면, 차를 넣은 다음에 우유를 부으면 우유 단백질이 변성을 일으키기 쉽다고 한다. 하지

의지했으며 1917년까지 이를 지속했다. 당시 많은 빅토리아 신사들처럼 블레어 씨는 그의 행동에 어떤 도덕적인 양심의 가책을 갖지 않은 듯 보인다. 그는 자신의 행동을 영국제국의 관리로써 당연한 의무로 여겼다.

101 미브 케네디,"완전한 한 잔의 차를 만드는 법: 우유를 먼저", <가디언>, 2003년 6월 25일

만 왕립화학협회는 믿어지지 않지만 전자레인지에 찻주전자를 데울 것과 차에 설탕을 넣을 것을 권했다. 이것은 분명 많은 차 애호가에게 협회의 신용을 떨어뜨린 것이다. '차 먼저'파는 대부분 '차 먼저'를 계속할 것이며, 백 년 이상 계속되었던 논쟁은 여전히 차 세계의 양 진영의 분노를 일으키고 눈살을 찌푸리게 할 것이다.

언제 어떻게 우유를 차에 첨가하게 되었는지에 대해서는 견해가 다양하다. 일설에는 1680년경 사블리에르 자작 부인이 처음 시작한 프랑스의 습관이라고 한다. 또한 갓 수입된 중국 홍차가 인기를 얻은 이후, 유럽인들이 탄닌의 맛을 부드럽게 하려는 목적으로 우유를 첨가하기 시작했다고 생각하는 사람도 있다. 그 결과 홍차 소비가 늘면서 유제품 산업도 활기를 띠게 되었다. 특히 영국에서는 우유를 넣은 홍차가 눈 깜짝할 사이에 습관화되었다. 하지만 차의 고향이라 할 수 있는 중국에서는 우유를 선호하지 않는다. 차 애호가들은 차에 우유를 넣는 것을 질색하며, 요즘에도 중국인들은 차에 우유를 넣지 않는다. 하지만 아주 드물게 우유에 관련된 기록이 남아 있다. 1665년 네덜란드 동인도회사에서 근무했던 요한네스 니우호프의 광동 방문 기록을 보면 다음과 같다.

> 저녁 식사 시간에, 테The 또는 티Tea 병을 몇 개 탁자 위에 올린다. 이러한 음료는 테The 또는 차Cha라고 하는 약초를 다음과 같이 조리한 것이다. 테 또는 차 한 줌 반을 좋은 물에 넣고 3분의 2가 될 때까지 끓이고 거기에 4분의 1

찻잔, M. A. Baschet, 1896년, 앤소니 버게스, <차의 책>.

의 따뜻한 우유와 소금 약간을 넣는다. 그리고 간신히 참고 마실 수 있을 정도로 뜨겁게 마신다.[102]

이러한 기록은 중국의 어느 지역에서는 차에 유제품을 첨가하는 북방의 유목민의 습관이 오랫동안 남아 있었으며, 특히 1644년에 북방의 만주족이 정권을 잡은 이후에 수용되었다는 사실에 의해서 설명이 될지도 모른다. 초기에 중국을 방문한 서양인이 이러한 습관을 보고 그것을 유럽에 가지고 들어온 것이리라. 과장일 수도 있겠지만 차에 우유를 넣어 마시는 유럽들인의 습관이 중앙아시아의 유목민족들로부터 배웠다는 것이 상상할 수 없는 일은 아니다.

기원이 어떻든지 간에 아삼, 실론 또는 아프리카 차 같은 진한 홍차에 넣는 우유나 크림의 양을 줄이는 것이 좋다. 또한 상대적으로 연한 차에 우유가 첨가된다면 섬세한 향을 잃을 것이다. 그리고 녹차는 우유 먼저도 아니고 차 먼저도 아니며, 어떤 유제품도 넣는 걸 추천하지 않는다. 만약 녹차에 우유를 넣어 마시면, 틀림없이 당신에게 차신茶神의 분노가 내릴 것이다!

102 요하네스 니에우호프, <네덜란드 독립공화국 동인도회사의 중국 사절단>, 1665.

우연한 발명품1 - 티백

송나라 시인 이중광李仲光은 세상에는 세 가지 가장 슬퍼해야 할 일이 있다고 한탄했다. 즉, 잘못된 교육으로 훌륭한 청년들을 버리는 것, 저속한 감상으로 명화의 값어치를 떨어뜨리는 것, 무능력한 솜씨로 훌륭한 차를 고스란히 낭비하는 것이 바로 그것이다.

- 오카쿠라 카쿠조, <차의 책>, 1906년

슬프다고 해야 할까, 차를 마시는 예술적인 행위를 파괴하는 티백을 발명한 것은 바로 미국인이었다. 20세기 초 뉴욕의 차 상인이었던 토마스 설리번은 마케팅 전략으로 잠재적인 고객들에게 다양한 차 샘플을 보냈다. 1908년 어느 날 설리번은 샘플에 돈이 너무 많이 든다는 것을 깨달았다. 그래서 그는 작은 비단 주머니에 1회 분의 찻잎을 넣어서 보내는 아이디어를 생각해 냈다. 그는 비용절감의 차원에서 작은 비단 주머니에 찻잎을 넣은 것을 보내보았다.

얼마 후에 그는 고객들, 특히 공공기관에서 이런 작은 주머니들을

찻잔 위로 티백을 들고 있는 여인, 차 광고, 사진 인쇄, 미국, 1929년, 국회도서관, 워싱턴 D.C.

더 보내 달라는 요청을 받고 놀랐다. 그는 주머니에 든 차가 뭐가 특별히 좋은지 곰곰이 생각해 보았다. 그리고 곧 고객들이 그의 의도를 오해해서 비단 주머니까지 찻주전자에 넣었다는 것을 알게 되었다. 이렇게 하면 귀찮게 차를 덜어서 넣을 필요도 없고, 찻주전자를 씻는 것도 간단했던 것이다. 이리하여 전 세계 차 애호가들에게 암적인 존재인 티백이 탄생되었다. 오래지 않아 우연한 발명품은 미국과 유럽의 거대한 대중시장을 석권하게 되었다. 처음에 티백은 거즈나 면으로 만들었지만 폭발적 인기에 힘입어 1950년경 종이티백이 발명되었다. 이것이 저조했던 영국에서의 티백 소비를 증가시켰다. 런던의 차와 커피 박물관의 책임자인 에드워드 브라마는 손쉽게 차를 만들 수 있고 버리기 편한 티백의 발달과 빠른 인기는 당시 갓 나타난 인스턴트 커피에 대한 경쟁의 결과물이라는 이론을 펼친다. 오늘날 영국에서 소비되는 홍차의 대부분이 티백인 것을 보면 그의 주장도 일리가 있는 듯하다.

왜 티백을 좋지 않은 물건이라고 하는지 의문을 가질 수도 있다. 그 이유 중 하나는 일반적인 티백 상품이 낮은 등급의 차로 만들어지기 때문이다. 티백은 물을 재빨리 갈색으로 만들기 위해 만들어진 것으로, 잎차의 맛이 느껴지지 않는다. 하지만 특산차 시장이 확대되고, 대중의 취향이 더 세련되어지고 있으므로, 티백에 고품질 찻잎을 넣는 제품도 출시되었다. 이런 제품은 티백의 편리함을 즐기면서 좋은 차를 마실 수 있는 기회를 주지만, 선택할 수 있는 차는 아직 제한적이다. 또 하나의 이유는 민감한 차 애호가들은 염소 표백된 종이에 다이옥신 잔여물이 남아 있기 때문에 일반적인 티백 제품을 기피한다. 문제를 해결하기 위해, 유기농과 특산차 판매업자들은 산소표백이나 무표백 종이를 대신 사용하기도 하지만 아직 일반적이지는 않다.

잎차를 선호하는 사람들을 위한 티백의 대용품도 있다. 그것들 중 하나가 티인퓨저, 또는 티볼이라고 불리는 도구이다. 이런 도구들은 잎차를 담기 위해 고안된 금속 용기로 촘촘하게 구멍이 나 있는 금속망의 형태를 하고 있다. 많은 차 애호가들은 티인퓨저를 선호하지 않는다. 왜냐하면 용기에는 찻잎이 퍼지면서 향을 충분히 퍼뜨릴 만한 공간이 없기 때문이다. 차에 따라서는 찻잎이 우러날 때 5배나 커지는 것도 있다.

유기농 면이나 미생물에 의해 분해되는 종이로 만든 티 필터가 티볼보다 낫다고 생각하는 사람이 많다. 그것들은 화학적인 해를 전혀 주지 않고 찻잎이 물과 완전히 섞이며 퍼질 공간이 있기 때문이다. 하지만 차 애호가들은 찻잎이 찻주전자에서 자유롭게 퍼지는 것을 선호한다. 소위 말려 있거나 꼬여 있는 잎이 차가 우러나는 동안 풀리는 것을 묘사할 때 잎차의 몸부림이라고 하는데, 이런 표현은 시적이기까지 하다. 차가 완전히 우러나는 데에는 시간과 공간, 인내가 필요하다. 전문가들은 차의 몸부림이 차의 성질을 충분하게 끌어내준다고 주장한다.

우연한 발명품 2 - 아이스티

차는 뜨거울 때 마셔야 한다. 차가운 차는 담을 만든다. 차가운 차는 덜 마시는 게 낫다. 차라리! 아예 마시지 마라!

- 가명賈銘, <음식수지飮食須知>, 14세기[103]

순수주의자의 관점에서 아이스티는 체면을 손상시키는 것이다. 아이스티는 1904년 세인트 루이스의 국제무역박람회에서 발명되었다고 알려져 있다. 동인도 파빌리온을 대표하던 리처드 블레친든은 찌는 듯한 더운 여름날이 걱정이었다. 박람회는 아직 중국 녹차에 비해 덜 알려져 있었던 인도 홍차를 대중에게 익숙하게 만들 아주 좋은 기회였다. 그는 박람회 방문객들에게 인도 홍차의 공짜 샘플을 제공하고 있었다. 하지만 이런 날씨에는 아무도 뜨거운 차는 마시고 싶어 하지 않았다. 이런 필요성에서 아이스티가 발명되었다. 자, 보시라! 그는 유리잔에 얼음을 채우고 위에 뜨거운 차를 부었다. 블렌친든은 완

103 니덤의 <중국의 과학과 문명> 6:5 564

전히 새로운 것을 만들려고 시도했고, 이렇게 해서 아이스티가 태어나게 되었다. 박람회 관람객들은 블레친든의 부스로 몰려왔고 새로운 음료수는 전 세계로 퍼지게 되었다.

음식 역사가들은 아이스티가 1904년 박람회 이전에 존재했으며, 1890년 신문의 한 사설에 증거가 있다고 한다.[104] 이 사설에는 약 3천 300리터의 음료수가 서비스된 엄청나게 큰 이벤트를 묘사하고 있다. 또한 19세기 초반의 요리책에는 이미 다양한 아이스티와 티 펀치 조리법이 실려 있다. 즉 블렌친든은 아이스티를 발명한 것이 아니라 그것을 대중화시켰을 뿐이다.

어쨌든 미국은 아이스티의 고향이며 이것을 대중화시킨 사람은 블렌친든이다. 오늘날 미국에서 아이스티는 차 소비의 80퍼센트 이상을 차지하며, 세계 어느 곳보다 인기가 있다. 하지만 오늘날 대부분의 시장용 아이스티는 블렌친든이 1904년에 팔려고 했었던 인도의 아삼이나 다아질링 산으로 만드는 것이 아니다. 제조회사들은 낮은 등급의 차, 액상 차 추출물, 때로는 식용색소를 넣어 찻잎 없이도 캔이나 플라스틱 병에 담는 아이스티를 만든다. 시판되는 일부 아이스티에는 합성 감미료나 설탕이 가득 들어 있으며, 가장 안 좋은 것은 옥수수 시럽으로 만든 과당이 잔뜩 들어 있다는 것이다.[105] 건강상의 이유로 청량음료 대신 아이스티를 마시는 것은 문제의 해결책이 아니다. 소

104 미주리 주립대학의 교수 린든 N. 어윈은 1904년 세인트루이스 무역박람회가 특별히 역사적으로 관심있는 주제이다. 그의 웹사이트에는 이러한 뉴스 기사들을 올려놓았다. 음식사가인 린다 스트래들리는 그녀의 웹사이트에서 어윈 교수의 가설을 확신하며 19세기 요리책에 나오는 다양한 아이스티와 티 펀치를 언급했다.

105 설탕에 관련되어서 식품표기를 주의 깊게 읽는 것은 매우 중요하다. 회사에서 출시된 아이스티에는 과당이 많은 콘시럽이 들어 있는데, 이것은 미국에서 비만의 원인 가운데 하나로 알려져 있다.

수의 양심적인 회사는 이보다는 좋은 품질의 아이스티를 생산하지만 아주 소수일 뿐이다. 아이스티를 마시는 가장 좋은 방법은 양질의 차와 감미료를 조금 넣거나 아예 사용하지 않고 직접 집에서 만드는 것이다. 또는, 중국에서 700년 전에 쓴 경구처럼, "차라리! 아예 마시지 마라!"

그린티, 블랙티

고형차는 다양한 형태를 갖고 있다. 속되게 말하자면 오랑캐의 가죽신발과 비슷하게 수축되고 주름져 있다. 봉우억犎牛臆은 가지런한 굵은 주름이 있는 차다. 부운출산浮雲出山은 구불구불한 주름이 있는 차다. 경표불수輕飇拂水는 가느다란 곡선이 잔잔한 파도 모양처럼 된 차다. 징니澄泥는 표면이 평평하고 반듯한 차다. 우구雨溝는 갑작스런 소나기가 내린 밭처럼 고랑이 패인 차다.

- 육우, <다경>

차에 있어서 색은 매우 중요한데, 어떤 차는 이름에 포함되어 있는 색깔 때문에 오해를 불러일으키기 십상이다. 예를 들어 오렌지 페코는 오렌지 색이나 과일 오렌지와 전혀 상관이 없다. 일설에는 오래전에 중국에서 차에 향을 내기 위해 오렌지 꽃을 사용했다고도 하지만, 가장 사실에 가까운 설명은 오렌지라는 말은 네덜란드인이 처음 중국에서 차를 가져왔을 때 네덜란드 왕가이며 현재에도 네덜란드 왕실인 오렌지 나소 가에 경의를 표하기 위해 붙여졌다고 하는 것이다.

그레이 역시 차의 색과 전혀 상관이 없고 사람의 성에서 온 것이다. 사실 차의 색이 잿빛을 띤다면 그것은 우유를 넣지 않아야 하는 차에 우유를 넣은 결과일 뿐이다. 지금도 인기 있는 얼그레이는 베르가못 오일을 넣은 빅토리아 시대에 유행한 블렌드 홍차다. 얼그레이 차는 존경받는 휘그당의 하원의원이자 영국의 수상이었던 제2대 그레이 백작인 찰스 그레이의 이름을 딴 것이다. 그레이는 영국 국회의 투표 제도에 1인 1표주의를 도입하고 영국 내의 노예 제도의 폐지를 위해 싸웠다. 재미있게도 그는 동방 무역에 있어서 동인도회사의 독점을 타파하기 위해서 싸운 인물이다.

차의 색은 다양한 차를 분류하기 위한 방법으로 사용되고 있다. 서양에서는 홍차라고 부르는 차에 친숙한데, 홍차는 세계 차 생산량의 사분의 삼을 차지한다. 1600년대 유럽에 소개된 최초의 차인 녹차는 차츰 중국 홍차와 대단위로 생산되는 인도 홍차에 밀려서 은둔하게 되었지만, 최근 수년 사이에 유럽과 북미에서 화려하게 귀환하여 세계 차 생산량의 약 20퍼센트를 차지하게 되었다. 요즘에는 아주 귀한 고가품인 차들이 소개되고 있는데 그중 하나가 바로 백차다. 검정색(홍차), 녹색, 하얀색 세 가지의 차 정도로 단순하게 생각될 수도 있겠지만 백차는 녹차의 한 분류로 넣기도 하며, 서양에서 Black Tea라고 부르는 것을 중국에서는 붉은차紅茶라고 부른다. 그리고 서양에서 익숙하지 않은 중국 오룡차烏龍茶는 찻잎이 까마귀같이 진한 검정색을 띠고 모양이 용처럼 말려 있는 데서 유래한 이름이다. 오룡차는 홍차가 아니며 중국에서는 청차青茶로 분류하고 있고, 전 세계 생산량의 2 퍼센트에 지나지 않을 정도로 소량 생산된다.

이러한 모든 차가 카멜리아 시넨시스라는 단 하나의 식물로 만들어지는데, 왜 이렇게 다양한 색상이 나올 수 있을까? 같은 홍차라도 밝은 호박색의 다아질링이나, 맥아 맛이 풍부하고 진한 붉은색을 띤 아삼처럼 약간의 색조로 구분 되는 차들은 다른 변종을 사용한 결과이다. 하지만 세 종류의 커다란 색상 차이는 차를 제조하는 과정에서 결정되는데, 무엇보다 잎을 딴 뒤에 얼마나 오래 산화과정을 거치는가에 달려 있다.

티 테이스팅을 하는 차 전문가들 모임, 사진, 미국, 1954년, 미국 국회도서관, 워싱턴 D.C.

찻잎이 산화하는 과정에서 공기 중의 산소와 결합하면 녹색에서 점점 갈색으로 변한다. 사과나 아보카도, 또는 식물의 잎을 자른 뒤에도 이런 산화를 관찰할 수 있다. 갈색으로 산화된 사과는 맛이 없어지지만, 녹차를 제외한 차의 산화는 꼭 필요한 과정이다. 홍차의 경우 잎이 완전히 산화되어야 끓였을 때 붉은 적갈색 빛을 띠고 풍성한 향을 갖게 된다.

반면에 녹차는 잎을 딴 뒤에 잎을 찌거나 볶아서 처음부터 산화를 억제시킨다. 이것은 왜 찻잎이 녹색을 띠고 있으며, 차를 우렸을 때 연한 녹색에서 부드럽고 자연스러운 풀향이 나는 노란색으로 변하는지, 그리고 왜 고소한 향이 감도는지 설명해 준다.

오룡차는 두 가지 차의 중간쯤의 산화 과정을 거치는데 홍차만큼 오랫동안 산화시키지 않는다. 오룡차의 찻잎은 암녹색에서 살짝 녹색을 띤 갈색까지 다양하며, 이것은 산화 시간 정도에 달려 있다. 오룡차의 탕색은 연노랑에서 연갈색이며, 보통 향은 홍차보다 더 섬세하며 다양하다.

홍차와 녹차, 오룡차는 일반적으로 알려진 세 가지 주요 차종이지만 중국의 분류 체계는 더 복잡하다. 그들은 백차, 황차, 녹차를 불발효차(엄밀하게 말하면 발효가 아니라 산화이지만 오랫동안 발효라는 단어를 사용하고 있으며, 이러한 분류의 차들 역시 약간의 발효 또는 산화 과정을 거친다. -역주)에 놓고, 오룡은 반발효차, 홍차와 흑차를 완전발효차로 묶는다. 백차와 황차는 녹차와 같은 그룹으로 묶는데 백차와 황차를 만드는 과정은 녹차와 조금 다르다. 백차는 가장 귀하며 비싼데 수확기가 일 년에 단 며칠밖에 되지 않으며 만드는 과정이 섬세한 수작업을 요하기 때문이다. 가장 어린잎을 수확해서 제작하는데 일정한 기온에서만 가능하다. 아직 새싹의 하얀 털白毫이 남아 있으므로 백차라는 이름이 붙여졌다. 백차는 가장 단순한 과정을 거쳐서 만드는데, 찻잎을 따서 자연 건조를 시킬 뿐이다. 하지만 이런 간단한 과정에도 굉장한 기술을 요하며 세밀한 주의가 요구된다. 백차의 탕색은 아주 연한 노란빛을 띠며 익숙하지 않은 사람은 잘 모를 수도 있는 극도로 섬세한 향을 낸다. 황차 역시 희소한 차다. 제다법은 백차와 유사하지만 찻잎을 더 천천히 말린다. 이러한 시간의 차이가 백차보다 더 뚜렷한 향과 밝은 노란색을 띠게 만들어준다.

서양에서 흑차black tea라고 부르는 차는 중국에서는 탕색이 따뜻해 보이는 적갈색이기 때문에 홍차紅茶라고 불린다. 중국 홍차의 대부분은 서양으로 수출된다. 최근 들어 유럽과 미국에서 인기를 얻게 된 루이보스차는 중국의 홍차와는 전혀 관련이 없으며 카멜리아 시넨시스로 생산된 것이 아니다. 루이보스차는 카페인이 없으며 노화방지에 도움이 되는 허브 음료로 남아프리카의 루이보스라고 부르는 붉은색 관목의 바늘 모양의 잎과 줄기로 만든다.

중국에서 흑차黑茶는 녹차와 같은 공정으로 만들어진 후 다시 여러 다양한 제법으로 만들어지는 다른 종류의 차를 의미한다. 그중에는 중국 북서부 지역 사람들과 몽골인, 히말라야 거주민들이 애호하는 벽돌 모양으로 납작하게 눌러 만든 차인 긴압차는 최근 서구에서도 인기를 얻고 있다. 흑차 중 가장 대표적인 것이 보이차로, 보이차는 때로는 흑차나 녹차처럼 만들어지는데, 그 자체가 독립된 종류로 인정받는다. 진짜 보이차는 잎을 천일 동안 건조하지만 덖지는 않는다는 점에서 다른 어떤 차와도 다르다. 보이차는 일반적인 다른 차들처럼 다양하게 만들어지는데, 마지막 과정은 일반 차들이 전혀 거치지 않는 것이다. 그것은 바로 진정한 발효와 숙성이다. 모든 보이차가 숙성이 되는데 때로는 오십 년 정도 되는 것도 있다. 그렇게 오랜 시간 걸려서 차를 만들기 때문에 오래된 차는 매우 비싼 가격에 팔린다. 형태는 다양하게 제작되는데 둥글거나, 원통, 사각, 작은 덩어리, 바구니, 원반, 심지어 버섯 모양으로도 만들어진다.

지구상에서 카멜리아 시넨시스로 얼마나 많은 차를 만드는지 아무

보이차

도 모를 것이다 어떤 사람들은 수백 개라고도 하고 어떤 사람들은 수천 개라고도 한다. 2천 개 이상이라고 주장하는 사람도 있다. 색은 차들 사이의 주요한 차이를 만들지만, 그 이외에도 문화의 차이에 의해 복잡한 분류나 하위구분이나 특이성이 있다. 그것은 수세기에 걸친 지역적 습관과 역사적 풍습 등이 낳은 다양성이다. 일본에서는 재배법과 사용된 잎 또는 줄기의 모양, 제조의 최종과정의 기술에 기초한 녹차 등급 체계가 있다. 중국에서는 산지나 찻잎의 형태에서 이름을 딴다. 때로는 제조과정의 마지막 단계가 종류를 결정하는데, 보이차가 바로 그런 경우이다. 또한 차에 첨가된 물질에 의해 별도의 그룹으로 분류되기도 하는데, 예를 들면 자스민 차나 복숭아차처럼 차에 향을 가한 것 또는 꽃잎, 과일, 아로마 오일 등 향료를 넣은 차 등이다. 진정한 차에서 너무 멀리 나간 것 같지만, 때로는 매혹적인 풍경 속에서 미아가 되고 싶을 정도로 그것은 맛있는 풍경이기도 하다.

"동양의 풍미가 깃든 중국차"를 선전하는 프랑스 광고, 1900년경, 앤소니 버게스, <차의 책>.

홍차등급기호의 미스테리

다도는 단지 뜨거운 물을 끓여 차를 만들고 그것을 마시는 것에 지나지 않는다. 이것이 알아야 할 모든 것이다.

- 센노 리큐

선과 차의 명인 리큐의 가르침처럼 차를 마시는 것은 간단한 것이어야 한다. 선차禪茶의 명쾌함에 비교해서 오늘날 차 산업의 계층화된 복잡함처럼 서로 상반되는 세계도 없다. 차 포장상자에서 차 이름 옆에 있는 FOP 또는 BOP라고 적혀 있는 것을 본 적이 있을 것이다. 또는 FTGFOP 혹은 SFTGFOP라는 긴 것도 있다. 그리고 CTC는 도대체 무슨 뜻인지? 첫물차First flush, 두물차Second flush는? 불과 몇 글자 또는 몇 마디지만 이들 머리글자 또는 약자는 포장상자 속의 차에 대한 많은 정보를 담고 있다.

이런 모든 머리글자나 약자는 녹차나 오룡차에는 없고 홍차에만 적용된다. 오늘날 시장에 나오는 모든 홍차는 차 가게에서 파는 전통적인 방식으로 제조된 특산차이거나 티백에 사용되는 기계로 처리된 차인 CTC이거나 이다. 또한 네 개의 등급인 잎차, 부서진 잎차, 갈린 잎차, 분말로 분류된다. 전통적orthodox이라는 용어는 처리 과정을 수작업으로 하는 것으로 주로 높은 등급의 찻잎으로 만든다. 차의 품질은 차를 만든 과정뿐만 아니라 사용되는 잎으로도 결정된다.

찻잎은 크기와 가지에서의 위치에 따라서 독자적인 분류체계가 있다. 차 용어에서 선호되는 잎의 크기나 위치는 숫자가 아니라 이름으로 표현한다. 오렌지 페코(OP)의 오렌지는 앞서 말했듯이 네덜란드의 왕가인 오렌지 나소 공을 의미하는 역사적 흔적이고, 페코pekoe는 중국어로 어린잎에 하얗게 난 잔털을 뜻하는 백호를 서양어로 옮긴 것이다. 오렌지 페코 위의 더 작은 어린잎과 가지는 더 좋은 질을 갖고 있으며 보통 플라워리flowery(F)라고 한다. 이것은 꽃을 의미하는 게 아니라 새순을 의미한다. 골든golden(G)은 어린잎이 움 틀 때 내는 황금빛이나 노란빛을 의미하고 티피tippy(T)는

증기선이 영국으로 운반한 중국 차통의 라벨,19세기 후반, 브라마 차와 커피 박물관, 런던.

잎의 끝을 가리킨다.

플라워리 오렌지 페코flowery orange pekoe(FOP)는 고품질의 잎차로 오렌지 페코 잎과 약간의 새순이 섞인 것이다. 더 높은 등급은 GFOP 또는 골든 플라워리 오렌지 페코golden flowery orange pekoe로 더 어리고 섬세한 금빛 새순인 골든 팁을 포함한 것이다. 또는 티피 골든 플라워리 오렌지 페코tippy golden flowery orange pekoe(TGFOP)는 골든 팁이 더 많이 포함된 것이다. 다음 등급은 FTGFOP 또는 파이니스트 티피 골든 플라워리 오렌지 페코finest tippy golden flowery orange pekoe는 골든 팁이 더 많이 들어 있다. 당연히 골든 팁이 많이 들어 있을수록 차의 등급은 올라간다. 그래서 이러한 등급을 두고 이런 농담이 있다. FTGFOP는 '일반인에게는 너무 멀리 있는 좋은Far too Good for Ordinary People'이란 뜻이라고 농담 삼아 말한다. 그리고 최상의 세계는 일반인이 접근하기 너무 멀리 또한 내부인들의 농담을 넘어선 정점에 위치한 스페셜 파이니스트 티피 골든 플라워리 오렌지 페코special finest tippy golden flowery orange pekoe(FTGFOP)로 새순과 골든 팁으로만 만들어진다. 인도 북동부의 다아질링에서는 이런 제일 높은 등급의 차를 많이 생산하며 종종 '차의 샴페인'으로 불린다.

다아질링을 비롯해 아삼이나 도아르스의 차는 일 년에 보통 네 번 수확되는데, 몇 번째 딴 잎flush인지와 수확기에 따라서 등급을 매겨진다. 겨울 동안 북반구의 차나무는 휴지기에 들어가므로 차 생산이 멈추지만, 스리랑카나 남인도의 케랄라 같은 열대 지역은 동면 기간이 없으므로 1년 내내 수확이 이뤄진다. 보통 첫물차first flush는 3월 중순에서 5월 사이에, 두물차second flush는 5월 말에 시작되어 6월, 7월까지 간다. 다아질링과 도아르스에서 생산된 첫물차는 가장 최상급으로 인정받지만, 반면 아삼에서는 맛이 더 깊이 있으면서 진한 두물차가 최고등급이다. 8월이나 9월에 찻잎을 따는 여름차(monsoon flush나 rain tea라고도 한다)도 있는데 이것은 보통 블렌드에 사용되며 맛이 더 진하다. 그리고 마지막으로 10월과 11월 초순에 수확하는 가을차가 있다. 가을차는 여름차보다 맛이 더 섬세하고 봄차와는 매우 다른 맛을 낸다.

하지만 차는 개인적 기호에 달려 있으며, 긴 머리글자를 가진 차만이 좋은 차라고 할 수는 없다. 역시 팁이 많이 함유된 차가 인기가 있고 비싸지만, 많은 사람들은 찻잎이 크고 농후한 맛을 가진 차를 좋아한다.

차의 세계의 머리글자 중에 S라고 하는 중요한 문자가 있는데, '소총souchong'의 머리글자이다. 이것은 오렌지 페코 아래에서 자라는 더 크고 성숙한 잎의 이름으로 훈연향이 나는 '랍상소총' 같은 중국차에서 사용된다. 굳이 와인의 세계와 비교하자면 최상등급의 다아질링이 샴페인이라고 한다면 랍상소총은 맛과 향이 풍부하고 훈연향이 나는 양질의 카르베네 소비뇽이라고 볼 수 있겠다.

물론 실버 팁이나 골든 팁이 들어가 있는 게 양질의 차로 인정받지만 잎을 통째로 쓰지 않더라도 분쇄한 잎으로 좋은 차를 생산할 수 있다. 이런 차들은 찻잎이 온전한 상태가 아니더라도 전통적인 방식으로 제작된 것이다. 이렇게 잎을 갈아서 만드는 등급을 나타내는 약자인 B는 잎의 크기를 나타내는 등급 앞에 붙는다. BOP는 브로큰 오렌지 페코broken orange pekoe를 의미하며 FBOP는 플라워리 브로큰 오렌지 페코flowery broken orange pekoe, GFBOP는 골든 플라워리 브로큰 오렌지 페코golden flowery broken orange pekoe 이런 식이다. 부서진 잎차Broken leaves는 그렇지 않은 차보다는 더 빨리 우러난다. 패닝fanning(F - 더 작은 조각으로 깨진 잎이며 그것들이 파리처럼 퍼지는 것에서 나온 단어이다)과 더스트dust(D - 가루)는 일반적으로 더 낮은 등급을 의미한다. 물론 패닝과 더스트도 약자가 있으며, 예를 들어 BOPF는 브로큰 오렌지 페코 패닝broken orange pekoe Fanning이다. PD는 페코 더스트pekoe dust, SFD는 수퍼 파인 더스트super fine dust이며 GD는 골든 더스트golden dust이다. 이런 것은 최고 등급의 차의 섬세한 향을 갖고 있지는 않지만 단시간에 우러난다.

전통적인 차는 대부분 중국, 스리랑카, 다아질링, 아삼에서 생산된다.[106] 이 지역에서 세계 차 생산량의 31퍼센트를 생산한다. 녹차와 오룡차가 차지하는 비율은 25퍼센트이다. 나머지 44퍼센트는 CTC차다. CTC는 부수고Crush, 찢고Tear, 말고Curl의 약자로 1930년대 차 생산과 포장을 능률화하기 위해 고안된 처리과정을 가리킨다. CTC 기계는 잎 크기에 관계없이 모든 종류의 잎과 가지를 분쇄하여 일정한

106 국제식량농업기구(FAO)의 통계.

인도차 광고 포스터, 프랑스, 1920년경, 유커스 <차에 대한 모든 것> 1935년.

크기로 만든다. 인도는 CTC 차의 최대소비국으로 그들이 어디서나 즐기는 달콤한 차이를 만드는 데 CTC 차를 사용한다. CTC 차는 서구에서는 많이 사용되지 않는다. 양질의 CTC차가 조악하게 제조된 전통적인 차보다 나은 경우도 있지만, 대부분의 차 애호가들은 CTC가 품위를 떨어뜨린다고 생각한다.

티 테이스터

수준 낮은 품평가는 광택이 있고 검고 평평한 것을 좋은 차라고 말한다. 그보다 약간 수준이 높으면 주름이 있고 누렇고 울퉁불퉁한 것이 좋다고 평한다. 어느 것도 좋다 나쁘다 하지 않는 것이 가장 훌륭한 품평가의 평가이다. 이유는 오일이 표면으로 나오면 광택이 있고 오일이 속에 머물러 있으면 주름이 잡힌다. 하룻밤 묵혔다가 제조한 것은 색이 검고 그날 안에 만들어진 것은 누런빛을 띤다. 쪄서 누른 것은 납작하고 느슨하게 누른 것은 울퉁불퉁하다. 찻잎도 다른 식물의 잎과 같다. 차가 좋다, 나쁘다는 오랫동안 구전에 의한다.

- 육우 <다경>

와인 업계가 등급을 평가할 때 와인 감정가에 의뢰한다는 것은 널리 알려져 있다. 그러나 이와 유사한 직업이 차의 세계에도 존재한다는 것을 아는 사람은 드물 것이다. 분위기 있는 찻집이나 안개 낀 날 아침 가정에서 한 잔의 따뜻한 차가 만들어지기 전에, 세계 여러 지역에서 생산과 유통의 각 과정에 차를 검사하고, 맛을 감정하는 사람들이 있다.

대규모 다원은 품질 관리를 위한 자체 평가사를 고용하고 있다. 차 생산 지역의 중개인은 해외의 무역상들에게 보낼 샘플을 선택하기 위해 차를 감정한다. 국제 경매로 차가 팔릴 때도 맛을 감정한다. 매매가 이루어진 후에 다수의 바이어와 블렌더들이 선적 후 확실한 품질을 유지하기 위해 차가 창고에 도착하자마자 맛을 감정한다. 그리고 그들은 자신의 블렌드에 넣을 차를 선택하기 위해 다시 한 번 맛을 감정한다.

대부분의 일반 시장에서 찾아볼 수 있는 차는 와인과 마찬가지로 30에서 35 종류의 다른 찻잎을 섞는다(blend). 블렌드 차를 출시하는 회사에게 있어 최우선 사항은 매년 개개의 차를 식별 가능한 같은 맛으로 유지하는 것이다. 주로 단일 종류의 찻잎으로 만들어진 차를 파는 작은 차 전문점에서도 감정을 하지만 블렌드 차와 반대의 이유로 감정한다. 그들은 특별한 차를 돋보이게 하여 상품 카탈로그에 싣거나, 가게에서 손님들에게 권할 만한 탁월한 특징을 찾기 위해 감정한다. 이런 이유로 차 가게의 경영자 자신도 열정적인 티 테이스터인 경우가 많다. 그리고 최근에는 새로운 타입의 테이스터가 최고급 레스토랑이나 호텔 또는 유행인 세련된 찻집에서 일하기도 한다. 이들은 티 소믈리에라고 불리는데 메뉴에 맞춰서 차의 품종과 빈티지(와인처럼 수확한 연도)를 골라 맛을 평가하고, 주문한 음식에 맞는 최고의 차를 고르도록 손님에게 조언하는 일을 한다.

"티 테이스터는 시인처럼 태어나는 것이지 만들어지는 게 아니다"라고 윌리엄 유커스는 〈차에 대한 모든 것〉에서 쓰고 있다. 티 테이스팅은 확실히 많은 기술과 재능을 필요로 하지만 과학보다는 예술적인 면에 가깝다. 테이스팅에서 예술은 찻물을 한 모금 맛보는 것은 관찰하고, 냄새를 맡고, 찻잎의 감촉을 느끼는 일련의 과정의 최후의 과정에 지나지 않는다.

감각, 변화, 인상을 정리하여 섬세한 판단을 이끌어내는 것은 과학적 과정의 결과라기보다는 창조적이며 직관적인 과정의 결과에 더 가깝다. 따라서 티 테이스터가 내리는 평가는 정량적이라기보다 이미지를 환기시키는 것 같은 말로 되는 경우가 많다. 즉 티 테이스터 어떤 차에 대한 평가는 계량화할 수 있는 종류의 언어나 맥락으로 이루어지는 것은 아니다. 그런데도 놀랄 만큼 정확하다.

차가 잘못 건조되면 불쾌한 쇠 맛이 나며, 겉만 번지르르하다. 이런 차를 우리면 흐릿하고 흙맛이 난다. 너무 강한 불에 볶으면 차가 구워진다. 불 조절이 잘되어야 차를 우렸을 때 균형이 잡힌 부드러운 향이 나오는 것이다. 단독으로 마시는 차는 그 자체로 맛이 좋아서 블렌딩할 필요가 없는 차다. 맛이 풍부한 아삼은 맥아맛이 나고 섬세한 다아질링은 무스카텔의 포도 향이 나며 일부 잘 덖은 일본차는 고소하며 훈제향이 강한 중국의 랍상소총은 타르 향이 난다.

위에 사용한 다채로운 언어는 잠시 미뤄두고, 티 테이스터의 일상을 살펴보자. 티 테이스터의 일상은 아침 일찍 시작하는데, 그때가 제일 감각이 민감하기 때문이다. 보통 기업의 테이스팅룸 또는 커핑룸에는 긴 테이블에 뚜껑이 달린 머그와 세트인 테이스팅 찻잔이 열을 지어 놓여 있다. 각각의 머그 옆에는 말린 찻잎 샘플이 들어 있는 얕은 종지와 각각의 샘플을 재기 위한 저울 접시, 보통 구리로 만든 물을 끓이는 찻주전자, 타이머나 모래시계, 테이스팅용 수저와 그리고 타구唾具가 있다.

와인 테이스터가 과도한 알코올 섭취를 피하기 위한 용도로 사용하는 타구를, 티 테이스터는 과도한 카페인 섭취를 피하기 위해 사용한다. 테이스터가 처음으로 하는 것은 말린 찻잎의 관찰이다. 우선 육안으로 잎이 잘 선별되어 등급에 맞는지? 색은 균등한지? 색은 차 종류에 어울리는지? 잎은 신선해 보이는지? 함유되어 있는 팁의 양은 적절한지 살펴본다. 또한 잎이 회색이거나 가루가 많은지, 튀어나온 게 있는지? 부풀어 있지는 않은지? 가지가 너무 많은지? 차가 덜 말랐는지? 너무 말렸는지? 이런 것들을 살펴본다. 그런 다음 후각 테스트에 들어간다.

테이스터는 손을 모아서 약간의 잎을 올려놓고 체온으로 데워서 차의 향을 맡는다. 향만으로도 차에 대한 많은 정보를 얻을 수 있다. 전문적인 테이스터는 향만 맡아도 감정하는 홍차가 스리랑카, 인도네시아, 아프리카, 인도 중 어디에서 온 것인지 맞추기도 한다. 일부 테이스터는 차의 향을 평가하면서 덧붙여 손가락으로 눌러보아 차의 신선도를 평가하기도 한다. 햇차는 유연하고 탄성이 있는데 반해 오래

차 검사와 맛 감정, 입체사진, 일본, 1926년, 국회도서관, 워싱턴 D.C..

된 차는 쉽게 부서지고 가루가 생긴다.

두 번째 단계에서 드디어 차를 우린다. 각 샘플에서 일정량을 저울로 정확하게 잰 뒤에 덜어내어(보통 2, 3그램이지만 테이스팅의 목적에 따라 양은 다양하다), 뚜껑이 있는 머그에 넣는다. 모든 머그가 준비되었을 때 뜨거운 물을 붓고 뚜껑을 덮고 타이머를 켜고 차를 우려낸다. 홍차의 표준시간은 5분이지만 테이스터에 따라 4분이나 6분을 사용하기도 한다. 홍차 이외의 차는 1분, 2분 정도 우린다. 시간이 되면 차를 머그에서 테이스팅용 찻잔에 따른다.

우리고 난 엽저는 머그의 뚜껑으로 옮겨서 검사한다. 엽저 역시 여러 정보를 담고 있다. 테이스터는 엽저의 색이 어떻게 바뀌었고 얼마나 커졌고, 어느 정도의 수분을 함유하였는지를 보고, 나아가 향이 어떤지를 본다. 마른 찻잎이었을 때보다 향이 강해졌을 것이다. 그러고 나서 테이스터는 차탕을 관찰한다. 밝은지 짙은지 또는 색이 둔탁한지 회색을 띠지는 않았는지, 맑은지 탁한지를 관찰한다. 이상적인 색은 검사하고 있는 차의 종류에 따라 천차만별이다. 아삼은 붉은 빛을 띤 구리색, 어떤 녹차는 밝은 연둣빛을 띤 노란색, 섬세한 백차는 연한 노란빛을 띤다.

테이스팅 과정의 많은 부분이 시각적이기 때문에 테이스팅 룸의 좋은 채광은 중요한 요소이다. 화가의 아틀리에처럼 창이 북향으로 나 있어서 중간의 명도를 갖게 되는 것을 선호한다. 그 편이 감각에 영향을 받지 않으며 주의를 흐트리지 않기 때문에 이상적이다. 이것은 또한 일반적인 커핑룸에서 왜 머그와 테이스팅 찻잔이 하얀 자기류로 되어 있는지를 설명한다.

세 번째 단계이자 마지막 과정에서 우린 차를 실제로 마시고 맛을 감정한다. 영국처럼 홍차에 우유를 넣어 먹는 시장에서는 한 스푼의 우유를 첨가한다. 하지만 보통 대부분의 생산국에서는 우유 없이 맛을 본다. 차는 혀의 미뢰가 열에 둔감해지진 않을 정도로 충분히 식힌 후 맛본다. 테이스터는 테이스팅 수저로 약간의 찻물을 떠서 입으로 가져와 놀랍도록 큰 소리를 내며 빨아들인다. 일반적인 식탁 예절에서라면 절대 받아들일 수 없는 행동이다.

테이스팅 머그와 잔

이런 행동을 하는 이유는 찻물을 세게 빨아들여야 미뢰에 한 번에 도달할 수 있어서 입안 전체와 입의 뒤편까지 차가 뿌려지기 때문이다. 이렇게 함으로써 후각신경이 비강을 통한 모든 감각을 전달하여, 맛과 향을 완전하게 경험할 수 있다. 우리가 차를 마실 때는 찻물을 삼키기 때문에 이런 모든 감각을 저절로 경험할 수 있지만 테이스터는 그런 사치를 누릴 수 없다. 입안에서 빠르게 빙글빙글 돌려 맛의 깊이, 자극, 수렴성 등을 평가한 후 찻물을 타구에 뱉아야 하기 때문이다.

전 과정을 나열하면 긴 절차처럼 느껴지지만 실제로 시간이 걸리는 것은 기초 준비와 차를 우리는데 뿐이다. 평가 자체는 수초 안에 이뤄진다. 티 테이스팅은 와인 테이스팅과는 달라서 눈 깜짝할 사이에 평가를 내리는 직업이다. 예비 관찰을 거치면서 수집된 모든 요소들인 색, 향, 외양, 감촉 등은 미결정 상태에 두고 마지막 과정인 시음 테이스팅에서 순식간에 확정되거나 이의가 제기되거나 한다. 1회의 감정작업에서 20~30차례 되풀이 된다. 그 후 잠시 휴식을 하는데 미뢰를 깨끗하게 만들 목적으로 바나나나 사과를 먹는 것이 필요하다. 그 후 테이스터는 새로운 작업에 들어간다. 블렌더를 위해 일하는 테이스터는 하루에 수백 개의 차를 맛보는 것으로 알려져 있다. 그들에게 모든 티 테이스팅은 차 또는 1회 분의 차는 항상 다른 차와 비교해서 상대적으로 계량되며, 한 가지 차만으로 평가하지 않는다. 반면 잎차를 사는 바이어들은 와인 테이스터와 유사하다. 그들은 각각 차의 더 적은 양을 20~30개 정도 맛을 보는 정도이며 개개의 차에 섬세한 관심을 둔다.

티 테이스팅은 목적에 따라 크게 구분된다. 이미 잘 알려진 대중적인 블렌드를 위한 것인지? 개발 중인 새로운 블렌드를 위한 것인지? 차에 특별한 향이 첨가될 예정인지? 이미 풍미가 있지만 수수한 블렌드에 자

명대 백자 티포트와 청화백자 티포트, 대만 고궁박물관

극과 강한 특성을 가해야 하는지? 실제 맛보다 골든 팁의 함유량이 더 중요한 고급품 시장에 내놓기 위한 차인지? 특별하게 물이 경수인 지역을 위한 차인지? 또는 빨리 우러나는 차를 선호하는 대중을 위한 것인지? 또한 테이스터의 일이 특수한 생산 지역에서 난 희귀한 차를 고르는 것인지? 특별한 생산 지역에서 비일상적인 차를 고르는 것인지?

시장의 요구는 티 테이스터의 평가를 규정하기도 한다. 티 테이스터는 어떤 지역에서는 전문가이지만 다른 곳에서는 완전히 초보자일 수도 있다. 20년 동안 티백 시장의 홍차 블렌더를 위해 일한 전문 테이스터는 녹차 등급에 대해서는 거의 경험이 없을 수도 있다. 중국의 보이차 전문가가 케냐에서 만든 CTC 차에 대해서 감정을 한다면 혼란에 빠질 것이다.

티 테이스팅의 복잡함과 현대 사회의 기술적인 진보를 생각할 때, 티 테이스팅이 아직도 기술과 지식을 필요로 하는 전문기술이라는 점이 놀랍다. 일부 국가의 차 협회는 테이스터 자격증 프로그램 강좌를 열고 있지만 전반적으로 매우 기초적인 교육에 지나지 않으며, 찻집을 열기 원하는 사람들에게 맞추어져 있다.

티 테이스터가 되기 위해서는 여전히 전통적인 방법이 제일 좋다. 차 회사에 일자리를 구하고 조용히 시시한 일을 하면서 장인에게 배우는 것이다. 도제 기간은 5년에서 7년이라는 시간이 소요된다. 티 테이스터의 명장은 이렇게 주장한다. 가장 훌륭한 측량기구인 인간의 오감을 사용하여 얻은 정보를, 가장 훌륭한 컴퓨터인 인간의 두뇌를 사용하여 비교 검토하면서 수십 년에 걸쳐서 몇십만 잔이나 마셔보고 비교한 경험을 이길 수 있는 것은 이 세상 어디에도 없다.

섬세하게 만들어진 컵, 애프터눈티 가십, 빅토리아 티파티같이 여성스러움과 차를 관련시키곤 하지만 차는 아직도 남성의 세계이다. 다원의 주인도, 차 회사의 사장도 남자이다. 수입업자도, 중개인도, 그리고 자격인증 시험의 감독관도 모두 남자이다. 티 테이스터 또한 대부분이 남자이다. 민감한 미각과 직관력, 인내력, 비교 기술, 한 번에 여러 일을 처리하는 능력, 미묘한 차이를 잡아내는 능력, 인상을 즉시 마음에 담아놓는 능력 등 모두 여성적인 영역으로 알려져 있는 능력임에도 불구하고 말이다.

반대로 여자들은 육체적인 능력이 요구되는 일을 주로 맡고 있다. 아시아 지역의 다원에서 차를 따는 데 반 이상의 노동력을 여성이 담당하고 있다. 하지만 일부 바람직한 조짐이 보이기 시작했다. 인도에서 여성이 다원 운영의 영역에 용감하게 뛰어드는 사례가 나타나고 있으며 차가 중요사업인 영국에서는 티 테이스팅을 직업으로 선택하는 여성들이 늘고 있다. 아쉽지만 미국은 성별에 상관없이 티 테이스터 자체가 별로 많지 않다.

하지만 미국에서는 최근 십 년간 끽다가 다시 굉장한 부흥기를 누리고 있으며, 이에 따라 다른 종류의 티 테이스터가 배출되고 있다. 열광적인 차 매니아들은 동양을 여행한 뒤에 차 전문가가 되는 케이스가 늘고 있다. 이들은 동양의 귀한 차를 대중에게 소개하고 놀라운 맛과 가능성을 교육하고 있다.

차를 위한 물

돌 잔으로 떨어지는 물방울 소리를 들을 때

마음속의 먼지가 모두 씻겨 내려가는 것을 느낄 것이다.

- 센노 리큐

한 잔의 차를 이루고 있는 주요성분은 바로 물이다. 그런 만큼 그에 어울리는 높은 관심을 예전부터 가져왔다. 현대인들은 대부분 수돗물을 끓여서 차를 만든다. 어떤 사람들은 안타깝게도 수돗물을 전자레인지에 돌려서 데운 뒤에 티백을 넣고 잠시 기다려 물이 갈색이 되면 끝이라고 생각한다. 이렇게 취급된 물은 차를 단지 원기를 회복시키게 하는 것에 지나지 않는 것으로 만들어버린다. 하지만 물은 수원水原, 함유된 미네랄과 화학적 구성, 또는 처리 과정에 따라서 성격과 맛이 매우 다양해서 차 맛에서 매우 큰 차이를 만들 수 있다.

차가 경외의 대상이었던 중국 당나라에서는 물의 성질에 대한 지식은 좋은 차를 준비하는 과정에서 필수적인 요인이었다. 작가이자 다성인 육우는 〈다경〉에서 이렇게 쓰고 있다.

> 차를 달일 물은 산수山水가 상등품이요, 강물이 중등품이고, 우물물이 하등품이다. 산수는 종유석 샘과 돌 연못에서 천천히 흐르는 것이 상등품이다. 폭포와 세차게 흐르거나 소리를 내며 소용돌이치는 물은 마시면 안 된다. 그런 물을 오랫동안 먹으면 목에 병이 생긴다. 산골짜기에서 흐르는 물줄기 중에서는 맑게 고여 흐르지 않는 물은 여름부터 가을까지 물속에 양기가 쌓여 독이 되기도 한다. 이 물을 마시려면 먼저 나쁜 것을 흘려보내고 새로운 물이 졸졸 흐르게 한 후 떠야 한다. 강물은 사람들이 사는 곳에서 멀리 떨어진 것을 선택하고, 우물물은 자주 사용하는 곳을 선택한다.

수세기 동안 중국의 의서에서는 물의 종류를 분류해 왔다. 차 애호가인 황제와 시인이 물을 토론하고 평가했다. 차의 달인들은 어떤 차에 어떤 물을 사용했는지 확인하는 재능이 있었다. 그리고 전통적으로 특별한 차는 가장 최고의 결과를 내기 위해서 그에 어울리는 물이 있었다. 예를 들어 용정차는 항주 근처의 호포천虎跑泉과 잘 맞는다는 것처럼. 물의 미묘한 차이는 소설에서도 나올 정도로 문화적으로 중요했다. 18세기를 배경으로 조설근이 쓴 〈홍루몽〉에는 다음과 같은 내용이 등장한다.

비구니인 묘옥이 차를 따라 그것을 대부인 앞에 놓았다. 대부인이 그녀에게 어떤 물을 사용했는지 묻사 뵤옥이 지난해에 받아두었던 빗물天水이라고 답했다. 묘옥은 임대옥에게도 차를 내었다.

"이것도 작년의 빗물인가요?"

대옥이 차를 한 모금 마시고 물었다.

"그렇게 말씀하시니 놀랍습니다. 그 차이를 못 느끼시겠습니까? 이것은 5년 전에 제가 매화나무에서 모아둔 눈이 녹은 물입니다. 청자에 채워서 내내 보관했지요. 땅에 묻었다 올 여름에 처음으로 열었습니다. 빗물이 어떻게 이런 가벼움과 맑음을 갖고 있을 거라고 기대할 수 있겠습니까?"

<홍루몽 41회, 축약>

현대인은 우물물, 또는 빗물보다 우수한 눈이 녹은 물로 차를 만들 수 없다. 강은 오염이 되었고 현대인의 바쁜 스케줄상 해마다 다른 물을 보관할 수 없다. 만약 이웃이 물 항아리를 땅에 묻는 것을 보게 되면 정신 건강을 의심할 것이다. 가장 일반적인 선택은 수돗물 또는 판매용 생수이다. 이런 종류의 물에 대해서 조금이라도 알게 되면 보다 맛있는 차 한 잔을 마실 수 있을 것이다. 적어도 차에 꽤 큰돈을 썼음에도 불구하고 왜 맛이 실망스러울 때가 있는지를 이해하는 데 도움이 될 것이다.

차를 위한 물 선택에서 가장 중요한 것은 물이 경수硬水인가 연수軟水인가이다. 물에 포함된 칼슘과 마그네슘 함량과 관련이 있다. 그리

<급천자명도汲泉煮茗圖>, 명, 심주沈周작, 대만 고궁박물관

고 일반적 미네랄의 함량도 맛의 요인의 일부가 된다. 또한 물에 함유된 염소와 유황 같은 화학약품도 맛과 향에 영향을 주며, 농약이나 다른 달갑지 않은 첨가물이 함유되어 있느냐 아니냐에 따라 물을 선택할 수도 있다.

이런 단어들은 매우 복잡해 보이지만, 사실 수질에 관한 정보를 얻는 것은 매우 간단하다. 미국의 경우, 수도 회사는 매해 수질 보고서를 발행할 의무가 있으며, 고객의 집으로 보내며 온라인으로도 공개한다. 보고서가 이해하기 어려우면 수도 회사에 전화하면 설명해 줄 것이다. 이런 정보는 단순히 차를 위해서 유용한 게 아니라 일반적인 건강 문제에 있어서도 도움이 된다.

하지만 어떤 종류의 물이 차에 좋은지를 어떻게 해서 결정할 수 있을 것인가. 수돗물의 성분, 맛과 향과 냄새가 모두 차로 전달될 것이므로 좋은 것은 유지시키고, 나쁜 것은 제거하는 것이 기본 원칙이다. 일반적으로 경수는 차에 맞지 않는다. 하지만 물에서 칼슘과 마그네슘을 완전히 제거하기 어려우며, 제거한다고 해서 좋은 차가 만들어지는 것도 아니다. 물의 경도는 물 1겔론(3.79리터)당 함유된 탄산칼슘을 그레인(64.8mg)으로 표시한다. 이것을 GPGgrains per gallon라고 한다. 연수는 6GPG 이하이고 중간은 6과 9GPG 사이, 경수는 9GPG 이상이다. (한국에서는 물 1리터에 포함된 탄산칼슘 양(ppm)으로 표시한다. 경도(ppm) 100이하를 연수, 200이상을 경수라고 한다. - 역주) 물론 항상 적당한 맛과 성분을 가진 생수가 있어서 물을 사용한 차는 좋을 것이다. 하지만 예산 문제도 있고 플라스틱 병의 환경오염이 점점 문제시되고 있다.

세계에는 자연적인 연수로 축복받은 지역이 있는데, 예를 들면 잉글랜드의 북부, 뉴욕시의 물의 경도는 평균 1~5GPG이다. 경수 지역 중에는 수돗물을 처리기계를 거쳐 연수화 하는 곳도 있다. 만약 경수 지역이나 인공적인 연수 지역에 산다면, 이온연수기 사용을 고려해 볼 수도 있다. 이것은 단지 차뿐만 아니라 가전제품 수도관이나 피부에도 유익할 것이다. 한편 연수에는 소듐이 과도하게 포함되어 있고, 일상적인 식수로는 중간 경도의 물을 사용하는 것이 미네랄을 섭취할 수 있기 때문에 건강에 좋다고도 한다. 논쟁은 웰빙의 영역에서 계속되고 있다. 하지만 차에서 만큼은 맛뿐만 아니라 맑은 찻물이 눈을 즐겁게 만들어주는 연수가 바람직하다. 모든 티 테이스터가 좋은 한 잔의 차에 시각적인 요소가 중요하다는 데 동의한다.

물의 미네랄 함량은 물의 특징적인 맛과, 색, 향을 결정하며 양은 지역마다 다양하다. 이것은 전용함유농도TDS, total dissolved solids에 의해 수치화되어 부차적으로는 심미적인 기준으로 인식한다. 미국의 TDS 기준은 500ppm이다. 예를 들면 바닷물은 보통 10,000에서 35,000ppm을, 지하수는 500에서 2,500ppm, 빗물은 10에서 30ppm 정도이다. 일부 차 애호가는 공급수돗물의 TDS가 너무 높으며 좋은 차 한 잔을 위한 이상적인 TDS는 30~50ppm보다 높으면 안 된다고 생각한다. 또한 다른 의견은 TDS가 200ppm까지는 허용범위로, 차 맛이 평범해지지 않기 위해서는 오히려 이 정도는 필요하다고 하는 사람도 있다.

물맛을 선택하는 것은 개인적 기호의 문제겠지만 전체적으로 볼 때 차를 끓이기 위한 물이라면, 미네랄이 남아 있는 쪽이 바람직하다. 이를 통해 증류수는 객관적인 실험을 위해서 사용될 뿐, 일반적으로 차를 위한 물로 선호되지 않는 이유를 설명할 수 있다. 그리고 이것은 또한 왜 역삼투압RO, reverse osmosis 필터가 찻물을 위한 최상의 선택이 아닌지도 설명한다. 그것들은 수돗물에서 거의 모든 것을 제거해서 증류수와 유사한 물로 만들기 때문이다. 물론 TDS 레벨이 과도하게 높아서 불쾌한 맛이 생기는 경우엔 역삼투성 필터를 사용해서 물을 완전히 걸러서 무미의 상태로 만든 것이 나을 수도 있다. 염소와 납과

허니만 차 광고, 영국, 19세기 후반, 브라마 차와 커피 박물관, 런던

비소, 살충제들 같은 바람직하지 못한 요소들 역시 제거해야 한다. 이것을 위해서는 활성탄 필터가 이상적인데 유기화합물과 불쾌한 냄새나 색을 제거해 주는 한편, 어느 정도의 미네랄과 무엇보다 맛을 유지해 주기 때문이다.

공공수돗물에 관한 가장 큰 불만은 염소 문제이다. 염소는 수인성 박테리아 같은 건강에 치명적인 요인을 제거하기 위해 소독용으로 사용된다. 일부 수도회사는 이런 문제를 해결하기 위해 염소 대신 클로

라민 같은 소독제로 바꾸고 있다. 클로라민은 염소보다 효과가 오래 가며 염소의 불쾌한 맛과 냄새가 적고 위험한 부산물을 발생시키지 않는다. 공공수도의 질은 계속 좋아지고 있으며 가까운 미래에 현대인은 수도꼭지에서 차를 만들기에 적합한 물을 얻을 날이 올지도 모른다.

이런 미래가 아직 오지 않았기 때문에, 최고급의 차와 커피 가게에서는 차 맛을 위해서 물을 조절하고 있다. 수질과 경도를 완전히 조절하기 위해 물의 온갖 함유물을 제거한 후에 다시 선택한 성분만을 되돌릴 수 있는 처리 기구를 사용하여 완벽한 음료를 만들기 위한 이상적인 혼합물을 얻으려 하고 있다. 하지만 우리 일반인들이 집에서 좋은 차를 마시기 위해 할 수 있는 것은 좋은 필터를 사용하는 정도일 것이다.

양질의 물, 즉 부드러우면서도 너무 부드러운 것은 안 되고 미네랄이 균형을 이루며, 유독성분과 불쾌한 맛, 색과 냄새가 없는 것을 얻을 수 있다면, 다음 문제는 끓이는 방법이다. 육우는 차를 위한 물을 끓이는 단계에 대해서 엄밀하게 정의했다. 그는 〈다경〉에서 이렇게 말한다.

> 물이 끓는 모습이 물고기의 눈알처럼 거품이 일고 작은 소리를 내면 첫 번째 끓음, 일비一沸라 한다. 솥의 가장자리에서 물방울이 샘솟듯 솟아서 구슬처럼 이어지듯 끓으면 두 번째 끓음, 이비二沸라고 한다. 물결이 날려 파도가 일

듯 끓으면 세 번째 끓음, 삼비三沸라 하며, 그 이상 끓으면 물이 쇠어지므로 안 마시는 것이 좋다.

현대인 대부분은 끓는 물속에서 물고기 눈알이나 진주를 알아채지 못할 것이다. 하지만 물이 데워질 때 나는 소리, 물이 끓기 직전 나는 소리, 물이 끓는 소리 정도는 분간할 수 있을 것이다. 이것은 차의 종류에 따라 적절한 물의 온도가 다르기 때문에 매우 중요하다. 염소가 너무 많은 물이나 경수에 좋은 찻잎을 넣어 형편없는 결과가 되기 쉬운 것처럼, 잘못된 물 온도로도 차 맛을 떨어뜨리기 쉽다. 완전히 펄펄 끓는 물(섭씨 100도)로 우려야 좋은 차는 홍차와 아주 일부의 단차 정도이다. 물을 일정 시간 이상 끓게 두면 안 되며 끓자마자 찻주전자에 부어야 한다. 중국에서는 너무 끓이면 물에서 생명력, 즉 기氣가 사라진다고도 한다. 보다 과학적으로 말하면 물을 너무 끓이면 산소 함유량이 줄어서 미네랄 농도가 높아진다. 어떤 식으로 말하든 갓 끓인 물이 가장 좋은 것이다.

오룡차는 비등점에 가까우나 완전히 끓지는 않은 물(80, 90도 사이)로 우려야 한다. 녹차와 백차는 김을 내고 있지만 완전히 끓지 않은 물(70, 75도 사이)을 사용해야 한다. 이미 끓은 물이라면 잠시 두어서 몇 분 정도 식힌 뒤에 차를 우려낸다. 녹차와 백차의 섬세한 향은 끓는 물에서 쉽게 파괴된다. 차를 우리는 시간에 대해서 홍차는 3분에서 5분, 오룡차는 3분에서 7분, 녹차 또는 백차는 2분에서 3분이라고 하지만, 이것들은 그냥 지침일 뿐이고 어떤 녹차는 1분에 우러나고, 어떤 홍차는 7분에서 8분까지 두어야 하며, 어떤 백차는 12분에서 15분까지 우려야 한다. 최근에는 포장지에 차 우리는 시간과 방법을 따로 표기하고 있는 제다회사와 전문점이 증가하고 있다.

하지만 일정 범위 내에서 우리는 방법은 개인적인 기호에 달려 있다. 차를 우리는 법과 시간을 표기하는 것은 단지 쓴맛과 떫은맛을 피하기 위한 것이다. 하지만 쓴맛과 떫은맛을 좋아하는 사람들도 있다. 자유로운 실험이 개인적인 기호를 발견하는 가장 좋은 방법이다. 실험을 거듭하는 과정에서 물에 대한 지식과 인식이 생기면 놀라운 결과를 얻어낼 수 있다. 납을 절대 황금으로 바꿀 수 없었던 연금술사와 달리, 과감한 차 애호가는 약간의 찻잎과 적절한 시간, 적합한 물로, 신비로운 기적을 만들어낼 수 있다.

차와 카페인

이게 커피라면 차를 좀 가져다주시오. 하지만 만약 이게 차라면 커피를 좀 가져다주시오

- 에이브러햄 링컨

차 안에 들어 있는 카페인 함량에 대해 생각하면, 닥터 수스의 그림책 〈바솔러뮤 커빈즈의 500개의 모자 이야기〉가 생각난다. 머리에서 하나의 모자를 벗을 때마다 계속 하나의 모자가 나타나는 이야기다. 차의 카페인에 대한 견해도 이러하다. 어떤 이는 차의 종류에 따라서 카페인 함량이 다르다고 주장한다. 다른 사람들은 모든 차가 정확하게 같다고 한다. 많은 사람들이 홍차가 가장 카페인이 많고 녹차는 홍차의 반, 오룡차는 약 삼분의 이라고 한다. 또한 어떤 사람들은 녹차와 백차가 같은 양이라고 주장하고 또 어떤 사람들은 녹차와 홍차가 카페인 함량이 같지만 백차는 그보다 적다고 한다. 어떤 사람들은 백차는 전혀 카페인이 없다고 하지만 반면에 어떤 사람들은 홍차

의 두 배라고도 논쟁한다. 하지만 거의 대부분 동의하는 것은 차는 커피보다 카페인이 적다는 점이다. 하지만 이것조차 어떻게 측정되는지에 따라 사실일 수도 아닐 수도 있다. 이러한 논쟁은 계속된다.

여기서 서술하는 것은 다양한 정보를 수집하여 유력한 통설로 알려진 것들이다. 분명 반론하는 사람들도 있을 것이다. 화학용어로 methylxanthine이라고 하는 카페인은 세계에서 가장 인기있는 합법적인 향정신성 물질로, 모든 대륙의 사람들에게 유익한 영향을 미친다고 선전되어 왔다.[107] 이것은 60종 이상의 식물 씨앗, 잎, 열매에서 발견되는 알칼로이드 계로 그중 가장 잘 알려진 식물이 커피, 코코아, 파라과이와 아르헨티나의 마테, 그리고 물론 차다. 차 속의 카페인은 테인theine이라고 불렸지만, 1830년대에 카페인과 테인은 같은 화합물이라는 것이 판명되었다.

카멜리아 시넨시스 즉, 차나무는 다양한 고도, 위도, 기후 조건에서 자란다. 일광, 강수, 토질, 잎의 연령, 나무의 종류, 가지 치는 방법, 채취 시기, 나아가 식물이 싸워야 하는 해충의 종류와 양까지 모든 것이 찻잎이 함유하는 2~5퍼센트의 카페인 양을 결정짓는 요소가 된다.

일단 이들 조건을 기준으로 했을 때 찻잎을 홍차, 녹차 또는 오룡차로 만든 제조공정이 차 안의 카페인 양을 두드러지게 증가시키거나

107 유커스, <차에 대한 모든 것>, 1:553. 유커스는 차의 유익함에 관한 많은 문구를 모았는데 특히 카페인의 효능에 중심을 맞춘 것들이었다. 합리적인 것들과 기이한 것들이 섞여 있다. 가장 재미있는 것은 워싱턴 D.C.의 조지타운 대학의 의학박사이자 강사였던 조지 로이드 맥그루더가 한 말이었다. 1905년 <뉴욕 해럴드>에 실린 기사이다. "나는 어떻게 차 마시기의 효과와 신경에 미치는 결과를 둘러싸고 토론이 있을 수 있는지 이해할 수 없다. 적당한 양의 차는 평범한 사람을 다음과 같이 돕는다. 하루 종일 할인행사를 찾아다닌 여성은 저녁에 지쳐서 뻗는다. 이러한 상태를 '신경쇠약'이라고 하면서 한 잔의 차에 호소한다. 몇 분 안에 그녀는 다시 생기를 되찾은 듯 보이며 이렇게 사람을 행복하게 만들어주는 특별한 면을 갖고 있다. 이것이 바로 카페인의 효과이다.

줄어들게 하지 않는다. 이것은 홍차가 카페인이 가장 많고 녹차는 매우 적으며 오룡차는 그 중간이라는 일반적으로 받아들여진 개념이 우리가 생각하는 것처럼 그렇게 명쾌하지 않다는 것을 의미한다. 또한 세 가지 차의 카페인 양이 같다는 것도 사실이 아니다. 각종 차에 함유된 카페인 양을 연구한 것에 의하면 어떤 녹차는 카페인양이 적지만 어떤 것들은 오룡차와 홍차보다 높은 것도 있다. 예를 들어 첫물 다아질링은 중국 녹차보다 카페인 양이 더 적다고 한다. 그리고 같은 연구에서 오룡차는 녹차보다 카페인이 적은 경우가 많았다고 한다. 보통 녹차보다 카페인이 적은 걸로 분류되는 백차는 카페인이 매우 낮은 차라고 믿고 있다. 하지만 어린잎이 성숙한 잎보다 카페인을 더 많이 함유한다. 그리고 백차는 대부분 어린잎과 싹으로 만든다는 것을 생

<커피, 차, 코코아에 관한 새로운 호기심을 가진 이야기> 중에서, 프랑스, 1685년.

각하면 사실은 반대이다.[108]

그러므로 아침에는 진한 홍차를 마셔야 하며, 밤에는 진정효과를 가진 약초차를 마셔야 한다는 생각으로 녹차 또는 백차를 선택한다는 개념은 잘못된 것이다. 홍차에서 '진한' 맛이라는 것은 카페인 양보다는 차탕의 어두운 색과 자극적인 맛의 문제인 경우가 많다. 카페인 양을 다르게 만든 것은 실질적으로 차 한 잔을 우리는데 사용한 찻잎의 양이다. 녹차와 백차가 홍차보다 찻잎을 적게 쓰는 경향이 있는데, 때로는 아주 조금만으로도 차를 우려내므로 카페인 양이 적지만, 그것은 한 잔당 사용하는 찻잎의 양이 적기 때문일 뿐이다. 또한 우리는 시간을 짧게 하면 찻물에서 용출되는 카페인의 양이 적게 된다. 미국 식품의약국FDA에서 요구하는 사항은 아니지만, 소비자들이 카페인에 대해 관심을 갖게 되었으므로 일부 제다회사에서는 차의 카페인 함량을 표기하기도 한다. 다양한 종류의 차의 카페인 함유량에 대한 상세한 데이터는 제조회사에서도 쉽게 얻을 수 있는 것이 아니므로 부정확한 정보가 시중에 범람하고 있다. 원칙적으로는 다음과 같이 가정하면 된다.

1. 허브차 이외의 차는 홍차든 백차든 녹차든 오룡차든 간에, 티백이든 잎차이든 전차이든 얼마간의 카페인을 함유하고 있다.
2. 카페인의 평균 함량은 8온스(240cc) 차 한 잔에 20에서 60밀리그램 사이이다.

108 산타나-리오스, <강력한 항돌연변이 효과>.

3. 녹차에는 홍차나 오룡차에 비해 카페인이 적은 것도 있지만(불과 10밀리그램 정도인 것도 있다.) 대부분의 녹차는 25밀리그램을 넘기며 어떤 것은 50밀리그램에 달하는 것도 있다.
4. 오룡차는 대게 녹차보다 카페인 함량이 낮아서 평균 18밀리그램에서 20밀리그램 정도이다.
5. 홍차는 대부분 30밀리그램에서 40밀리그램으로 함유량이 높으며, 50밀리그램에서 60밀리그램이 되는 것들도 있다.

커피와 비교해 보면, 조금 더 분명하다. 건조한 상태로 비교할 때 1파운드의 찻잎에는 1파운드의 커피콩보다 더 많은 카페인이 있다. 하지만 1파운드의 커피콩에서는 40에서 60잔의 커피가 나오는데 반해, 차는 같은 양으로 180에서 200잔의 차가 나온다. 무게를 기본으로 할 때와 달리 차를 우릴 때보다 커피를 만들 때 더 많은 양의 커피콩이 사용되기 때문에 커피의 카페인이 더 높다. 일반적으로 8온스(240cc)의 드립 커피에는 80밀리그램에서 120밀리그램의 카페인이 들어 있다. 같은 양의 차에 20밀리그램에서 60밀리그램의 카페인이 들어 있음을 감안했을 때 차는 커피의 카페인 함량에 삼분의 일밖에 되지 않는다. 즉 커피보다 차가 카페인 함량이 낮다는 상식은 사실이다.

이런 이유로 한 잔의 차는 종종 커피의 온화한 대용품으로 간주된다. 무엇이든 극단적인 사람들도 있는 법이어서 독극물학자는 약이 곧 독이라고도 한다. 월스트리트의 주식중개인이 아침에 마시는 한 잔의 커피가 아일랜드의 농부가 하루 종일 마시는 열여섯 잔의 홍차보다는 '온화한 대용품'의 이미지에 어울릴 것이다. 하지만 대체로 차는 평화로운 느낌을 가져다주고, 커피는 공격적인 운전자의 활발하고 생생한 이미지를 불러일으킨다. 무엇보다 다도는 있어도 커피도는 없지 않은가.[109]

109 FDA는 카페인 허용치를 제시하지 않았고 카페인은 매우 다양한 범위로 개개인에 맞춰 사용된다. 보통 하루의 카페인 소비는 세계적으로 80mg 정도이다. 미국에서는 200에서 250mg으로 추산된다. 성인의 경우에 카페인을 섭취하는 가장 주요한 경로는 커피이고, 어린이의 경우에는 청량음료이다. 청량음료의 70퍼센트가 20에서 50mg의 카페인을 함유하고 있다. 밤새 춤을 추는 젊은이들 사이에서 새로운 '에너지 드링크'가 인기를 얻으면서 카페인 소비량은 두 배로 늘어났다.

차의 22,000가지 효능

〈차의 십덕〉

모든 신의 축복을 받았다 諸天加護

부모에게 효도한다 父母孝養

모든 악령을 쫓는다 惡魔降伏

졸음을 사라지게 한다 睡眠自除

오장을 조화시킨다 五藏調和

병을 막는다 無病息災

우정을 길게 한다 朋友和合

심신을 수행한다 正心修身

번뇌를 없앤다 煩惱消滅

평화로운 임종을 맞게 한다 臨終不亂

- 무쇠주전자에 새겨진 일본 승려 묘에明惠의 글[110]

110 플루초의 <역사적인 차노유>, 43.

수천 년 전 중국에는 차가 갖고 있는 수많은 약효 성분이 잘 알려졌다. 중국 전국 시대 때 명의 편작扁鵲의 아버지 역시 명의였는데 8만4천 종의 약초를 알고 있었다고 한다. 아버지가 아들 편작에게 지식을 전수하던 중 미처 다 알려주기 전에 그만 죽고 말았다. 여태 편작이 전수받은 것은 6만2천 종의 약초였고, 나머지를 다 알 수 없는 데 안타까워했다. 하루는 꿈에, 아버지가 나타나서 자신의 무덤을 찾아가면 거기서 나머지 2만2천 종의 약초를 찾을 수 있을 거라고 했다. 다음날 편작이 무덤에 가보자 거기에는 2만2천 종이 아니라 단 한 가지의 식물이 있었다. 그것이 바로 차나무였다. 그는 이 놀라운 식물이 2만2천 가지의 효능을 모두 갖고 있음을 알게 되었다.

8세기의 〈다경〉에서도 육우는 다양한 병에 따른 차의 효능을 언급하고 있다. "열이 나서 갈증이 심하고 심기가 울적하며 두통이 있으며, 눈이 피로하고, 팔다리에 기운이 없고, 뼈마디가 잘 펴지지 않을 때 너댓 잔을 마시면 감로에 견줄 만하다"고 했다. 육우는 차를 성분으로 포함한 특수한 치료약에 관해서 기록한 다른 문헌도 인용한다. 예를 들면 만성궤양에 관해서 〈침중방枕中方〉을 인용해 "오래된 종기나 궤양에는 차와 지네를 함께 구워 가루를 환부에 바르면 완쾌할 수 있으며", "이유 없이 깜짝 놀란 어린아이에게 차와 파뿌리를 달여 먹이면 치유된다"는 〈유자방孺子方〉의 치료법도 함께 실었다.

명나라의 다른 의서인 〈만병회춘萬病回春〉에는 "이명 현상에는, 가장 큰 크기의 하얀 개미를 말려서 차 씨앗 약간과 함께 가루내어 코로

들이마셔라. 이러한 처방은 효과가 좋을 것이다"라고 나와 있다.

불교 승려들이 일본에 차를 전했을 때, 건강의약품으로서의 평판도 함께 건너왔다. 차는 선원에서 황궁으로 나아가 일반 민중에게로 퍼져나갔다. 차는 일용품이 되었고 승려들은 차로 빈민들을 치료했다. 13세기 불교 승려 에이사이는 차가 건강에 이로운 점을 〈끽다양생기喫茶養生記〉에 기록했다. 차가 서양으로 수입되었을 때 차의 건강 효능을 선전한 최초의 문서인 개러웨이의 광고지에 적혀 있는 내용 역시 명대의 다서에서 인용하고 있다고 중국 과학사가인 조셉 니덤이 고증한 바 있다. 건강의약품으로서의 차의 평판은 시대를 지나면서도 퇴색되지 않았고, 대륙 너머까지 뻗어나가 이천 년 이상을 거치면서 다양한 문화로 퍼졌다.

구운 지네를 차치하고, 서양과학이 동양의 차의 약효에 주의를 기울인 것은 극히 최근의 일이다. 지난 15년 동안, 심장혈관 질환, 암 예방, 구강 건강, 뼈 밀도, 면역 체계, 체중 조절과 관련하여 차의 효능이 연구되고 있다. 건강에 도움이 되는 차의 특성은 주로 높은 함량의 플라보노이드, 특히 카테킨에 기인한다. 이러한 성분은 다른 야채, 과일, 꽃에도 있는 것들이다. 차에서 주된 성분은 에피갈로카테킨 갈레이트Epigallocatechin gallate 또는 EGCG라고 하는 것인데, 이 약자는 의류 브랜드나 과학소설의 로봇 이름처럼 들리지만 우리에게 조금 더 친숙한 이름은 산화방지 효과가 뛰어난 폴리페놀이다. 차의 폴리페놀은 탁월한 산화방지제로 알려진 비타민 C나 E보다 훨씬 높은 효력을 지닌다. 모든 카멜리아 시넨시스로 만든 차에는 폴리페놀이 풍부하지만 가공 정도가 약한 녹차나 백차가 홍차나 오룡차에 비해서 함유율이 높다.

차와 커피, 초콜릿의 의학적 효용에 대한 초기 문서의 속표지 삽화. <건강 유지와 질병 치료를 위한 차, 커피, 초콜릿의 좋은 사용법>, 니콜라스 드 블레뉴, 판화, 프랑스, 1687년 비팅 컬렉션, 희귀 서적, 국회 도서관, 워싱턴 D.C.

산화방지제는 건강한 세포를 유지하는 데 필수적인 것이다. 이것은 세포 신진대사에 의해 생산되며 우리 몸의 노화에 가장 큰 원인인 활성산소의 강력한 청소부이다. 일례로 프랑스인이 포화지방을 더 많이 먹으며 운동도 하지 않지만 프랑스인의 심장질환율은 미국인의 40퍼센트에 불과하다. 이것은 식사 때 산화방지 작용을 하는 폴리페놀을 함유한 레드 와인 한두 잔을 하는 프랑스인의 습관 때문이라고 설명되어 왔다. 차에는 레드 와인보다 더 높은 함량의 폴리페놀이 들어 있다. 그래서 연구자들은 혈관질환에 대한 차의 효능을 조사했다. 라이너스 폴링 연구소가 행한 여러 종류의 인구학을 검토한 어느 논문에 따르면, 적어도 하루에 홍차 세 잔을 마시는 것이 심장마비의 위험을 최소한(11퍼센트)으로 감소시킬 수 있다고 한다. 보스턴 대학의 연구에서도 혈관 건강에 대한 홍차의 바람직한 영향이 보고되고 있는데, 이것은 산화방지력을 가진 카테킨이 아니라 플라보노이드와 폴리페놀 때문이라고 보고 있다.[111]

홍차, 녹차, 백차의 잠재적인 암 예방 효과에 대해서도 연구되고 있으나, 작용 메커니즘은 아직 명확하게 밝혀지지 않았다. 초기의 동물 실험에서 차가 특정 종류의 암을 막아주는 효과가 있음이 발견되었으며 그것은 EGCG의 산화방지 작용에 의한 것으로 보고 있다. 최근 다이옥신 노출에 관련된 녹차와 암에 관한 로체스터 대학의 연구에서 EGCG는 암세포를 성장시키는 단백질 Hsp90과 결합하여 암세포 성장을 억제한다고 발표했다. 다른 실험 논문은 차의 항산화와 효소 활동 사이의 관계를 추적했다. 나아가 논문에서는 차의 항돌연변이 효력과 DNA 보호에 관한 논문도 있다.

미국인의 주된 사망원인인 암과 혈관질환뿐만 아니라 플라보노이드의 살균작용과 찻잎의 플루오르화의 충치 예방 효과에 의한 구강 건강에 관해서도 차의 긍정적인 효과가 연구되었다. 플루오르화 분석에서는 가장 높은 양의 플루오르화를 가진 찻잎은 오래되고 성숙한

111 윈들랜스키 외, <홍차의 효과>.

잎으로 보통 고형차를 만드는 데 사용되는 낮은 등급의 차였다. 이런 특성은 실험 분석이나 크로마토그래피 같은 게 없었던 천 년 전의 중국에서 매우 정확하게 인식하고 있었던 것이다. 중국의 시인 소동파는 1083년에 "식후에 진한 차로 입안을 헹구면 기름기를 제거할 수 있고 치아를 견고하게 하며 충치를 없앨 수 있다. 이러한 효과는 저급차나 중급차로도 얻을 수 있다"라고 적었다.

오늘날 가장 시급한 건강 문제인 당뇨병과 비만에 초점을 두고, 차가 식욕을 억제시키며 지방 연소를 도우며 인슐린 분비를 촉진한다는 것도 연구되었다. 게다가, 유럽인구학 조사에서 차를 마시는 사람들이 차를 마시지 않는 사람보다 뼈의 미네랄 밀도가 더 높다는 것이 발견되었다. 그밖에도 면역 체계, 신장 결석과 인지 능력 같은 다양한 방면에서도 연구가 진행되고 있다.[112] 차의 효능은 끝이 없는 듯 보인다. 현재 진행 중인 활발한 연구 활동을 생각하면 중국의 설화에서 말하는 22,000가지의 효능이란 것도 허황된 이야기라고 생각되지 않는다.

물론 제다회사와 영양보조식품 제조사는 차와 건강에 관한 발표를 광고에 이용하고 있는데, 특히 다이어트와 관련하여 열을 올린다. 하지만 미국 식품의약국과 과학계는 신중하다. 그들은 많은 연구들이 전도유망한 것은 분명하지만, 그 결과는 아직 확정적이지 않다는 것이다. 여기 몇 가지 이유가 있다. 인구 및 외래에서 발생하는 환경 요인을 완전히 분리할 수 없기 때문에 역학연구의 결과는 평가가 어렵

112 맥케이 외, <차의 역할>.

다는 것이다. 동물실험에서는 연구자가 이런 요소들을 주의 깊게 설계하여 이런 요소들을 컨트롤할 수 있지만 동물연구의 결과를 그대로 인간에게 적용할 수 있는 것은 아니다. 게다가 신체에서 흡수하고 사용되는 화학물질의 범위를 가리키는 생물학적 이용가능성의 문제도 있다. 사실 화학적인 연구는 일정한 방식의 실험관에서 얻어진 것이므로 이것이 같은 방식으로 인간의 몸에 적용된다고 보증할 수는 없다. 그럼에도 불구하고 요즘 사람들은 전보다 차를 더 많이 마시는 듯하다.

엠파이어 티 신문 광고. 1930년경, 유커스의 <차에 대한 모든 것> 재판, 1935년.

17세기의 오스트리아 예수회 선교사 마르티노 마르티니는 '중국인의 누렇고 건조한 피부'는 차 때문이라고 생각했다. 실제로 그런지도 모른다. 차가 항산화작용을 가지고 있다는 것은 부정할 수 없다.

나아가 더 많은 연구가 필요하며, 2만 2천 가지 효능의 과학적 탐구에는 시간이 걸린다. 하지만 동물 실험과 임상 실험으로 현대 서구

과학은 느리지만 꾸준하게 인류 지식의 발전에 기여하고 있다. 서구의 연구자들은 신농이 투명한 위로 차를 실험하던 것과 차를 불멸의 영약으로 보던 도교적 개념으로 완전히 돌아가려 한다. 과학적 연구 대상으로서의 차는 동서양 두 문화의 힘을 묶는 데 도움을 주고 있다. 수천 년에 걸쳐 모아진 동양의 고대 경험적인 통합 지식과 자연의 복잡성을 이해하기 위한 서양의 체계적이며 분석적인 접근법이다.

4부
오늘날의 차: 사람과 땅

1장 2기

유럽 제국주의는 황색인의 재앙이라는 우스꽝스런 울음소리를 멸시하고 있으며, 또한 아시아는 백인의 재난이라는 잔혹한 느낌을 즐기고 있다.

- 오카쿠라 카쿠조, <차의 책>, 1906년

차의 세계는 수천 년 전 어느 신비로운 오후, 농업의 신이자 대담한 약초학자인 신농이 중국 남부의 나지막한 구릉 지대에서 최초의 차 한 잔을 마신 그날로부터 머나먼 길을 걸어왔다. 차는 오늘날 재배 국가가 36개국에 이를 정도로 전 세계 여러 지역에 자리 잡게 되었다. 차는 다습한 기후와 산성 토양을 선호하기 때문에 대부분 열대와 아열대 지역에서 자란다. 케냐의 푸릇푸릇한 구릉 지대, 스리랑카의 열대 밀림, 인도의 다아질링의 안개 낀 산맥과 아삼 평원의 거대한 다원, 또는 중국의 작은 가족 다원 등등 세계 여기저기에 연녹색의 부드러운 벨벳 같은 차밭이 펼쳐져서 멋진 전경으로 세계인에게 즐거움을 주고 있다. 전 세계의 차 재배 면적은 620만 에이커(250만 헥타르)로,

그중 아시아 국가들이 89퍼센트를 차지하고 나머지는 아프리카와 남미에 있다.

오늘날 차 산업의 주역은 인도와 중국으로 전 세계 차의 반을 생산하며 케냐와 스리랑카도 주요 수출국이다.[113] 인도는 세계에서 최대 홍차 생산국이지만 대부분이 국내에서 소비되며 생산량의 20퍼센트만 수출된다. 그리고 인도차의 절반 이상이 세계에서 가장 넓은 차 재배지역인 아삼의 북동지역에서 생산된다. 그 밖의 생산지로는 북쪽의 서 벵골에 유명한 다아질링, 남부의 케랄라를 들 수 있다. 중국은 1800년대에 영국 차 회사의 습격으로 잃었던 상업 시장을 20~30년 사이에 되찾고 있는 중이다. 중국 차생산량의 대부분은 녹차로 양은 인도 생산량에 필적하며 생산량의 35퍼센트에 달하는 엄청난 양을 수출한다. 중국은 2010년 모든 분야를 망라해 세계에서 가장 큰 수출국이자 세계적인 경제 규모에 이르렀다. 이런 점들을 생각해 보면 중국차의 엄청난 수입량은 그렇게 놀라울 것은 아니다. 전체적으로 볼 때, 스리랑카와 케냐는 중국과 인도보다는 못하지만 생산량 거의 대부분을 국제 시장에 내보내므로 최대 수출국 자리를 차지한다. 스리랑카에서 차는 모든 농산품 수출의 70퍼센트를 차지하고 있다. 실론 차의 선구자인 제임스 테일러도 이런 것은 꿈에서도 상상하지 못했을 것이다.

113 인도의 매해 산출량은 8억 2천만 킬로그램, 중국은 7억 9천만 킬로그램이고 그중 75퍼센트가 녹차다. 2004년 케냐는 세계에서 가장 큰 차 수출국(3억 2천6백만 킬로그램)이었고, 다음은 스리랑카로 2억 9천만 킬로그램이고 다음이 중국(2억 7천9백만 킬로그램), 인도(1억 8천3백만 킬로그램) 순이 었다. 인도네시아, 터키, 베트남, 일본, 아르헨티나, 방글라데시는 차 생산이 가장 많은 10개국에 속한다. 스리랑카나 케냐는 생산량이 낮아도 국내 소비량보다 수출이 더 많은 국가이며 생산자들 사이의 심각한 경쟁을 잘 보여주고 있다.

2004년 세계 차 생산량은 320만 미터톤(1미터톤은 1,000킬로그램나 2,200파운드와 같다)에 이르렀는데, 이것은 40년 전 생산량의 3배에 이른다.[114] 생산되는 모든 차가 실제로 소비된다고 한다면 지구상에서 매일 38억 잔의 차가 소비된다는 것을 의미한다. 설령 하루에 38억 회에 이른다 할지라도 차 애호가들이 찻잔에 차를 따르는 것은 즐거운 일이다. 대부분의 현대인들은 차 한 잔을 즐기기 위해 얼마나 많은 노력과 수고가 필요한지 전혀 의식하지 못한다. 그리고 노동조건과 생활환경이 얼마나 힘들고 견디기 어려운 수준인지, 얼마나 많은 손길이 필요한지 알지 못한다. 인도를 예로 들자면 차 산업이 철도에 이어 두 번째로 많은 노동자를 고용하고 있다. 인도 전역에 1600개의 대규모 다원과 12만6천 곳에 이르는 작은 다원에서 약 120만의 정규 노동자와 100만의 임시 노동자가 일하고 있다.

대부분의 차는 다섯 단계의 제조 공정을 거친다. 위조萎凋하고, 유념하고, 산화 또는 발효를 거친 후 건조시켜 찻잎을 선별하고 등급을 매기게 된다. 생엽은 따자마자 바로 시들기 시작하는데, 이런 잎들을 공장 안에 길게 열을 지어 놓여 있는 평평하고 넓은 바구니에 펼쳐놓는다. 위조하는 시간은 차 종류에 따라서 다르다. 어느 정도 수분함량이 줄어서 잎이 축 늘어지면, 다음 단계를 위한 준비에 들어간다. 두 번째 단계는 유념이라고 부르는데, 생엽을 부드럽게 비비고 굴려서 세포조직을 파괴하면 안의 즙이 나와서 퍼지면서 잎의 표면을 감싸게

114 FAO, <세계 차 생산>.

한다. 이 과정은 과거에는 손으로 하였지만 현대에는 일부 비싼 차의 경우에만 손으로 작업하고, 대부분 기계로 작업한다. 세 번째 단계에서는 차가 평평한 시렁에서 산화 과정을 겪게 된다. 이러한 과정을 거치면서 생엽의 색이 녹색에서 붉은색으로 변화하는 것을 보통 발효라고 부르지만, 정확하게는 효소가 작용하는 산화 과정이다. 여기서는 온도가 매우 중요하기 때문에 매우 세심하게 조절된다. 그 후 찻잎을 건조시킨다. 생엽이 마르면서 효소의 활동이 중지되고 산화 과정을 멈추게 하기 위해서이다. 건조된 찻잎의 수분함량은 약 2,3퍼센트이다. 건조 후 차 가공의 다섯 번째이며 마지막 공정으로 넘어간다. 찻잎의 크기에 따라 선별되고 등급이 매겨진다. 이런 모든 과정이 다원에 있는 차 공장에서 이루어진다. 다른 농장 작물과 달리, 차는 가공을 전제로 수확되는데 잎이 매우 약해서 따자마자 바로 가공 처리해야 할 필요가 있기 때문이다.

기계화가 많이 된 제다 공정에는 그렇게 큰 노동력이 필요하지 않고 전체 노동력의 약 10퍼센트만으로도 공장에서의 일을 처리할 수 있다. 차 노동력의 90퍼센트는 밭에서 일한다. 주로 남자들은 가지치기, 씨뿌리기, 물뿌리기, 괭이질, 비료주기, 배수공사, 종묘장에서 묘목 돌보기 같은 일을 한다. 하지만 양질의 차를 생산하기 위해 필수적인 손으로 직접 찻잎을 따는 일에 대부분의 노동력이 투입된다. 기계로 수확하면 어린잎과 나이 든 잎을 줄기와 같이 마구잡이로 잘라버리게 되므로 낮은 등급의 차가 생산된다. 그런 까닭으로 사람이 직접 작업을 해야 한다. 아시아에서는 차 노동자의 대부분이 여성이다. 여성들은 매일 아침, 집안일과 아이 돌보기를 끝낸 후, 등에 바구니를 메고 차밭으로 나와 일을 시작한다. 3,4피트 높이로 가지치기가 되어 있는 차나무를 따라 걸으면서 전통적으로 한 가지에 두 잎사귀, 보통 일창이기一槍二旗라고 하는 양질의 차의 상징인 어린 가지를 딴다. 바구니가 가득 차면 집하처로 가서 무게를 재고 다시 밭으로 돌아간다. 하루 할당량은 20킬로그램에서 30킬로그램 사이이며 농장에 따라 다르다.

생엽 1킬로그램을 만들기 위해서는 한 사람이 약 2천 개의 어린 가지를 따야만 한다. 1킬로그램의 건조한 잎차를 만들기 위해서는 약 4킬로그램의 생엽이 필요하다. 매일 30킬로그램을 따야 한다면, 아침부터 밤까지 하루에 6만 번의 일창이기를 따는 행동을 되풀이해야한다. 빅토리아 시대 한 신사의 관점에서 씌어진 1897년 출판된 책에서는 이러한 작업을 다음과 같이 기술하고 있다.

> 지는 태양의 꺼져가는 황혼 속에 형형색색의 화사한 옷을 둘러쓴 여자들이 줄을 지어, 다원의 구불구불한 길을 따라 움직인다. 그녀들의 발걸음은 완벽하여 파도처럼 굽이치며, 머리 위에 우아하게 균형 잡은 바구니가 방해가 되지 않는다. 애처로운 후렴구를 부르거나 수다와 웃음으로 유쾌한 분위기를 만들며, 멀리서 들리는 아른거리는 희미한 콧노래처럼 기분 좋게 귓가에 부딪친다.[115]

115 데이비드 크롤, <차: 차 재배와 제조 교과서> 레겟의 <찻잎> 23쪽에서 인용.

차 노동자들에 대한 시적인 환상은 수십 년에 걸쳐 영속되어 왔다. 화려한 사리를 입고 행복해 보이는 차 따는 여인들의 이미지는 세계 곳곳에서 마케팅에 사용되었다. 아주 소수의 윤리적, 사회적인 의식이 있는 경영자가 소유한 다원에서는 평균 이상의 노동조건을 제공할지도 모른다. 하지만 광고에서 보는 차 따는 여인의 밝은 미소의 배후에 있는 것은 대규모 다원의 황량하고 엄격한 노동 현실이다.

차 산업에서 노동 문제는 차를 재배하는 모든 나라에 존재하지만 인도 대륙의 커다란 다원 시스템에서 가장 현저하게 나타난다. 이 지역의 차 산업은 이주노동자의 존재 위에서 구축되었다. 벵골, 비하르, 오리사, 마디야 프라데시 같은 경제적으로 빈곤한 지역에서 온 노동자들이 북동부 대농원으로 이주했다. 스리랑카는 인도 남부의 타밀나두 주에서 노동자들을 데리고 왔다. 다원은 대개 외딴 지역에 위치하므로 오늘날의 이주 차 노동자들은 150년 전에 처음으로 이주했던 노동자들의 후손들이며, 그들은 조상의 고향에서 멀리 떨어져 살 뿐만 아니라 이웃 마을이나 도시로부터 고립되어 살고 있다. 그들은 고립과 더불어 지역의 이방인으로 차별 받고 있다. 지역에서 태어나서 계속 살았지만 그들은 지역 토착민들에게 외국인일 뿐이다. 그렇다면 그들이 속한 곳은 어디인가?

세대에 세대를 이어 차 노동자들은 농장에서 태어나 농장에서 죽는다. 여기서 그들은 사회의 침입자로 여겨지고, 숙련되지 않은 노동자들로서 열등한 존재로 취급되며, 사회 하층민으로 격하되어 있다.

일창이기, 존 애버크롬비 알렉산더, 차 경작에 관련된 24장의 사진 연작 중, 영국, 1920년경, 케임브리지, 영국.

그들은 아버지와 할아버지가 온 지역에서 너무 멀리 떨어져 있고, 그곳으로 돌아갈 수 있는 기회조차 얻지도 못하며, 선조들의 출신지에도 속하지 못한다. 최근 들어 스리랑카에서 이러한 사태가 사회적, 정치적 항쟁으로까지 부상했다. 이 지역에서 티 타밀Tea Tamil이라고 불리는 인도 타밀 족 이주자들은 아직도 다수파인 싱할라 부족뿐만 아니라 스리랑카의 타밀 족에게도 멸시당하고 있다. 1947~1948년 인도와 스리랑카가 독립한 이후에도 다원에서 잊힌 채 살고 있던 티 타밀 족들은 인도 시민권도 잃었고, 스리랑카 시민권조차 없었다. 스리랑카나 인도 어디의 관심도 받지 못한 수만 명이 무국적자로 남아 있다가 반세기에 걸친 투쟁 끝에 2003년에야 비로소 합법적인 스리랑카 국적을 취득했다. 인도 북동부 특히 아삼에서는 이주노동자에 대한 차별 행위는 과격한 집단에 의한 폭력적

공격의 형태를 띠고 때로는 사망사건이 나기도 한다.

역사적 망각과 사회적 무시를 제쳐놓더라도 평균적인 차 노동자들의 노동조건과 생활수준은 놀랄 만큼 열악하다. 차 노동자들의 평균 하루 일당은 60센트에서 1.5달러 사이이며 비수기에는 일당을 전혀 받지 못한다. 노동자가 아프거나 일을 하지 못하면 일당을 받지 못하고 일요일은 물론 보수가 없다. 무거운 차 바구니를 메고 다니는 데서 생긴 만성적인 요통, 화학 살충제 노출, 뱀의 위험 같은 것들이 차 따는 노동자의 일생을 위협한다. 또한 기온이 높고 습도가 높은 우기의 다원에서는 항상 거머리가 일꾼들을 괴롭힌다. 노동자 가족들은 작고 답답하며 비위생적인 황폐한 집에서 살고 있다. 전기와 수도는 거의 사치품에 가깝고, 의료 시설은 인원도 기구도 약품도 부족하다. 결핵과 말라리아 같은 전염성 질병은 일상적이며 오염된 수원지 때문에 위장병, 이질 등의 다른 질병이 만연해 있고 빈혈과 영양실조도 마찬가지이다. 농장이라고 하는 사회적으로 고립된 상황 하에서는 남자들의 알코올 의존이 큰 문제로 떠오르고 있다. 대규모 다원에서 어린이들의 초등 교육은 의무화되어 있지만, 중등교육은 제공하지 않는다. 차 노동자 가정에서는 자녀들을 상급교육기관으로 보낼 여유가 없을 뿐만 아니라 수확 기간에는 생활을 유지하기 위하여 아이들도 가족을 도와 차 따는 일을 해야 한다. 교육받지 못한 자녀들이 더 나은 직업을 찾을 수 있는 가능성은 없다. 이러한 악순환이 반복되며 사회적 경제적으로 혜택 받지 못하는 차 노동자는 세대를 교체하면서 거듭되게 된다.

사태를 악화시키는 것은 전 세계 차 시장에서 차 가격이 하락한다는 것이다.[116] 전 세계적으로 차 생산이 늘어나면서 전통적인 차 생산국인 인도, 중국, 케냐, 스리랑카와 베트남, 방글라데시, 인도네시아 같은 소규모 차 생산국 사이에서 경쟁이 벌어지기 때문이다. 그 결과 가격을 끌어내리는 과잉 공급에 빠지게 되고, 자금 순환을 유지하기 위해서 필사적인 증산이라는 최악의 순환 고리가 만들어진다. 낮은 차 가격이 단지 과잉 공급 때문만은 아니라는 분석도 있다. 생산국에서 차를 팔 때 불분명한 경매 체계 때문에 가격을 낮게 유지하려는 거대 바이어들의 입찰 공모 가능성 등 시장 조작이라는 악습에 노출되어 있는 것이 큰 원인이라는 것이다.

게다가 차 산업의 소유주들이 대부분 소수의 거대 다국적 기업이다. 이들이 차나무에서 티포트에 이르는 공급망의 전 단계를 지배한다. 비평가들은 또한 차의 소매가격이 점점 오르는 데 비해 경매 가격이 지나치게 낮다고 주장한다. 2004년 유엔식량농업기구FAO에서 발표한 차의 평균가격은 킬로그램당 평균 1.64달러에 지나지 않았다. 차 생산국들은 더 높은 이윤을 얻으려는 다국적 기업들에게 착취당하고 이윤은 블렌딩, 포장, 마케팅을 하는 다국적 기업들이 대부분 가져간다.[117] 이런 상황을 만들어내는 원인과 조건이 무엇이든 가

116 공급과잉 문제를 풀기 위해 생산을 제한시키는 것보다는 차를 요구하는 시장을 키우는 것이 더 성공적인 전략이라는 믿음으로, FAO는 차 소비를 장려하기 위해 차가 건강에 좋다는 식의 국제적인 캠페인을 전개했다. 이것이 좋은 결과를 가져왔지만, 공급량은 아직도 문제이다.

117 이런 다국적 기업 중 일부는 다원에서 이윤을 뽑아내는 한계를 인식하고 있으며, 심지어는 다원을 완전히 팔아치워버리기 시작했다. 세계 시장에 차가 공급과잉이 되면서 다국적 기업들은 다원을 소유해서 원료 공급을 안정

누와라 엘리야 근처의 탈라와켈레의 차 따는 쿨리 어린이들, 흑백사진, 실론, 1903년, 의회도서관, 워싱턴 D.C.

격 하락에 대한 경영자의 노력은 농장의 생산 단가를 줄이는 방향으로 움직이기 마련이다. 따라서 농부와 노동자를 압박하게 되고 이미 빈곤한 그들의 생활환경을 더욱 악화시키는 요인이 되는 것이다.

화시킬 필요조차 없어졌다.

지난 20~30년에 걸쳐, 노동자와 경영진 사이의 충돌은 거세지고 있는 추세이다. 노동자와 거대 다원 운영자 사이의 현격한 경제적 차이는 충돌의 원인이 무엇인지 잘 나타낸다. 차 노동자들은 더 낮은 임금을 강요받거나 장시간 노동을 해야 한다. 인건비 삭감을 위해 정규직 고용자는 해고되고 임시일용직 노동자 채용이 증가하고 있다. 인도의 다원에서 일당을 주지 않는 일이 빈번해지자, 항의와 폭력 사태가 일어나게 되었다. 극단적인 케이스로 농장 관리자가 가능한 한 오랫동안 임금 지불을 늦춘 후 농장을 버린 일도 있었다.[118] 집, 식량 배급, 의료 시설 또는 학교 같은 농장의 기본 시설에 전적으로 의존하는 노동자에게는 재앙과도 같은 결과인 셈이다.

2005년 여름 35만 명의 차 노동자들이 임금 인상과 환경 개선을 요구하면서 가장 바쁜 수확 기간에 데모에 나섰다. 그들은 다음 2년간 2루피(5센트에도 미치지 못한다)의 임금 인상에 합의했다. 요구사항에 들어 있었던 과거에 삭감된 금액에 대한 지급은 사라졌다. 평론가들이 이 성과는 불충분하다고 보지만 교섭에 관련했던 몇몇 사람들은 노동자들이 적어도 얼마간의 이득을 획득했다고 주장했다. 부정적인 관점에서 볼 때 차 시장의 공급과잉을 생각하면 거대 기업들이 인도를 떠나서 '노동 불안'이 없는 새로운 국가에서 대안적인 차 생산지를 찾으려고 할 것이라는 것은 유감스럽지만 맞는 이야기다. 이런 것은 그리 멀지 않은 과거에 영국이 했던 일이었다. 인도가 독립을 얻는

118 2003년 서 벵갈의 차 보고서에서 근처 숲에서 먹을 수 있는 것은 무조건 모으고 하루에 몇 페니를 위해 돌을 쪼개며 생존을 위해 투쟁하는 차 노동자들의 모순된 환경에 대해 보고하고 있다. 한 다원에서만 15살 미만 어린이들 중에서 22명이 기아로 죽었다고 보고되었다.

것은 시간문제라는 것을 눈치 챈 영국의 농장주들은 아프리카에 거대한 다원을 만들기 시작했고 오늘날 영국 차 수입량의 절반은 케냐, 말라위, 짐바브웨에서 온 것이다.

이것이 전 세계 연간 차 생산량 3200만 톤이라는 이면에 있는 현실이다. 목가적인 환경에서 자라며, 마음을 위로해 주며 원기를 회복시켜주는 차라고 하는 신선한 음료는 투쟁과 고단한 노동에서 탄생하는 것이기도 하다. 그리고 인내심 가득하고 민첩한 손가락 수백만 개가 1창 2기의 아차, 1창 3기의 엽차를 따고 있는 덕분에 우리들은 이러한 즐거움을 맛 볼 수 있었다. 차 노동자들은 수백 년 동안 여기에서 생기는 수익을 갖지 못한 채 일만 해왔다. 이들에 대해서 관심을 기울이기 시작하는 사람들이 많아지면서 '공정함에 대한 의문'이 부각되게 되었다. 지난 이삼십 년 동안 이들을 위해 어떤 일을 해줄 수 있는지에 대한 고민이 있었고, 이러한 고민에 대한 집단적인 운동이 서서히 생기고 있으며 전지구적으로 성공에 대한 가능성이 보이기 시작하고 있다.

공정한 차 한 잔

> 사려 깊고 헌신적인 작은 시민 그룹이 세상을 바꿀 수 있음을 절대 의심하지 말라. 실제로 세상을 바꾼 것은 그런 소그룹이었다.
>
> \- 마가렛 미드, 인류학자, 1901~1978

나쁜 뉴스를 읽거나 절망적인 상황에 대한 이야기를 들으면 우리는 무력감에 빠지게 된다. 세계를 지배하는 냉혹한 힘에 맞닥뜨렸을 때 쉽게 압도당한다. 이런 살벌한 세계에서 우리의 작고 개별적인 행동이 확고부동하게 퍼진 문제들에 대해서 무엇을 할 수 있을까? 하지만 때로는 공정한 차 한 잔을 마시는 것처럼 작은 행동이 중요하게 될 수 있다. 바로 공정무역 차Fair trade tea이다.

공정무역 차란 무엇일까? 공정무역 상품을 살 때 얻을 수 있는 것은 무엇일까? 그리고 공정무역은 정확하게 무엇을 의미하는가? 공정무역이라는 발상은 제2차 세계대전 이후에 극단적인 빈곤함을 완화시키려는 노력의 일환으로 여러 서구의 원조기관, 종교단체, 개인 회사들이 개발도상국의 수공예품을 사서 유럽과 북미에 파는 것에서 시작되었다. 이런 대안무역기구ATO는 그들의 무역 상대와 장기에 걸친 공평한 관계를 구축하고, '원조가 아닌 무역'이라고 하는 메시지를 전 세계에 확산시키려고 노력했다. 목표는 개발도상국가에게 마구잡이식의 재정원조 대신 그들과 직접적으로 공정한 상업적 연계를 강화하는 것이다. 해를 거듭하면서 ATO는 수공예품 이외의 일용품 특히 커피와 차뿐만 아니라 코코아, 바나나, 쌀, 설탕 등으로 범위가 넓어졌다. 오늘날 공정무역 운동은 다양한 형태로 전개되고 있다. 사회의식을 가진 소비자가 공정무역 상품을 선택할 때 발생하는 이득은 지구촌 곳곳의 생산자, 노동자, 가족원들 약 오백만 명의 사람들이 혜택을 입는다. 팔십만 명의 공정무역 상품 생산자가 58개 개발도상국가들의 공정무역 제휴자에게 제품을 공급하고 있다. 전체 공정무역 연간 매출은 10억 달러에 가까우며 매년 약 50퍼센트 성장하고 있다.

우리가 소비자로서 공정무역 차를 선택하면, 이윤은 생산과 수입, 소매 세 가지 영역을 관리하는 국내 및 국제기구에서 효율적인 시스템을 가동시키게 된다.[119] 생산 부문에서는 독일에 위치한 포괄적인 조직인 국제공정무역인증기관Fairtrade Labelling Organizations International, FLO이 공정무역의 표준을 확립하고 공정무역을 규제하고 있다. 이들

119 공정무역 증명을 다원이 받기 위해서는 몇 가지 조건이 필요하다. 회사는 민주적인 구조와 투명한 경영을 해야 한다. 노동자들에 대한 차별이 없어야 하며, 노동자의 건강과 안전, 노동시간, 추가 근무, 병가 또는 출산 휴가의 국제적인 기준을 지켜야 한다. 어린이 노동자나 노동자에 대한 폭력도 없어야 한다.
적절한 집, 학교 교육, 의료 시설, 조합의 민주화가 이루어져야 한다. 임금은 지역 표준과 비슷하거나 그 이상이어야 하며 규칙적으로 지급되어야 한다. 생산자는 또한 다원 경영을 위해 절대 필요한 요소로 환경 보호와 살충제와 제초제 사용에서 국제 기준을 지킬 것을 요구받는다. 다원이 이런 검사를 통과하지 못하면 FLO 등록을 취소당하고 모든 공정무역 이득을 잃게 된다.

찻잔 상업 카드(앞과 뒤), 대서양&태평양 티 컴퍼니, 19세기 후반, 개인 소유,로스앤젤레스.

빅토리아 시대 화려하게 장식된 상업카드는 상품을 광고하는 인기 있는 방법이었다. 시리즈가 있거나 한정판을 발행하기도 했다. 이런 광고를 모으고 교환하는 것이 인기 있는 기분전환용 오락이었던 시대도 있었다. 상업 카드는 컬러 석판인쇄가 최고였던 시절인 1880년대와 1890년대 인기의 정점을 찍었다. 1900년 잡지 광고가 비용 면에서 효과적이라는 게 증명되면서 점차 사라졌다.

은 다원이 임금과 작업 환경, 어린이 노동, 학교와 집 문제, 건강과 안전, 환경적인 영역에서 규칙을 준수하고 있는지 검사하고 확인하는 작업을 한다. 구매하는 나라의 국내 조직은 공정무역 기준을 준수한 다원에서 생산한 차의 수입과 소매를 감독하고 조정한다. 이러한 국내기구는 공정무역 상품의 할증 수익금을 모아서 공정무역 농장으로 보낸다.[120] 다원에서는 노동자와 관리자의 공동위원회가 이러한 할증 수익금을 지역 공동체 이익을 위해 어떻게 운용해야 할지 결정한다.

공정무역의 할증수익금은 공정무역 차의 최종 소매가격에 반영된

120 이것은 두 번째 단계이다. 수입업자들이 FLO에 등록된 다원에 서 차를 산다. 그들은 차 생산업자에게 미리 타협한 금액을 지불해야 할 필요가 있다. 최소 생산비에 해당하는 돈을 지불해야하며, 부가적으로 전통적인 잎차에는 kg당 1유로(1.20불/2.2파운드)의 돈을, CTC 차에는 kg당 0.5유로(0.6불/2.2파운드)를 지불한다. 이러한 마지막 금액을 공정무역 수수료라고 한다. 수입업자는 공정무역 수입업자로 등록하기 위해 소비 국가에서 국가공인인증을 받아야 하며, 필요한 돈을 지불하면 상품에 공정무역 인증 로고를 넣을 권리를 가진다. 미국에서 인증기관은TransFair USA로 샌프란시스코 베이 지역에 위치해 있으며 차 1파운드에 0.18불의 요금을 지불한다. TransFair USA는 또한 세 번째 단계인 소비자 판매도 감독한다. 매 단계마다 연결되어 있는 엄격한 감시 체계를 거치면서 많은 공정무역 차가 전세계에서 판매되는 공정무역 차의 총량이 실질적인 수입 양과 부합하는지 확인하고 부당하게 공정무역 이름을 사용하는 게 없는지 확인하는 작업을 한다. TransFair USA는 상품, 도시, 우편번호에 의해 찾을 수 있는 많은 공정무역 소매업자들의 목록을 올려놓고 있다. 더 정확한 정보를 위해서는 www.transfairusa.org를 방문해 볼 것.

다. 이것이 우리가 공정무역 차에 약간의 돈을 더 지불해야 하는 이유이다. 약간이라는 것은 어느 정도일까? 공정무역 할증수익금과 등록비를 합쳐서 차 1파운드당 72센트 정도이다. 1파운드의 찻잎으로는 대략 200잔의 차를 만들 수 있다. 즉 3분의 1센트만 추가하면 공정무역 차로 만든 한 잔의 차를 즐길 수 있다. CTC차는 할증액이 더욱 낮아져 약 5분의 1센트만 추가하면 된다. 공정무역 차를 사는 오슬로, 파리, 시카고 또는 프랑크푸르트 같은 대도시 사람들은 거리에 떨어져 있는 이런 적은 돈은 줍지도 않을 것이다. 3분의 1센트라고 하는 금액은 이해하기조차 어려운 적은 돈이다. 하지만 공정무역 차를 공급하는 사람들이 사는 아프리카, 인도, 스리랑카에서는 훨씬 높은 가치를 지니고 있다.

공정무역 할증수익금은 실제로 어떤 역할을 하고 있을까? 개개의 특정 공동체가 필요로 하는 것이 무엇인지에 따라 우선순위는 다르다. 예를 들면 스리랑카의 스타센 다원에서는 더 나은 교육을 원하는 차 노동자들의 자녀들을 위한 장학금으로 사용된다. 노동자 주택 300채를 파괴한 대규모 산사태를 경험한 다아질링의 암보티아 다원에서는 이러한 기금을 토지의 침식을 막아주는 재조림 프로그램을 위해서 사용하기로 결정했다. 탄자니아의 헤르쿠쿠 다원에서는 노동자들의 집에 새 지붕을 만드는 데 이용했다. 또한 노동자들이 부수입을 얻을 수 있도록 각종 기술을 교육받는 데 사용되기도 한다. 또한 노동자가 보다 편하게 각종 서비스 기관에 갈 수 있도록 도로를 만드는 데 사용한 다원도 있다. 한 다원에서는 긴급의료기관에 접근하는 데 필요한 구급차를 구입했다. 어떤 곳에서는 다른 수입이 없는 고령의 은퇴한 차노동자들을 위한 연금기구를 설립하는 데 사용했다. 기금이 어떻게 사용되든 사람들의 삶을 실질적으로 개선하고 있다. 노동자들은 이러한 돈을 어떻게 사용할지에 대한 의사결정의 권리를 얻는 데서 자신감을 얻게 된다. 여기에서 더 나은 교육, 정당한 임금, 그리고 공동체 속의 생산적이고 존경받는 일원으로서 강한 자각을 갖게 된, 공정무역 다원의 차 노동자들은 그들의 아이들에게 보다 나은 미래를 줄 수 있게 되었다. 적어도 여러 세대에 걸쳐 그들을 농장에 묶어두었던 악순환을 깰 수 있는 선택의 기회를 얻을 수 있었다. 이것이 3분의 1센트가 가지는 가치인 것이다.

오늘날 '윤리적 소비'라고 불리는 소비 형태를 지지하는 사람들이 늘어나고 있는 추세이다. 공정무역기구에 따르면 영국에서 성인 두 명 가운데 한 명이 공정무역 상표를 알고 있으며, 공정무역 상품을 사는 데 한 주에 360만 달러를 사용한다고 한다. 영국 도시들은 카페, 사업체, 슈퍼마켓, 학교와 각 기관에서 공정무역 제품들을 적극적으로 취급하도록 하여 '공정무역 도시'라는 타이틀을 얻기 위해 노력하고 있다. 2004년 웨일스 남부의 카디프가 세계에서 최초로 공정무역 도시가 되었고, 뉴욕과 샌프란시스코가 뒤를 따르고 있다. 2005년 뉴욕시의회와 샌프란시스코 주의회가 각각의 공공기관에서 필요로 하는 제품들을 공정무역 제품으로 구매할 것을 요청하는 결의안을 가결했다.

여러 나라의 종교 단체에서도 공정무역 차와 커피를 사무실과 행사에서 사용하고 있다. 매사추세츠에 위치한 공정무역 전분 회사 이퀄 익스체인지는 공정무역 제품과 종교기관을 한데 묶은 선구자이다. 세계에서 가장 큰 커피와 도넛 체인인 던킨 도넛은 2003년에 에스프레소 커피를 공정무역 커피로 교체했는데, 국제적 브랜드로는 던킨이 최초이다. 〈타임〉지는 2004년에 공정무역을 커버스토리로 다룸으로써 중요성을 이슈화시키기도 했다. 미국에서 공정무역 차는 커피에 비교하면 시작 단계이지만, 성장세는 경이적인 속도이다. 트랜스페어 USA에 따르면, 공정무역 차는 2003년에서 2004년까지 한 해 사이에 판매량이 79퍼센트 성장했고 미국 전역 3만 개 상점에서 취급하고 있다. 국제식량농업기구FAO에 의하면 공정무역 차 판매는 전 세계적으로 한 해에 5에서 20퍼센트씩 성장 중이라고 한다.

신자유주의 경제의 관점으로 본다면 공정무역의 매커니즘은 시장의 힘에 간섭하는 것으로 보일 것이다. 하지만 공정무역은 보호무역주의에 의한 관세제도와 같은 기능을 하는 것이 아니다. 이것은 최근 미국과 유럽 사이에서 바나나와 소고기 수입 문제에서 일어난 국제무역 전쟁에 방아쇠를 당기는 것이 아니다. 공정무역이 하고자 하는 것은 단순하다. 우리들이 즐기는 물건을 생산하는 노동자들에게 만족할 만한 환경을 만들어주자. 가능한 그들에게서 직접 사서 중간상인이 아닌 노동자들에게 이득이 갈 수 있게끔 하자. 지구적 규모에서 공정한 무역과 경제적 균형에 기여하기 위해 아주 약간의 돈을 더 지불하는 것이 어떤 큰 문제가 있단 말인가!

공정무역이 또 다른 마케팅 개념일 뿐이라고 평가하는 사람도 있다. 우리가 살고 있는 복잡한 세계에서는 이와 같은 방식으로 시장을 개척하는 예도 있을 수 있다. 비평가들은 공정무역 운동이 주류에 접근하면서 대기업화되어 버렸다고 비난한다. 어떤 회사가 한두 가지 공정무역 상품만 취급하는 가게에 '공정무역 소매상' 인증을 준다면 윤리적 원리를 위반했다고 볼 수 있다. 이렇게 되면 가능한 많은 사람에게 공정무역 상품을 사용하려고 하는 정직한 노력과 의도가 어그러지고 만다. 공정무역 시스템에는 더 많은 노력이 필요하다. 최초의 사명 선언을 지키기 위해서는 공정무역 기구의 계속적인 개선과 섬세한 조정이 꼭 필요하다. 성장통이라고 할 수 있는 이런 일들이 있지만, 대자본보다 먼저 또는 적어도 대자본과 함께 사회적 가치를 만들어내는데 관심을 가지는 소비자와 협회는 전 세계적으로 꾸준히 늘어나고 있다. 선한 마음을 가진 사람들 덕분에 공정무역은 맹목적인 소비에 대해 현명하고 실행 가능한 대안을 제시하고 있다.

공정무역 차 한 잔을 선택하는 단순하면서 의식 있는 행위가 큰 변화를 가져올 수 있는 강력한 무기가 된다. 차 한 잔은 수백 년 동안 축적된 식민지 악습과 오늘날 완곡하게 '자유시장'이라고 불리는 것에 이의를 제기하는 것이다. 그리고 공정무역은 사회적으로 무시되었던 생산자와 안정적인 수입이 있는 소비자 사이의 경제적 거리를 좁혀주는 다리이며, 인간과 인간 사이를 연결하는 의미 있는 행위이며 우리에게 물건을 제공해주는 지구 전역의 사람들에게 감사의 미소를 보내는 희망의 작은 신호이기도 하다.

충돌과 갈등이 일상화된 지구촌 사회에서 이렇게 사람과 사람 사이의 연결은 선택이라고 하기보다 오히려 생존을 위한 필요불가결한 것으로 생각된다. 옥스팜 아메리카의 회장 레이몬드 C. 오펜하이저가 말하듯이 "우리는 다 함께 동시에 한 잔으로 세계를 바꿀 수 있다." 그는 커피를 말한 것이지만, 이러한 문구는 차에도 역시 해당된다. 한 잔의 차로 세계를 바꿀 수 있다.

말레이시아'카메룬하이랜드'다원의 차 농부

새들이 노래하는 곳

유기농 제품을 생산하지 않는 회사에게 그들이 사용하는 살충제, 제초제, 화학약품 등을 차 포장에 명기하도록 의무를 부과해야 한다. 책임의 무게감을 엉뚱하게도 다른 사람들이 지고 있다. 유기농으로, 자원을 보전하며 작물을 재배하는 농부들이 하는 일이 옳은 것이라는 것을 증명하도록 해야 한다.

- 데이비드 리 호프만, 지난 삼십 년 동안 생태 농업으로 중국의 차 농부들과 일했던 차 전문가

만약 가게 선반에 있는 예쁜 디자인의 차 포장지에 다음과 같은 글이 적혀 있다면 누가 그것을 사겠는가?

"이 훌륭한 차를 채집한 차나무에는 디코폴, 엔도설판, 에티온, 프로파르지트, 테트라디폰에 렐단유제, 사이퍼메트린, 델타메트린, 페니트로티온, 플루시트리네이트, 메티다티온과 퍼메트린 같은 살충제가 포함되어 있습니다. 당신의 차 한 잔을 즐겨보세요!"

하지만 여기 이러한 화학약품 목록은 세계에서 소비되는 엄청난 양의 차에 일반적으로 사용되는 것의 극히 일부이다.

많은 국가의 정부기관들이 차나무에 사용되는 화학 농약의 농약잔류허용기준MRLs을 정하여 규제하고 있다. 몇 년 전에 독일은 다아질링산 차 수입을 전면적으로 금지한 적이 있다. 농약잔류량이 용인할 수 없을 정도로 높아서 음료로서 위험하다고 판단하였기 때문이다. 하지만 식품의 유독성은 농업에서 사용되는 화학약품의 증가에 따른 각종 위험 가운데 일부일 뿐이다. 농업생산의 가장 끝에 있는 소비자는 대부분 농사에서 멀리 떨어진 도시 지역에서 살고 있기 때문에 농약이 생산 지역의 사람과 환경에 어떤 영향을 주는지 생각해 볼 일도 없고, 잘 모른다. 이런 화학약품이 불러오는 위협은 다음과 같다. 차 노동자들은 적절한 보호 장비도 착용하지 않은 채 제초제의 위험에 노출된다. 오염된 물은 오랫동안 지역주민의 식수로 흘러들어가서 건강 문제를 일으킨다. 화학약품 때문에 생태계가 교란된다. 익충이 해충과 함께 죽고, 공기 중에 스프레이로 화학약품을 뿌리게 되면 새들도 사라진다. 누수로 인한 폐수와 오염된 강이 물고기와 야생 생태계를 사라지게 만들고 질병과 유전자 변형을 유발한다. 가장 큰 문제는 화학 비료를 퍼부어서 토양이 쉴 틈을 주지 않고 반강제적으로 작물을 재배할 수 있게 토양을 혹사하는 것이다. 이런 인공적인 배경 안에서 무리하게 혹사당한 피폐한 토양은 화학약품이 흘러들어가는 불모의 매개체가 될 뿐이다. 그리고 토양이 생명력과 활력을 잃어버리면 거기서 자라는 작물 또한 건강하고 영양분이 풍부한 것이 될 수 없다. 데이비드 호프만이 차를 재배하며 말했던 대로 '죽은 토양에서는 죽은 차'가 나온다.

공정무역 운동은 사람들에게 사회적, 경제적 불균형을 알리는 데 중점을 둔다. 이것은 중요한 일이다. 하지만 모든 생명체의 근원인 땅이 죽어가고 있다면 사람들이 조금 더 행복해진다는 게 무슨 의미가 있을까? 지구가 지속적으로 생존해 나가게 하려면 에너지와 자원이 보다 균형 잡히도록 인간과 지구 양쪽에서 행해져야 한다. 서양 국가들은 기술과 정보력, 자원이 있고, 동양 국가들은 몇 천 년에 걸쳐 환경을 유지하면서 농업을 지속해 온 지식과 현명한 지혜를 갖고 있다. 역사적으로 최근의 농업은 이익 마진의 폭과 수확량을 중심으로 발전했기 때문에 오랜 동양의 지식과 지혜는 평가 절하되었다. 서구에서 크게 관심을 받고 있는 현대 유기농 운동의 뿌리는 독일이나 영국이 아닌 중국과 인도로 보아야 한다. 선견지명이 있는 관찰자들은 이런 나라들에 가서 인간이 자연을 강제적으로 밀어붙이는 대신, 어떻게 자연의 순환 내에서 자리를 찾아야 하는지에 대하여 가치 있는 교훈을 얻어 유럽과 북미로 돌아와야 한다.

이런 선구자 중 하나가 알버트 하워드 경이다. 1905년 영국제국에 의해 경제식물학자로 인도에 파견된 그는 오히려 밭으로 나가 지역 농부들에게서 전통적인 아유르베다 농법을 배우는 데 시간을 보냈고, 그것을 퇴비와 부식토 만들기라는 복잡한 기술과 결합시켰다. 시대를 앞선 선각자로서 상당한 저항에 부딪쳤지만 알버트 경은 토양의 황폐화를 방지하는 부식토의 중요한 역할에 대해 이야기했다. 부식토는 지력의 회복을 돕고, 건강한 토양을 유지하기 위해서는 인공비료보다 지렁이가 더 중요하다는 점을 강조했다. 그리고 자원고갈을 불러오는 농법은 실패할 것이라고 경고했다. 이런 점 때문에 알버트 경은 흔히 '근대 유기농 운동의 아버지'로 불리게 되었다.[121]

다른 한 명은 미국의 농업 경제학자인 F. H. 킹이다. 그는 오래된 농지에서 휴경 없이 경작하기 위해 비옥한 땅을 유지하는 비밀을 알기 위해 동남아시아를 여행했다. 1911년 혁신적인 저서 〈4천 년의 농부들 - 중국, 한국과 일본에서의 생태 농업〉을 출간했다. 이 책은 오늘날까지 유기 농법의 귀중한 자원이 되고 있다. 킹은 책의 서문에서 현대 농업의 문제와 동양과 서양의 접근법 차이를 다음과 같이 묘사하고 있다.

> 우리 북미인은 전 세계에 농업을 가르칠 수 있을 거라고 생각하는 데 익숙하다. 왜냐하면 우리 농산물이 엄청나게 풍부하고, 그렇지 못한 나라들에게 농산물을 대량 수출하기 때문이다. 하지만 이런 풍요로움은 우리의 토양이 건강하고 비옥하며, 1인당 경지면적이 넓기 때문일 뿐이다. 실제로 우리는 농업을 이제 시작한 거나 다름없다. 농업에서 첫 번째 조건은 비옥한 땅을 유지하는 것이다. 동양인들은 이런 조건을 충족시켰고 그들만의 방법으로 문제를 해결

121 알버트 하워드가 유기농업에 관한 가장 크게 기여한 것은 1940년에 출간한 책 <농업성전>이다. 이 책에는 그의 일생을 건 연구와 관찰을 모은 지식과 지혜가 담겨 있다.

했다. 우리가 이러한 개개의 방법을 전적으로 차용하지는 않더라도, 그들의 경험에서 배울 점은 매우 많다. 최근 땅을 원하는 사람들이 늘어나고, 신생국들은 일본과 중국 같은 인구밀도에 도달하는 날이 오지 않는다 할지라도 토양을 보존하는 방법을 가장 큰 교훈으로 배워야 할 것이다.[122]

잘 알다시피 발전하는 데는 오랜 시간이 필요하지만, 인간에 의한 파괴는 순식간에 일어난다. 유독한 화학물질로 토양을 파괴하는 것은 수분 내에 가능하지만, 파괴된 토양을 원래대로 복구시키는 데는 긴 세월과 체계적인 작업이 필요하다. 세상은 아직 기존의 화학물질에 기초한 농업이 지배하고 있다. 미국 캘리포니아 환경보호청의 농약관리국에 따르면 세계에서 가장 큰 농경지 중 하나인 캘리포니아에서만 농작물에 매일 거의 50만 파운드의 살충제가 살포된다고 한다. 하지만 지난 세기 말부터 F. H. 킹과 알버트 경의 경고를 경청하여 유기농법을 실천하는 사람들이 점점 증가하고 있다. 보다 많은 사람들이 화학적 농업의 문제점을 인식하게 되었고, 상업적으로도 유기농 대체농법이 좀 더 실용적이고 가치 있는 것으로 평가받게 되었으며, 그 결과 수요도 증가하게 되었다. 차의 세계에서 유기농은 아직 일반 농업에 비해 적은 양이지만 점점 더 성장하는 영역이다. FAO에 따르면 1998년에서 2005년 사이에 유기농 차 생산이 거의 매해 12퍼센트씩 성장했다고 한다. 유기농 차의 수요는 특히 유럽과 일본에서 크게 상승했

122 이 책의 서문은 박물학자이자 원예가, 농촌사회학자, 코넬 대학 농학부 학장이었던 리버티 하이드 베일리(1858~1954)가 썼다..

다. 인도는 세계 최대의 유기농 차 생산국이지만 곧 중국이 앞지를 것으로 예상된다. FAO는 2010년쯤 중국은 세계 유기농 차의 56퍼센트를 차지하게 될 것으로 추산하고 있다.

하지만 이런 관심과 의식이 증가함에 따라 유기농의 개념에 대해서도 의문이 생기고 있다. 유기농의 개념을 열 사람에게 묻는다면 열 사람 모두 각기 다른 답을 줄 것이다. 유기농 차란 진짜 무엇일까? 유기농 차와 유기농이 아닌 차의 차이점은 무엇일까? 많은 사람들에게 있어 유기농 차는 단순하게 화학 살충제를 전혀 사용하지 않은 것을 의미한다. 하지만 유기농 차 한 잔 뒤에는 좀 더 복잡한 요소가 있다. 유기농의 충실한 개념은 환경 요소들이 하나로 유기적으로 연결되어 있다는 전체론적인 것이며, 자연의 자기 재생을 믿는 것이다. 유기농법을 하는 농부는 생물학적 과정을 인식하고 이용해서 자연의 주기에 맞춰 작물을 재배함으로써 토양에 영양을 공급하고 병충해를 막는 체계를 구축하는 것이다. 우리는 인간의 면역 시스템을 강화하는 것이 항생제를 먹는 것보다 더 건강한 선택이라는 것을 알고 있듯이, 화학비료나 살충제 같은 외부 물질의 도움이 필요없는 환경을 만드는 유기농법을 실시하면 식물들 역시 더욱 튼튼하고 건강하게 자라게 될 것이다. 이렇게 유기농 차의 세계에서는 건강한 토양에서 자란 차만이 건강한 음료라고 보는 것이다.

유기농은 단순히 화학약품을 쓰지 않고 재배한 것만이 아니다. 당장 화학약품을 쓰지 않더라도 환경에 축적되어 있는 화학약품 잔류량이 식물에 영향을 미치게 된다. 따라서 다원에서 유기농법으로 전환할 때 보통 3년의 과정을 거치게 된다. 때로는 이 과정이 4, 5년이 걸리기도 한다. 이 기간 동안 토양 속의 화학 잔여물이 중화되고 영양분을 다시 복구시킨다. 만약 이 기간 동안 찻잎을 수확하게 되면, 이러한 차는 '전환기 유기농'이라고 표시된다. 동시에 몇 가지 다른 요소들이 생물의 다양성(다원의 대규모 단일경작은 생태계 균형을 파괴한다고 알려져 있다), 익충의 이용, 살충제에 의지하지 않는 해충 구제, 퇴비와 같은 여러 분야가 재정비된다. 토착 수종을 차나무와 함께 재배해서 그늘을 제공하고 생태계 다양성에 기여하고 공기의 질을 높이며 토양의 침식을 막고 나무 연료로도 사용할 수 있다. 인도 토착의 인도멀구슬나무의 경우에는 살균성과 살충 효과를 갖고 있어서 천연 식물성분 살충제를 만들 수 있는 원료가 되기도 한다.[123] 해충은 자연에 존재하는 천적 관계를 이용해서 조절한다. 예를 들면 온대기후에서는 유기농 원예농들이 진딧물을 없애는 데 무당벌레를 사용한다. 사랑스러운 무당벌레는 포식자로 보이지는 않지만, 실제로 진딧물을 없애는 데 아주 효과적이다.

유기농 다원에서는 영양소가 있는 온갖 것들이 토양으로 보내져서 자립적인 생태주기에 참가한다. 즉, 다원에서 잡초를 뽑으면 그걸 발효해서 거름으로 이용하는 식으로 토양에 이바지하게 된다. 인공적인

123 인도멀구슬나무는 인도에서 '마을 약국'이라고 알려져 있을 정도로 중요하며 이로운 자원이다. 최근에 이 나무는 생물자원해적(Biopiracy: 한 기업이 토착식물을 독점하는 행위)의 대상으로 미국 회사들이 항진균 영역에서 특허권을 얻으려고 시도하고 있다. 하지만 유럽 특허청은 미래를 대비해서 특허를 취소하고 있다. 이렇게 멀구슬나무의 자원 가치가 이익을 추구하는 기업의 손을 벗어나서 모든 사람이 이용할 수 있는 전통적인 지식 체계의 일부분으로 부활되고 있다.

합성비료를 대신해서 멀칭mulching[124]과 거름, 퇴비, 지렁이퇴비가 유기농 토양 처리의 근간이 되고 있다.[125] 유기농 다원에서 일하는 사람들은 환경에 이로운 방법으로 토양에 영양분을 공급하며 퇴비를 만들고 토양에 배수로를 만들며 적당한 양의 산소를 공급한다. 퇴비를 만드는 데 도움이 되는 가축은 우유를 생산하여 노동자들의 영양섭취에 도움이 되고 농가에 부수입을 가져다준다. 가장 진보된 유기농 다원은 바이오 다이나믹 이론을 따른다.[126] 이 이론은 한 개의 농장이 독립적인 유기물로서 자연과 조화를 이루며 상호관계를 맺는 통일체로 간주한다. 바이오 다이나믹 농법에서는 바이오 다이나믹 프리퍼레이션Biodynamic Preparation[127]이라고 하는 과정이 있는데, 과정을 통해 토양에 영양을 줄 수 있도록 재생 가능한 태양이나 바람 등의 에너지원이 사용된다. 환경과의 유기적인 조화를 중요시하며, 특히 달의 주기를 고려하여 중요한 작업들이 계획되고 실행된다. 퇴비를 만들 때에 서양톱풀, 카모마일, 쐐기풀, 참나무 껍질, 민들레와 같은 치료용 식물을 사용하여 퇴비의 발효 과정을 증진시킨다. 바이오 다이나믹 다원에서는 자연의 활동적인 힘, 토양, 태양, 달, 행성의 움직임은 영적인 힘뿐 아니라 물리적인 근원이라고 믿는다. 다아질링의 암보티아 다원

124 추위나 더위 등 온도 조절을 위해 밭의 표면을 볏짚이나 톱밥 등을 사용하여 덮는 것을 뜻한다. 비에 토양이 유실되는 것을 방지하며, 잡초 발생 역시 억제하고 지온을 높여서 작물의 생육을 촉진하는 데 도움을 준다.

125 지렁이퇴비는 지렁이가 유기농 퇴비 물질을 먹고, 지렁이똥으로 전환시키는 과정으로 만들어지는데 영양이 풍부한 토양 개량제이다.

126 1924년 오스트리아의 철학자이자 교육자인 루돌프 슈타이너가 바이오 다이나믹스biodynamics라는 개념을 소개했다. 오늘날 바이오 다이나믹 농업은 전 세계적인 운동으로, 밭을 하나의 살아 있는 유기체로 보며 화학 비료, 제초제, 살충제 등을 사용하지 않으며, 병충해를 제거해야 하는 대상이 아니라 밭의 건강상태를 보여주는 요소로 간주하는 게 큰 특징이다. www.biodynamics.com을 방문하면 더 많은 정보를 얻을 수 있다.

127 슈타이너는 토양을 비옥하게 만드는 아홉 개의 준비 과정을 규정했는데, 이러한 과정이 바이오 다이나믹 농법의 주춧돌이다. 슈타이너는 이런 과정들을 통해 초자연적인 지구와 우주의 힘이 토양으로 전달된다고 믿는다.

은 가장 잘 알려진 바이오 다이나믹 다원이다. 사람들이 이곳의 차를 마심으로써 '우주의 영험한 빛'을 경험할 수 있다고 말한다.

유기농업의 과정은 각각의 단계가 잃었던 힘을 재생시키고 강화하여 더 건강하게 만든 것을 목적으로 한다. 각 단계마다 생명이 창조되는 것을 느낄 수 있다. 종래의 농업에서는 화학약품을 사용한 빠르고 영양가가 적은 작물을 인공적으로 생산하는데, 결과적으로 퇴보, 고갈, 생태계 불균형 같은 잡음을 내게 된다. 이렇게 사용되는 땅은 병원의 집중치료실에서 삶의 마지막 단계에 있는 인간과 같다. 의학적으로 죽은 것은 아니나 기계에 의지해 반강제로 살고 있는 것과 다름없다. 이런 관점에서 본다면, 유기농 차를 선택하는 것은 단지 건강을 위한 것 이상이다. 그것은 자연을 회복시키고자 하는 선한 행위이자 생명에 기여하는 것이며, 병든 지구를 구하기 위한 자각적인 행동인 셈이다.

물론 유기농 차 재배도 여러 문제점을 안고 있다. 가장 큰 문제가 경제적인 곤란이다. 전환기 동안 수입이 줄어드는 것 외에도, 믿을 만한 최신 정보를 얻기도 어렵고 검사와 유기농 인정을 받는 데 드는 비싼 비용 같은 현실적인 문제들이 소규모 농장주들을 주저하게 만든다. 게다가 아무리 좋은 의도를 가지고 시행되던 계획들도 국제적 지원조직의 관료주의의 미궁으로 빠지면 힘을 잃게 된다. 농부들은 대부분 혼자 경제적 위험을 감수해야 하며, 이것은 상대적으로 가난한 소규모 농장주들에게 간과할 수 없는 문제이다. 최근 들어 유기농 시장에 거대 기업이 진입하면서 비용을 줄이기 위해 '유기' 기준을 낮추는 일도 감행한다. 그 결과 유기 농산물이라 불리는 것들이 과연 유기농법의 원칙에 따라서 생산된 신뢰할 수 있는 것인지 알 수 없게 되어버렸다. 시장의 이런 움직임 때문에 풀뿌리 기구들에서는 지속적으로 상황을 감시하고 유기농 농산물 기준을 유효하게 유지하기 위해 안전장치를 계속 갱신하고 정책 개정을 요구하고 있다.

하지만 이런 힘든 과정을 통과하고 전환기 과정이 끝나면 생산자들은 곧바로 유기농법으로 작물을 재배하는 것은 일반 농법으로 재배할 때보다 오히려 산출량이 더 높다는 것을 발견하게 된다. 생산비가 더 높더라도 유기농 차가 농부들에게는 더 많은 소득을 안겨준다는 것이다. 이것은 차가 아닌 다른 유기농 작물도 마찬가지이다.

반세기 전만 해도 일반적이지 않았던 유기농 시장은 21세기에 와서는 폭발적인 발전을 보이고 있다. IFOAM(국제 유기농법 운동 연합)에 따르면 유기농 시장은 빠르게 성장하고 있으며 2005년에만 세계적으로 280억 달러에 이른다고 한다.[128] 세계 유기농 경작지는 총 6400만 에이커로(2600만 헥타르), 약 60만 개 농장이 유기농법을 시행하고 있다. 오스트레일리아와 아르헨티나는 유기농 목초지 분야에서 선두주자이고, 유럽은 종래 농법의 경작지에 대한 유기농업의 비율이 가장 높다. EU 각국 중에서는 이탈리아가 유기농 농장의 수가 가장 많으면서 가장 넓은 면적을 갖고 있는 국가이다. 북미의 유기농지 비율은 전체 농

128 IFOAM는 1972년 이후로 엄청나게 성장해 왔고, 지금은 산하에 108개국의 750 회원단체가 있으며 다양한 방법으로 유기농 목표에 한층 더 가까이 나아가는 데 헌신한 다. IFOAM가 유기농에 대한 기술적인 규정을 60개 정부보다 더 체계적으로 정리해 왔다.

경지의 0.3퍼센트로 EU보다 매우 낮다. 하지만 소비자 입장에서 북미 시장은 유기농 상품이 가장 빠르고 높은 성장세를 보이는 곳이다.

이런 경향과 수치를 볼 때 유기농과 바이오 다이나믹, 공정무역으로 생산된 제품들이 당연한 것이 되고 화학약품을 사용한 농산물이 예외가 되는 날이 올지도 모른다. 그렇게 된다면 '통상적인'이라는 개념이 건강한 차를 의미하게 될 것이다. 윤리적 환경에 대한 의식 있는 소비자는 기업과 조직, 정부가 대규모의 공정한 무역trade justice과 환경보호에 관한 장기적 전망을 따르는 것을 기다리고 있다. 이것은 적어도 하나의 일관된 힘, 즉 매일 일상에서 자연과 조화를 이루고자 노력하는 유기 농가를 지지하는 힘이기도 하다. 톱밥과 지렁이, 퇴비로 토양 자체와 차나무에 진정한 건강과 생명력과 지속성을 주는 다원에서 생산한 차를 선택하는 것이 이런 힘의 근원이다. 이러한 힘은 또한 균형 잡힌 생태계의 복원에 기여하는 것이기도 하다. 유기농 다원과 바이오 다이나믹 다원에 새들이 되돌아와 인도멀구슬나무 가지에 앉아 다시 노래하게 만드는 힘이 소비자에게 있다는 점을 잊지 말아야 할 것이다.

싱포족의 차

차가 있는 곳에 희망도 있다.

-아서 피네로, 영국 극작가, 1855~1934

옛날에 두 명의 싱포족 형제가 아삼의 깊은 숲속으로 사냥을 갔다. 오랫동안 정글을 헤매던 형제는 사냥할 동물도 발견하지 못한 채 식량과 물이 떨어졌다. 지치고 배고프고 목이 마른 형제는 더 이상 걸을 힘이 없어서 나무 아래에서 쉬기로 했다. 절망적인 형제는 배고픔이 몰려오자 나뭇잎을 따서 먹었다. 놀랍게도 잠시 후 기분이 나아지기 시작했다. 더 이상 배고픔과 갈증도 느껴지지 않았다. 형제 중 한 명이 "팔랍?Phalap?"이라고 물었다. 싱포족 어로 파Pha는 '무엇'이란 뜻이고 랍lap은 '잎'을 의미한다. 그들이 나무의 씨앗을 가져와서 집에 심었다. 곧 모든 싱포족이 이 잎의 가치를 알게 되었고 팔랍은 '차'를 의미하는 단어가 되었다.

라제시 구둥(라제시 싱포라고도 불린다)이 들려준 북부 아삼의 싱포족에게 전해지는 차에 관한 이야기이다. 라제시는 1823년 로버트 브루스에게 차나무를 선물로 주었던 싱포 족장인 비사 가움Bisa Gaum의 후손이다. 차가 싱포족에서 영국제국의 손으로 넘어가게 되었던 운명적인 날로부터 거의 이백 년이 흘렀다. 아마도 비사 가움은 작은 식물로 인해 아삼이 세계에서 가장 넓은 차 재배 지역으로 성장하고, 전 세계에서 아삼 정글에만 존재하는 외뿔 코뿔소의 로고를 통해 알려질 정도로 아삼차가 아삼의 특산품이 될 것이라고는 상상도 하지 못했을 것이다. 그리고 그는 북부 아삼이 거대한 외국자본이나 부유한 인도인 주인이 지배하는 다원으로 무한히 상속될 것이라고는 상상도 할 수 없었을 것이다. 유감스럽게도 그런 주인들 중에 아삼인은 거의 없으며 싱포족도 찾아보기 힘들다.

아삼은 웅장한 브라마푸트라 강물로 축복받고 히말라야 산맥으로 보호되며, 무성한 골짜기와 숲이 있다. 인도 최북동부 구석에 자리 잡은 풍요로운 아삼은 석유, 석탄, 천연가스 같은 천연 자원이 풍부한 눈부신 땅이지만, 결코 평화로운 곳은 아니다. 인도 독립 이후 영국이 남겨준 것은 언어와 종교적 믿음과 문화적 경향과 대조되는 정치적 관계로 뒤범벅이 된 이민족 사이의 혼란이었다. 영국의 식민지 관리를 편리하게 만들 목적으로 인위적으로 그은 국경 안에 여러 민족이 혼합하게 되었다. 이것은 기울어가는 영국제국이 각 대륙에 공통적으로 남겨놓은 시한폭탄이었다.

복잡한 그물망 같은 관계 속에서 반체제 무장집단이 다양한 대의 명분을 들고 일어났다. 외국 정부가 뒤에 있는 분리주의자 그룹은 인도로부터 정치적 독립을 원했다. 그들에게 있어 인도는 또 다른 식민지 권력에 지나지 않기 때문이다. 더 작은 그룹들은 인도로부터 독립뿐만 아니라 아삼 주로부터의 독립을 목표로 한다. 어떤 그룹은 다른 지역에서 온 이민노동자들을 자기들의 일자리를 빼앗아가는 장애물이라고 주장하며 제거하려 한다. 그리고 전 세계적으로도 잘 알려진 인도 전역에 퍼져 있는 힌두-무슬림 사이의 오랜 긴장관계 역시 존재한다. 무엇보다 아삼인들은 외국 기업의 착취에 분개하고 있다. 여기서 아삼인들이 의미하는 외국인은 유럽이나 미국인뿐만 아니라 모든 비아삼인들을 의미한다. 이런 외국 기업들은 지역에는 전혀 도움을 주지 않은 채 이익만을 강탈해 간다.

이런 충돌이 계속되다 보니 어떤 반군들은 최초의 정치적 목적을 잊는 경우도 발생했다. 몇십 년 전에는 사회 정의를 위한 정당한 요구에서 시작했지만, 오늘날에는 본격적인 범죄 활동에 발을 들여놓은 것이다. 아삼에서 가장 큰 산업은 다원이니 만큼 다원은 이들의 범죄의 표적이 되기 일쑤이다. 다원이 아삼의 중심 산업이 되어서 막대한 현금을 만들어낸 이래 그들은 납치와 몸값을 요구하고, 살인을 초래하기도 했다. 몇몇 집단은 강탈과 공갈을 통해 차 산업뿐만 아니라 다른 사업이나 기업인에까지 손을 뻗친다. 상황이 심각해지자 인도 정부는 반군에 대한 어떠한 지원도 위법으로 선포하고 대규모 군대를 투입하여 반체제파 섬멸작전을 개시했다. 거대 기업의 다원은 스스로를 보호하기 위해 사병을 고용하고 있다. 하지만 작은 다원의 주인과 관리자는 정부가 발견하지 않길 희망하면서 조용히 몸값을 내는 식으로 대응한다. 하지만 운 나쁘게도 지방당국에 그러한 사실이 발견되면 반군에게 돈을 지불한 것을 중앙 정부에 알리겠다고 협박하면서 사례금을 요구한다. 이런 정세불안으로 인해 인도에서 활동하고 있는 국제적인 구호 활동 조직이나 비정부 기구, 국제노동기구와 농업 원조 조직들은 아삼에 인력을 보낼 수 없게 된다. 결국 전반적인 혼란과 감시기구의 결여는 경영방법이나 환경에의 배려, 노동 조건 등에서 국제적 기준 이하로 운영되고 있는 기업들에게는 농민들을 착취하고 이득을 얻기 쉬운 여건이 되어버린다.

이런 불안정한 정쟁 속에서도 북아삼의 싱포족 정글 주변의 땅에서 다시 희망이 자라고 있다.[129] 이것은 팔랍, 바로 싱포족의 차다. 영국 식민 통치에 의해 생활이 파괴된 후, 인도 독립 이후 소수의 불교 종족으로 남은 싱포족은 불안정하고 위협적인 정세 속에서도 전통적인 차 재배법을 되살리고 있다. 싱포족 공동체 지도자인 라제시와 현명하고 강인한 의지의 소유자인 차 농가들은 차뿐만 아니라 다른 작물들에도 생태 농업과 유기농법의 원칙에 따른 작물을 재배하고 있다. 그들이 하고 있는 일 가운데 가장 중요한 것은 서구 시장에 제품을 소개하고 판매하는데 관심을 기울이면서 동시에 지역 내부에서도

129 인도의 중심적인 싱포족 마을에는 디방, 케테통, 팡나, 울룹, 엔템, 뭉본, 팡순, 하삭, 카타, 비사, 나모, 쿰사이가 있으며, 이 마을들은 아삼의 북동부끝에 자리 잡고 있다. 싱포족은 수세기에 걸쳐 여러 나라의 국경지대에 거주했다. 아삼의 싱포족 인구는 50년 전 5만 명에서 현재 만오천명으로 감소하는 추세이지만, 미얀마에서 좀 더 큰 인구분포를 유지하고 있다(30만에서 40만 명). 미얀마에서는 이들을 카친이라고 부르고, 중국(약 20만 명)에서는 징-포 또는 징포로 알려져 있다. .

유기농 상품 소비를 장려하고 활성화시키려 한다는 점이다. 보통 개발도상국의 인구 대부분은 서구 시장을 상대로 유기농 식품을 생산하지만 정작 자신에게는 여유가 없기 때문에 유기 농산물 대신 싸고 유해한 농약을 사용한 식품을 먹는 걸 생각해 볼 때, 유기농 장려가 갖는 의의는 더 크게 느껴진다.

싱포족의 노력은 조력자들의 도움을 촉진시켰다. 캐나다 공동체 조직자이며 환경운동가인 페기 카스웰은 온화한 성격이지만, 심지가 굳고 강건한 성격의 소유자로 싱포족을 돕고 있다. 1998년 페기는 유기농 공정무역 차를 위한 원료 공급을 찾아서 북인도를 여행하면서, 북인도에서 유기농법이 거의 행해지지 않는다는 것을 알게 되었다. 여행 이후 페기는 굳은 결단력과 신념으로 유기농법을 하고자 하는 소작농들을 지원하는 기구인 "풍요로운 땅, 동양과 서양의 생태 네트워크Fertile Ground: East-West Sustainability Network"를 설립했다.

시작은 당연히 쉽지 않았다. 차 생산에 관련된 연구를 지도하고, 공정무역 유기재배 차 앞에 놓인 시장의 가능성에 대해서 의식을 높이는 것, 재배자와 연구원, 중개인, 인도의 다른 지역 차 재배 전문가들이 연결될 수 있는 네트워크를 조직하는 것, 다른 지역에서 얻은 지식을 아삼의 기후 상태에 적용시키는 것, 협력에 호의적이지 않은 풍토 속에서 사람들을 모아 협조할 수 있는 공동체를 조직하는 일 등 이런 모든 어려운 일들을 아주 적은 예산으로 이루어냈다. 페기는 아삼의 싱포족을 비롯한 소규모 차 재배자들이 대면하고 있는 중요한 과제들을 함께 풀어나갔다. 그들은 더 이상 채찍을 든 영국제국 식민지 관리들 밑에서 일하지 않아도 되었다. 하지만, 이제 국제 시장 안에서 움직이는 법을 이해하고 배워야 했고, 연구개발을 위한 막대한 자원을 가진 대기업과 경쟁해야 했으며, 또한 그들이 이해할 수 있는 언어로 경작 기술에 대한 정보를 획득하는 등의 과제를 함께 해나가야 했다.

페기는 돈을 지출해야 하는 유독한 화학 살충제와 화학 비료에 대한 대안이 있음에도 정보가 부족하다는 데 주목했다. '풍요로운 땅'은 이것을 해결하기 위해서 아삼 북동 부에 위치한 디브루가르 대학의 농업 공개강좌인 둘리아잔 학교와 제휴하여 농부들에게 적합한 정보를 주기로 했다. 또한 교재와 교육 자료들을 아삼어로 번역했다. 대부분의 농부가 영어를 하지 못할 뿐 아니라 때로는 힌디어도 못하는 경우가 있었기 때문이다. 이것은 쉽게 지나칠 수 있는 일이지만 아주 중요한 점이다. 생태 농업을 위한 지역자료센터를 창설하기 위해 책, 비디오, 시청각 자료들의 설비를 모았다. 학교가 있는 곳과 디그보이 마을 근처에 생태 농업과 생물의 다양성이라고 하는 원칙에 의해 자란 식물과 토양은 어떻게 다른 양상을 보이는지 제시하고 작물과 흙 다루기의 실례를 보여주는 전시장을 만들었다. 기금이 좀 더 조성되면 외딴 마을까지 정보가 갈 수 있게 이동용 교육시설을 구매할 예정이다. 집중훈련 프로그램도 준비 중인데, 여기에서 교육받은 농부들이 마을로 돌아가 스스로 교육자가 되어서 생태 농업이 당연한 것이 될 때까지 널리 전파하는 것을 돕게 될 것이다.

지난 몇 년 동안 싱포 차의 선구자인 라제시와 파비트라 닝다는 이렇게 배우고 익힌 지식들을 직접 차 재배에 적용하고 있다. 2005년에 그들은 중요한 장비를 하나 더 갖추었는데 이것은 시장 진입을 위해 필수적인 것이었다. 그들은 소규모 차 가공기계를 구매한 것이다. 지금까지는 차나무를 재배하고 잎을 따서 파는 게 다였다. 생엽의 유일한 판매처는 일괄 구매 후 차를 만드는 업자들이었다. 생엽은 킬로그램 당 몇 루피에 불과한 돈만 농부들에게 지불될 뿐이고 공장은 그것을 가공하거나 아니면 대형 차 회사에 재판매한다. 큰 규모의 다원과 일괄 구매한 가공 공장은 비록 크지는 않지만 이윤 마진을 끌어올릴 수 있다. 차 생산 공정에서 대부분의 이익이 나는 영역은 포장, 블렌딩과 마케팅에 의한 시장 거래이다. 이것은 대부분 소매 국가에서 이루어진다. 단순히 생엽을 팔기만 하는 소농은 이러한 피라미드의 가장 아래에 위치하며 이익이 아주 적거나 거의 없다. 자산이 없는 그들은 사실상 차 시장에서 배제된 것이나 마찬가지였다.

라제시와 파비트라는 이것을 바꾸려 하고 있다. 하지만 모든 싱포 농부들이 기계를 살 수 있는 것은 아니다. 일부는 몇 에이커 정도의 땅을 가지고 있고 나머지는 재배할 소유지가 없어서 공공용지에서 차를 재배하고 있는 실정이다. 그러므로 '풍요로운 땅'의 목표는 작은 차 가공 설비를 사서 빈곤한 소농들을 위해 둘리아잔 학교에 설치하는 것이다.

유기농 공정거래 차를 생산하고자 하는 소규모 재배업자들이 맞닥뜨리게 되는 또 다른 문제는 앞에서 말했던 대로 경제적인 부담, 바로 인증 비용이다. 유기농 공정거래 인증은 중소규모 및 대규모 차 재배업자들에게는 유리하게 되어 있다. 하지만 소규모 재배업자에 대해서는 아주 세세한 부분에 대해 지나치게 많은 요구사항이 존재하고 있는 실정이다. 인증 재배업자가 되면 검사관이 차 농장을 방문하여 찻잎의 상태를 평가하고 승인 도장을 찍어준다. 이러한 검사에는 당연히 비용이 든다. 공정거래 인증에 대한 최소한의 비용은 2000유로이다. 최초 인증 후에 인증 비용은 다소 내려가지만 매년 인증을 받아야 한다. 한편 유기농 인증 비용은 농장의 규모, 광범위한 지역에 대한 검사관의 조사 횟수, 여행비 등이 추가된다. 유기농 인증은 공정거래 인증에 비해 다소 비싼 경향이 있고, 게다가 정기적인 검사를 받아야 한다. 공정거래와 유기농 모두에 대한 인증을 원한다면, 각각의 기관에 별도의 비용을 지불해야 한다. 대규모 및 중형 규모의 차 농장은 요금을 작업비용으로 흡수시킬 수 있지만, 소규모 재배업자에게 이러한 비용은 매우 부담스러울 수밖에 없으며 그렇기 때문에 시장의 경쟁에서 밀리게 된다. 몇몇 아프리카에 있는 소규모 재배업자들은 집단 농장을 구성해서 단일 비용을 지불하는 방식으로 해결책을 모색했다. 하지만 이러한 방식이 언제나 가능한 것은 아니다. 특히 소요상태가 빈번하고 열악한 사회 기반 시설을 가지고 있는 아삼 지방에서는 유통이 매우 힘들어 이와 같은 사업 계획은 어려운 일이다.

시장 진입에 대한 어려움, 기존 업자들에 의한 위협, 적은 이윤, 높은 인증 비용 및 사회 불안 등과 같이 불리한 여건뿐만 아니라, 싱포족은 또한 끊임없이 마약 문제로 인해 곤란을 겪고 있다. 젊은이 중 상당수(혹자는 60%라고 한다)가 아편 중독 상태이며, 아편은 세계 최대 아편 경작지인 미얀마의 골든 트라이앵글이 바로 인근 지역이라 쉽게 구할 수 있다. 아편 근절 운동은 아직도 아편 소비가 만연한 아루나찰 프라데쉬 인근 주에서 진행되고 있는데, 지역 사회 자체의 각성 노력은 결실을 거두고 있지만, 아삼 주정부 차원에서는 이러한 문제에 대해 수수방관하고 있다. 해당 지역의 법 집행기관의 업무는 다수의 반정부 집단의 활동으로 인해 미미한 실정이다.

이렇게 갈 길은 멀고 할 일은 산처럼 쌓여 있다. 페기 카스웰의 3개년 계획은 이미 5개년을 넘어 10개년 계획으로 연장된 상태이다. 다양한 사회적, 경제적, 문화적 구성원으로 이루어진 사회는 불안정한 균형을 이루고 있다. 페기의 목표 가운데 하나는 아삼의 차 재배업자가 서로를 경험하고 시장에 접근하는 것을 도와주는 것이지만, 동시에 인도 고유의 생활습관, 전통 및 농법을 훼손할 가능성이 있는 요소를 도입하는 데 있어서는 매우 신중한 입장이다. 아직 미래는 불투명한 상태이다. 세계의 차 가격은 지속적으로 낮아지고 있으며 그로 인해 이윤도 줄어들고 있다. 아삼 지역의 변덕스러운 환경에서는 언제 무슨 일이 일어나서 계획이 망가질지 알 수 없는 상태이다. 외부 기관으로부터의 원조는 바라기 힘든 상황이며, 소규모 재배업자들에 대한 문제들은 세계 시장 생산량 및 종합물가지수라는 더 큰 주제에 의해 잊히곤 한다. 또한 자금 조달은 언제나 문제로 남아 있는 부분이다. 하지만 페기의 작업은 끈기를 갖고 진행 중이다. 그 이유는 브리다양감bridayangam(아삼 토착어로 '마음에서 우러나오는 것'이라는 뜻)에 의한 것이기 때문이다. 브리다양감과 관련된 일은 그로 인해 얻어지는 구체적인 결과물뿐만 아니라 무형의 심오한 타자를 배려하는 힘을 만들어준다. 이러한 힘은 서로에게 인간이라는 것을 각인시켜준다.

차 역사에서 아시아의 서양 식민화에 따른 황폐화를 생각하면 재래 차 재배업자들에게 있어서 싱포족은 살아남는 것 그 이상을 보여준다. 비록 그들을 둘러싸고 있는 대규모 사업에 비해서는 초라해 보일지 모르지만 말이다. 그들은 영국제국의 차 문화에 기술을 전수해준 역사적인 일을 행했지만, 오랫동안 차 재배 노동이라는 슬픈 운명을 겪고 있다. 하지만 그들은 아직 전통적인 차 재배 농법을 유지한 채로 건재하며 끊임없이 개선하고 있다. 이것은 페기의 브리다양감에 고무되기도 했으며, 싱포족만의 불굴의 정신에 의한 것이리라. 그들은 계속하여 팔랍을 생산하고 있으며 유기농 및 생태 농업을 사용한 그들의 방식이 결국에는 가치를 인정받게 될 것으로 기대하고 있다.

싱포족이 만든 독특한 차 중에 서양에는 잘 알려지지 않았지만, 중국 서남부에서는 일상적인 차인 대나무차가 있다. 잎을 따서 푸른색이 사라질 때까지 납작한 냄비에 쪄서 햇볕에 말리거나 비가 올 때는 불을 피워 말린다. 건조된 잎은 손으로 부수어서 대나무 줄기의 빈 원통 안에 꽉꽉 눌러 담는다. 차가 대나무에 보관되는 동안 숙성되어 독특한 풍미를 갖추게 된다. 대나무라는 밀폐된 용기에서 차는 독특한 향을 잃지 않고 수 년 동안 안전하게 보관된다. 차를 준비할 때는 대나무통에서 적당량의 차를 긁어내어 뜨거운 물에 우린다. 싱포족은 우려둔 차에 신선한 잎을 조금 더한 뒤에 다시 뜨거운 물을 붓는다. 그들은 이것을 거듭 반복하여 마시는데 용기에 우린 잎이 가득차면 마을 장로가 그것을 먹는다.

중국인들은 처음 차를 마신 게 기원전 2732년이라고 주장한다. 그에 반해 싱포족은 구전에 의존하는 정글 부족이다. 그들은 차를 만드는 방식이 얼마나 오래 되었는지도 모르고, 얼마나 오랜 기간 마을 장로들이 남은 찻잎을 먹었는지도 모른다. 몬순이 맹위를 떨치는 동안에도 대나무와 진흙으로 만든 외딴 초가지붕의 평화로운 오두막 속에서도, 그들은 팔랍의 순수한 맛과 달콤한 뒷맛까지 즐길 것이다. 이런 달콤한 맛은 아삼에서 흘러나와 서구인에게까지 도달했다. 싱포족은 아삼의 소수민족에서 이제는 떳떳한 유기농 차 재배자가 된 것이다. 차가 있는 곳에 희망도 있다.

차 명상

일기일회一期一会

- 다도의 기본 개념 중

'일기일회一期一会', 일본어로 '이치고 이치에'라는 차 모임에 관한 특별한 개념은 선사상을 표현해준다. 한 번에 한 모임이라는 뜻은 모든 순간이 단 한 번에 일어난다는 의미로, 모든 만남이 일생에서 단 한 번뿐이며 두 번은 없다는 것을 의미한다. 주인과 손님이 함께 모여서 차를 마시는 것은 그들 모두가 만남의 유일무이함을 경험하는 것이기도 하다. 정신세계가 얼마나 풍요로워지는가를 의식하는 기회로서 만남의 순간을 소중히 여긴다. 이것이 마음의 수행이며 무상을 의식함이며, 존재의 소중함이다. "이 순간에 일어나고 있는 것이 바로 생명이다"라고 불교 승려이자 노벨평화상 후보인 틱낫한이 말했다. 틱낫한은 마음챙김 수행에 관해 다음과 같이 말했다.

한 잔의 차와 서로의 존재를 즐기기 위한 차 명상은 수행의 한 방법이다. 그것은 우리를 자유롭게 하는 수행이다. 반약 당신이 아직 과거에 얽매여 시달린다면, 아직도 미래를 걱정하고 있거나 일에 대한 걱정과 두려움에 마음이 빼앗겼거나 노여움에 끌려다닌다면 당신은 자유로운 사람이 아니다. 그렇다면 당신은 현재 완전히 이곳에 존재하지 않으며 진정한 의미에서 삶은 당신의 것이 아니다. 정말 살아 있기 위해서, 깊은 생명을 느끼기 위해, 당신은 자유로운 사람이 되어야 한다. 차 명상은 마음을 붙잡는 것을 익히고, 당신의 영혼이 자유롭게 되는 것을 도와준다. 마음을 고요하게 머물게 하고 차를 마실 때 몸과 마음이 완전히 합일된다. 당신은 현재이며 당신이 마시는 차 또한 현실이다. 이것이 진정한 음다이다.[130]

선 수행은 믿어지지 않을 정도로 단순하다. 단순히 청소하는 행위조차도 하나의 포괄적인 움직임 속에 오랜 지혜와 무한한 깊이가 있다. 차 역시 선을 수행하는 것처럼 아주 오래전부터 긴 시간을 거치면서 지혜와 깊이를 갖게 되었다. 단순한 치료약에서 시작해서, 사교계의 총애를 받는 음료로, 개인의 미의식의 표현으로, 종교의식의 대상으로 다양하게 변화했다. 그리고 나아가 전략상의 도구로, 국제적 상품으로, 노동쟁의의 원인으로, 오천 년에 걸친 신화, 전설, 역사, 정치의 가교였다. 차는 천상의 음료이자, 인간 본성의 본질적인 모순을 구체화하는 것이기도 했고 심오한 영적 정신과 무한한 탐욕, 지고의 예

130 틱낫한, <화>, 43~44.

평온함에서 우주는 위대하다. 오가타 이하치(교토 켄잔 II, 1720-60), 석기, 일본, 에도.

술성과 위험한 공격과 폭력, 세련된 친절함과 환대, 그리고 물질적 이익을 추구한 가혹한 거래의 대상이기도 했다.

이런 관점으로 볼 때 틱낫한이 제안하는 진정한 음다는 너무나 단순하게 보인다. 여기 그리고 지금의 완전한 존재로서 투명하게 빛나는 '진眞'에 도달하기까지 얼마나 많은 소음이 변화 교체되어야 할까? 그래도 인생에 있어서와 마찬가지로 차에 있어서도 강력하게 '진'을 추구하려는 노력 외에 다른 길이 있을까? 티베트 식으로 야크 버터와 짬파(보리 가루)을 섞어서 차를 마시든, 북아프리카 방법으로 녹차에 민트 잎을 섞어서 작은 잔에 따라서 마시든, 아일랜드 방법으로 진한 홍차를 '쥐가 그 위를 돌아다닐 수 있을 정도로 진하게' 또는 일본식으로 거품이 이는 밝은 녹색의 말차를 몇 모금 마시든, 우리가 살고 있는 다양한 세계의 어딘가에서 온 다른 차를 마시든, 틱낫한이 말하는 진정한 음다를 수행할 때, 우리는 현재에 존재하는 실재가 되며, 이때 생명은 진실로 우리의 것이다. 한 잔의 차 안에 존재하는 위대한 선물.

찾아보기

사진자료 출전

〈찾아보기〉

〈사진자료 출전〉

- Reprinted from Wright, The Chinese Empire: Historical and Descriptive, 1843.
- Freer Gallery of Art, Smithsonian Institution, Washington, D.C. Gift of Charles Lang Freer.
- Reprinted from Ukers, All about Tea, 1935.
- © Mystic Seaport Museum, G.W. Blunt Gallery Collection, Mystic, Conn.
- Courtesy of the Bramah Museum of Tea and Coffee, London.
- Peabody Essex Museum, Salem, Mass.
- Bitting Cartoon Clooection, Library of Congress, Washington, D.C.
- Courtesy of the Wason Collection on East Asia at Cornell University Library, Ithaca, N.Y.
- Keystone-Mast Collection UCR/California Museum of Photography, University of California at Riverside.
- Reprinted from Fortune, Two Visits to the Tea Countries of China, 1853.
- Royal Commonwealth Society Collection, reprinted by permission of the Syndics of Cambridge University Library, Cambridge, UK.
- Reprinted from Kampfer, Geschichte und Beschreibung von Japan, 1712.
- Philadelphia Museum of Art, Gift of Sarah McLean Williams in memory of Mrs. William L McLean, 1942.
- Prints and Photographs Division, Library of Congress, Washington, D.C.
- Empty Vessels, Replenished Minds: The Culture, Practice, and Art of Tea, National Paiace Museum, Taipei, 2002.
- Taste Tea and Talk About Tea, 절강인민미술출판사, 항주, 1999.
- 谷端昭夫, 茶道の 歷史, 淡交社, 도쿄, 2007.
- 磯淵猛, 紅茶の教科書, 新星出版社, 도쿄, 2009.
- Connoisseur's Tea, National Museum of History, Taipei, 1997.
- Anthony Burgess, The Book of Tea, Flammarion, 1991.

차의 역사

초판 1쇄 발행 | 2025년 3월 24일

지은이 | 베아트리스 호헤네거

옮긴이 | 조미라, 김라현

편 집 | 강완구

디자인 | S-design

펴낸이 | 강완구

펴낸곳 | 도서출판 써네스트 **브랜드** | 우물이있는집

출판등록 | 2005년 7월 13일 제2017-000293호

주 소 | 서울시 마포구 양화로 56, 1521호

전 화 | 02-332-9384 **팩 스** | 0303-0006-9384

홈페이지 | www.sunest.co.kr

ISBN 979-11-94166-50-4(03900) 값 25,000원

우물이있는집은 써네스트출판사의 인문브랜드입니다